地域分散型
エネルギーシステム

植田和弘
監修

大島堅一
高橋 洋
編著

日本評論社

目　次

序　章　地域分散型エネルギーシステムへの移行に向けて　　大島堅一 ——1
1　限界に直面する大規模集中型エネルギーシステム　1
2　再生可能エネルギーを中核とする地域分散型エネルギーシステムの台頭　2
3　地域分散型エネルギーシステムへの移行をスムーズに進めるために　3
4　本書の構成　3

第1部　地域分散型エネルギーシステムとは

第1章　地域分散型エネルギーシステムへのパラダイムシフト
　　大島堅一 ——7
1　東日本大震災・福島原発事故以前のエネルギー政策　7
2　東日本大震災後に判明した課題と電力システム改革　9
3　欧州で進んでいたパラダイム転換　10
4　なぜ再エネ普及が重視されるのか　12
5　震災後に進むエネルギー需要構造の変化　13
6　環境的に持続可能なエネルギーシステムへ　14
7　地域分散型エネルギーシステムへの移行に向けて　15

第2章　地域分散型エネルギーシステムを定義する　　高橋　洋 ——17
はじめに　17
1　分散型エネルギーとは何か？　18
　1.1　20世紀の分散型エネルギーと集中型エネルギー　18
　1.2　分散型エネルギーの再評価の背景　19
　1.3　4種類の分散型エネルギー　20
　1.4　2本柱としての再生可能エネルギーと省エネルギー　23
2　分散型エネルギーが要求する分散型エネルギーシステム　24

2.1　送配電網の構造改革　24
　　2.2　市場メカニズムの活用　26
　3　分散型エネルギーシステムと地域との親和性　27
　　3.1　再生可能エネルギーと省エネルギーに付随する地域的制約　27
　　3.2　分散型エネルギーシステムにおける地域の役割　28
　4　地域分散型エネルギーシステムの展開と課題　29
　　4.1　地域分散型エネルギーシステムと集中型エネルギーシステム　29
　　4.2　欧米における地域分散型エネルギーシステムの展開　30
　　4.3　日本における地域分散型エネルギーシステムの潜在力　32
　　4.4　日本型「分散型エネルギーシステム」の行方　33
　　4.5　地域分散型エネルギーシステムの課題　34
　おわりに　36

第2部　再生可能エネルギーをめぐる論点

第3章　再生可能エネルギーの普及と政策　安田　陽　41

　1　再生可能エネルギーの意義と便益　41
　2　再エネの国際動向　46
　3　欧州の再エネの導入状況と政策　49
　4　欧州主要国の再エネの導入状況と政策　53
　　4.1　デンマーク　54
　　4.2　ポルトガル　56
　　4.3　スペイン　57
　　4.4　アイルランド　59
　　4.5　ドイツ　60
　5　電力料金赤字について　62

第4章　固定価格買取制度　木村啓二　67

　はじめに　67
　1　再エネ普及政策におけるFITの位置づけ　67
　　1.1　再エネの発展段階と政策　67
　　1.2　利用量拡大政策　69
　　1.3　主な利用量拡大の政策手段　70
　2　FITの特性と他の政策手段との違い　71
　　2.1　投資リスク　71

2.2　資本コスト　72
   2.3　事業開発期間の短縮化　73
   2.4　競争・コスト低減へのインセンティブ　73
   2.5　FITの課題　74
 3　日本のFIT　75
   3.1　FIT導入の経緯　76
   3.2　FIT法の概要　76
   3.3　日本のFIT運用3年の結果　79
   3.4　費用負担額と電気料金への影響　82
 4　FIT法の課題　83
   4.1　不要な費用負担増大の構造　83
   4.2　発電単価と買取価格の乖離を修正する方法　85
   4.3　回避可能費用の設定問題　87
 おわりに　88

第5章　再生可能エネルギーの費用論　木村啓二　91

 はじめに　91
 1　論点の整理　91
 2　再エネによる発電の現状とその変化　93
   2.1　発電費用の評価手法：平準化発電単価　93
   2.2　世界の再エネの費用の現況とその変化　94
   2.3　日本の太陽光発電の費用の現況とその変化　96
 3　再エネの経済性：他電源との比較　98
   3.1　各国の発電単価の試算　98
   3.2　住宅用太陽光発電の経済性評価：グリッド・パリティ論　101
 4　再エネ統合の費用論　102
   4.1　再エネのシステム統合費用に関する論点　103
   4.2　総体的な費用評価の試み―アメリカでの試算例　103
   4.3　ドイツにおける再エネ促進の費用論　105
 おわりに　110

第6章　再生可能エネルギー普及と電力系統の技術的課題　安田　陽　115

 1　再生可能エネルギーの大量導入と国際動向　115
 2　系統連系問題の国際的議論における技術トピックス　116
   2.1　変動性再生可能エネルギー　117

2.2　等価需要　117
　　2.3　集合化　118
　　2.4　予備力　120
　　2.5　柔軟性　123
　3　再生可能エネルギーの導入と停電の懸念について　126
　　3.1　停電の要因　126
　　3.2　再生可能エネルギーの導入と停電の関係　127
　　3.3　再生可能エネルギーの大量導入とブラックアウトの関係　128
　4　欧州主要国の再生可能エネルギー系統連系の状況　130
　　4.1　デンマーク　130
　　4.2　ポルトガル　133
　　4.3　スペイン　135
　　4.4　アイルランド　137
　　4.5　ドイツ　139
　5　日本における再エネ導入の現状と問題点　140
　　5.1　接続保留問題と接続可能量　140
　　5.2　「接続可能量」の問題点　142

第7章　下方一方向潮流から双方向潮流の電力システムへ：風力・太陽光の系統連系制度　竹濱朝美　——147

はじめに　147
　1　ドイツにおける風力・太陽光の系統連系の現状　147
　　1.1　再エネ電力の導入量　147
　　1.2　ドイツの電力網システムと再エネの電圧階級　149
　　1.3　再エネ電力の上位電圧系統への逆潮流　149
　　1.4　逆潮流に対応する送電・配電網の増強　152
　　1.5　再エネ電力の地域間送電　153
　2　再生可能エネルギー法（EEG）の系統連系の規則　154
　　2.1　優先給電、上流送電、系統増強の義務　154
　　2.2　再エネ優先と出力抑制の順序　157
　　2.3　系統増強の義務と出力抑制は表裏一体　158
　3　日本における系統連系の規則　159
　　3.1　再エネ電源の電圧階級　159
　　3.2　系統増強、上流送電の規定の欠落　160
　　3.3　接続可能量と地域連系線の利用における制約　164

目次

第3部　省エネルギーと地域分散型エネルギーシステム

第8章　省エネの可能性　歌川 学 ——————————— 169

はじめに　169
1. 地域分散型エネルギーシステム転換における省エネの役割　169
2. 日本におけるエネルギー消費実態　171
   - 2.1　エネルギー構造とエネルギーロス　171
   - 2.2　エネルギー原単位の違い　172
   - 2.3　部門ごとのエネルギー原単位とエネルギー消費総量・活動量　175
   - 2.4　国全体のエネルギー効率推移と他国との比較　177
3. 省エネ対策とは何か　180
   - 3.1　機器類や設備のエネルギー効率化　181
   - 3.2　交通体系の変革（モーダルシフト、脱自動車社会）　186
   - 3.3　エネルギー消費の小さい消費手段の選択　186
   - 3.4　社会の少エネ化　187
   - 3.5　エネルギー需要の時間シフトと最適化　188
4. 省エネ対策の試算例　188
5. 日本で省エネが進まない理由　189
6. 省エネ対策を進める施策　191
   - 6.1　日本の政策　191
   - 6.2　対策強化の課題　191

まとめ　193

第9章　エネルギー利用の効率化を進めるにはどうすればよいか
　　　　上園昌武 ——————————— 195

はじめに　195
1. 住宅・建築物のゼロエネルギー化　195
   - 1.1　欧州で進展する断熱化　195
   - 1.2　ドイツの省エネリフォーム　197
   - 1.3　遅れている日本の建築物断熱規制　199
   - 1.4　東京都の建築物熱エネルギー政策　200
2. 「減電」という省エネ　201
   - 2.1　「減電」とは何か　201
   - 2.2　工場等の節電取組　203

      2.3　市民共同節電所　204
　3　コジェネレーションの普及　205
　4　自動車交通量の削減と地域づくり　206
　5　省エネと福祉との政策統合　209
　まとめ　210

第4部　新しい社会をつくる～持続可能な地域づくりとエネルギーシステム

第10章　進展する電力システム改革：分散型の安定供給を目指して
高橋　洋 ———————————————————— 215

はじめに　215
　1　電力システム改革の2つの系譜　216
　　1.1　電力自由化による市場メカニズムの活用　216
　　1.2　再生可能エネルギー導入を受けた送配電網の構造改革　218
　　1.3　電力自由化から電力システム改革へ　219
　2　分散型電力システムの可能性　220
　　2.1　分散型ネットワークとシステムの強靭性　220
　　2.2　市場メカニズムとシステムの柔軟性　223
　　2.3　分散型の安定供給の現状　223
　3　ドイツのエネルギー転換と再生可能エネルギーの統合　225
　　3.1　ドイツの電力自由化と発送電分離　225
　　3.2　ドイツのエネルギー転換に見る電力システム改革　227
　　3.3　再生可能エネルギーのシステム統合と市場統合　228
　　3.4　ドイツの4大電力会社の苦悩　229
　4　日本の電力危機と電力システム改革　231
　　4.1　日本型自由化と発送電分離の頓挫　231
　　4.2　福島原発事故と供給力不足という電力危機　232
　　4.3　日本の電力システム改革の理念と現実　234
　おわりに　236

第11章　変わる電力会社の役割　金森絵里 ———————— 239

　1　これまでの電力会社の役割　239
　2　現在の電力会社の役割　240
　　2.1　収支・財務の改善　240
　　2.2　経営効率化　246

3　これからの電力会社の役割　248
            3.1　原子力から再エネへ　248
            3.2　米国・英国の事例　251
            3.3　新しい価値の提案　252
    おわりに　256

第12章　脱炭素化における地域分散型エネルギーシステム
　　　　　　山岸尚之　　　　　　　　　　　　　　　　　　　　　　259

    はじめに　259
    1　脱炭素化への要請　260
        1.1　IPCC第5次評価報告書とパリ協定　260
        1.2　脱炭素化へ向けた2つの対策　262
    2　脱炭素化に向けた3つの課題　264
        2.1　背景として：減少傾向にない日本の排出量　264
        2.2　大規模少数排出源と小規模多数排出源　266
        2.3　地域により異なる排出構造　269
        2.4　熱・燃料対策の重要性　271
    3　ポリシーミックスと地域主体による地域資源の活用　274
        3.1　課題を克服していくために　274
        3.2　エネルギーシステムだけでない地域分散型化　278

第13章　地域分散型エネルギーシステムがもたらす新しい社会
　　　　　　上園昌武　　　　　　　　　　　　　　　　　　　　　　281

    はじめに　281
    1　地域分散型エネルギーシステムの障壁を除去する　282
        1.1　政策決定における倫理　282
        1.2　偏りのない情報の必要性　283
        1.3　コミュニティーパワーを優遇しない制度設計　284
    2　欧州で広がるエネルギー自立地域づくり　285
        2.1　エネルギー自立地域づくりとは何か　285
        2.2　エネルギー自立の経済効果　287
        2.3　都市のエネルギー自立の取り組み　290
        2.4　農山村のエネルギー自立の取り組み　293
    3　日本でエネルギー自立は可能か　297
        3.1　エネルギー自立の可能性　297
        3.2　自治体の環境・エネルギー政策　298

3.3　エネルギー自立地域づくりの先進例　300
4　地域分散型エネルギーシステムへの転換に向けた課題と展望　304

索引　309
執筆者一覧　313

序　章　地域分散型エネルギーシステムへの移行に向けて

大島堅一

1　限界に直面する大規模集中型エネルギーシステム

　東日本大震災直前の日本のエネルギーは、大規模集中型エネルギーシステムによって供給されていた。今、その大規模集中型エネルギーシステムは、大きな限界にぶつかっている。それは、エネルギーの入口と出口の両面における限界である。

　第1の限界は、資源量の限界である。大規模集中型エネルギーシステムは、安価かつ大量にエネルギーを供給するためにつくられてきた。それは、化石資源（石油、石炭、天然ガス）とウラン資源という枯渇性資源を大量に消費することを前提にしている。ところが、これらのエネルギーの資源量は限られている。エネルギー資源がどれくらい今後利用できるかを表す指標として、「可採年数」（確認埋蔵量を年間消費量で割ったもの）がある。この可採年数をみると、石油50.7年、石炭114年、天然ガス52.8年にすぎない。中国やインドといった新興国でのエネルギー消費が急増すれば、大規模集中型エネルギーシステムはいずれ限界に達する。

　第2の限界は環境容量である。資源量の限界よりも、むしろこちらのほうが深刻である。エネルギーの大量利用によって発生する環境問題は、大気汚染や酸性雨、海洋汚染等、多岐にわたるが、気候変動問題は最も重大な問題である。2015年暮れに、第21回気候変動枠組条約締約国会議で採択された「パリ協定」は、人類の危機意識を反映したもので、産業革命以前を基準にして世界の気温上昇幅を2度を十分に下回るようにすると定めている（第2条）。この目的を達するために、世界的に、温室効果ガス排出を頭打ちにし、今世紀後半には純排出量（総排出量－総吸収量）をゼロないしマイナスにする（第4条）必要がある。

　今後人類に許される温室効果ガス排出量は限られている。気候変動に関する政府間パネル（IPCC: Intergovernmental Panel on Climate Change）によれば、累

積排出量と気温上昇幅は比例関係があり、2度未満に抑えるためには、累積排出量をおよそ2兆9000億トン程度にしなければならない。同報告書によれば2011年までの累積排出量は1兆8900億トンである（IPCC, 2014）。したがって、人類には残り1兆100トン程度しか猶予がない。

　これは、エネルギー資源の量と比べてどの程度のものなのだろうか。石炭資源を例にとってみよう。石炭の確認埋蔵量は、BP統計によれば、世界全体で8915億トンである。もしこれを全て燃焼に使うとすると2兆1000億トン程度のCO_2が発生する。つまり石炭の確認埋蔵量の半分であっても、1兆100億トンを超える。石炭だけとってみても、資源量は環境容量に比べてあまりにも大きい。環境を考慮すれば、化石燃料は大半が使用できないと考えてよい。

　つまり、大規模集中型エネルギー源の利用には資源的にも環境的にも限界がある。この限界は、大規模集中型エネルギーシステムに依拠する限り、根本的には解決することが難しい。大規模集中型エネルギーシステムは、別のエネルギーシステムに変革する必要がある。

2　再生可能エネルギーを中核とする地域分散型エネルギーシステムの台頭

　では、次世代のエネルギーシステムとはいかなるものなのだろうか。本書が最も有力であると主張するのは、再生可能エネルギーを中心とした地域分散型エネルギーシステムである。なぜなら再生可能エネルギーは、先の大規模集中型エネルギーシステムの問題を解決できると考えられるからである。

　まず、再生可能エネルギーは日々更新され、資源的な制約がない。技術的に利用・経済的に可能と考えられるポテンシャルは極めて大きい。さらに、再生可能エネルギーは、温室効果ガスを基本的に排出しないし、原子力のような深刻な事故を引き起こさない。また、超長期安全に管理しなければならない放射性廃棄物を発生させない。これらの点は、大規模集中型エネルギーにない特徴である。

　実際、再生可能エネルギーは、世界的に普及が急速に進んでいる。水力は、これまでも利用が進んでいるが、今日では、太陽光・太陽熱・風力・地熱が商業的に利用されるに至り、潮力・波力などのエネルギー源も商業化に向けて開発が進められている。特に、欧米のみならず世界的にみて太陽光・風力の普及はめざましく、すでに基幹電源の一つと考えてよい段階にはいっている。

3　地域分散型エネルギーシステムへの移行をスムーズに進めるために

　再生可能エネルギーは、一般に、コストが高く、利用するにあたっても問題が多いと信じられている。確かに、潮力や波力など、開発段階にあるエネルギーについてはコストが大きな障害となりうるだろう。だが、水力はいうまでもなく、太陽光や風力は価格が相当程度に低下しているし、比較的短期間のうちに大規模集中型エネルギー源と遜色のない水準になると考えられる。また、固定価格買取制（FIT）等の普及政策が講じられるようになってからは、事業者にとって、コスト要因は重大な障害ではなくなっている。再生可能エネルギーを導入する上で、現時点で、系統（送電線）容量に決定的な不足が生じているわけでもない。

　では、コスト面でもインフラの物的量においても、決定的障害がないにもかかわらず、日本において、なぜ地域分散型エネルギーシステムへの移行が簡単にすすまないのか。それは、技術そのものというよりは制度やルールに原因がある。これまでのエネルギーシステムは、大規模集中型エネルギーを利用することを前提としてきた。そのため、大規模集中型エネルギーシステムを利用することが最もスムーズになるように制度やルールが構築されている。

　例えば、電力需要のベースロード、ミドルロード、ピークロード毎に電源を当てはめていくような需給調整のあり方は典型例である。2014年に閣議決定された「エネルギー基本計画」は、まさにこのような考え方に沿っている。こうした大規模集中型エネルギーシステムの利用を前提としたエネルギー政策は、もはや時代遅れであり、地域分散型エネルギーシステムへの移行を妨げる要因となっている。こうした政策を見直し、制度やルールを大胆に変更していく必要がある。

4　本書の構成

　本書は、地域分散型エネルギーシステムを日本の中心的エネルギーシステムにするための戦略的課題について整理し、戦略的解決方策を提示する。

　まず第1部第1章では、東日本大震災前に一般的だった大規模集中型エネルギーシステムから地域分散型エネルギーシステムへ、パラダイム転換が起こっていることについて詳しく述べる。第2章では、地域分散型エネルギーシステムとは何かを明らかにし、これまでのエネルギーシステムとはいかなる点で異なるのか、どういった点で革新的であるのか、詳しく説明する。第2部では、地域分散型エ

ネルギーシステムの中核となる再生可能エネルギーに焦点をあてて議論を進める。まず第3章で、再生可能エネルギーがどの程度普及してきたのか、また、どのような経験がみられるのか、欧州の現状を見ながら述べていく。第4章では、再生可能エネルギー普及政策として最も成果があり、また、2012年7月から日本でも施行している固定価格買取制について詳述し、現時点での課題について述べる。第5章では、再生可能エネルギーの一つの問題点とされる経済性について議論する。第3部では、地域分散型エネルギーシステムのもう一つの柱となる省エネルギーについて論じる。第8章では、日本における省エネポテンシャルについて詳しく論じる。続く第9章では、省エネポテンシャルを現実化するための政策と対策事例について詳しく述べる。第4部では、地域分散型エネルギーシステムがもたらす日本社会への影響について詳しく展開する。日本の電力供給システムは、発送電分離と電力自由化が進行中である。この点については10章で詳述する。また、これまでの電力会社（一般電気事業者）を、経営面から詳しく分析し、電力会社の新しい役割について11章で論じる。続く12章では、低炭素・炭素フリー社会への移行することが不可欠であるという観点から、地域分散型エネルギーシステムの役割について論じる。13章では、地域分散型エネルギーシステムがもたらす新しい社会のあり方について展望することにしたい。

　以上の4部を通して、地域分散型エネルギーシステムこそが将来を担うエネルギー源であり、ここに日本のエネルギーの未来があることを述べる。2011年3月11日におきた福島原発事故を契機に、日本社会は大きな転機に立っている。本書で提示する地域分散型エネルギーシステムへの移行戦略が、今後のエネルギー政策を構築する際の基礎となることを願っている。

※本書は、独立行政法人日本学術振興会科学研究費補助金（平成24-27年度）基盤研究（A）（課題番号24241016）「地域分散型エネルギーシステムへの移行戦略に関する研究」の成果の一部である。

参考文献
IPCC（2014）*Climate Change 2014 Synthesis Report.*

第1部

地域分散型エネルギーシステムとは

第1章 地域分散型エネルギーシステムへのパラダイムシフト

大島堅一

1 東日本大震災・福島原発事故以前のエネルギー政策

　東日本大震災・福島原発事故後、エネルギー需給のあり方が大きく転換し始めている。それは、大きくとらえれば、大規模集中型・環境破壊型のエネルギーシステムから、地域分散型エネルギーシステムへの転換であると言えるだろう。本書では、この地域分散型エネルギーシステムとは何なのか、また、地域分散型エネルギーシステムへできるだけ短期間のうちにスムーズに転換するにはどのようにすればよいのかを明らかにする。本章では、震災後、エネルギー利用の供給面と需要面の両側面で、パラダイムシフトが起こりつつあることについて論じることにしよう。

　日本のエネルギー政策の柱は、ながらく「エネルギー安全保障」を確保することにあった。この「エネルギー安全保障」は多義的な言葉で用いられ、文脈によって意味が異なるが、日本では、おおよそエネルギー供給の安定性という意味で使われてきたといってよい。これが強調されるようになったのは、1973年の第1次石油ショック、1978年の第2次石油ショックの後になってからであった。エネルギー安全保障とは、具体的には、石油に過度に依存してきたエネルギー利用のあり方が脆弱なものであることを認識し、石油依存度、特に中東に過度に依存した石油供給構造を改め、供給安定性と経済性の両方を満たすエネルギー供給構造をつくるということを意味している。

　1990年代にはいると、この「エネルギー安全保障」に加え、環境問題への対応もエネルギー政策の目標とされた。きっかけとなったのは1992年から署名開始された気候変動枠組条約と1997年につくられた京都議定書であった。温室効果ガス

の大半は、エネルギー起因の二酸化炭素である。二酸化炭素排出削減を進めるためにはエネルギーの利用を変更する必要がある。今では、エネルギー政策と地球温暖化対策とを一体のものとしてとらえ、省エネルギーと低炭素エネルギーの普及を進めることは常識になっている。

さて、ここで述べたエネルギー安全保障(エネルギー供給の安定性)と経済性、環境性の3つは、政府においても3Eないし「トリレンマ」としてとらえられるようになった。これら3つの課題を同時に解決する切り札とされたのが原子力発電であった。

このような考え方は、東日本大震災前の2010年に閣議決定された「エネルギー基本計画」に典型的にみられる。同計画では、「供給安定性と経済性に優れた準国産エネルギーであり」、「低炭素電源である」から、「供給安定性、環境適合性、経済効率性の3Eを同時に満たす中長期的な基幹エネルギー」として「新増設の推進・設備利用率の向上などにより、原子力発電を積極的に推進する」とされた。また、同計画には原子力に関する数値目標も含まれており、2020年までに9基、2030年までに少なくとも14基の原発を新増設するとされていた(「エネルギー基本計画」2010年6月18日閣議決定)。これは、2030年段階で、発電電力量に占める原子力の割合を53%にまで増やすことを意味していた(経済産業省、2010)。このような拡大一辺倒の方針は、あまりにも野心的すぎ、実現性の乏しいものであった。

一方、再生可能エネルギー(以下、再エネ)は、2030年に発電電力量の約2割をめざすとされていたものの、そのための政策的裏付けは乏しかった。震災前に再エネの普及政策として核になっていたのは、2002年につくられた「電気事業者による新エネルギー等の利用に関する特別措置法」に基づくRPS制度(Renewable Portfolio Standard)である。RPS制度は、まず再エネの利用義務量を決め、その利用義務量を電力会社に割り振る制度で、利用義務量がどれくらいに設定されているかによって将来の普及量やスピードが決まる。

2010年度時点で国によって定められた各電力会社の利用義務量は、122億kWhだった。この義務量は、2010年度の実際の電力需要(自家発を除く)9310億kWhの1.3%に過ぎない。つまり、再エネの目標値としてはあまりにも小さい利用義務量で、国として再エネ普及に本気で取り組む姿勢はみられなかった。実際、「目標」というよりは、これ以上の再エネ普及を阻む「天井」のようなものであ

った。2010年時点で、世界ではすでに再エネ普及が本格化していた。日本は自ら重いブレーキを付け、ビジネスチャンスをみすみす逃していたのである。

旧態依然としたエネルギー政策が形成されていたのは、エネルギー政策のガバナンスに原因があった。エネルギー政策は、気候変動問題はもちろん、土地利用や交通、産業構造をはじめとする生活・経済活動全般にかかわる問題であり、国家的見地から総合的に立案されなければならない。にもかかわらず、震災前は、資源エネルギー庁とその審議会のみで政策の具体的内容が決められていた。この政策決定プロセスは、実質的には、既存エネルギー源関係者間の利害調整である（吉岡、2011）。その結果、原子力を筆頭とする大規模集中型電源に政策的資源が投入され、再エネ普及や省エネの進展がほとんど進まないという状況に陥っていた。

2　東日本大震災後に判明した課題と電力システム改革

そのような状況であっても、日本の電力供給は安定しており、これを支える電力供給体制に隙は無いと震災前は信じられてきた。ところが、この見方は東日本大震災以後、大きく変わり、旧来型の電力供給システムの見直しが一挙に進んだ。それは、次の3点で既存の電力供給体制に欠陥があることが明らかになったからである。

第1に、東日本大震災の直後、原発だけでなく沿岸地域の火力発電所がのきなみ停止し、東日本で電力危機に陥った。従来、電力供給は、発電・送電・配電・小売りを垂直に統合した地域独占の一般電気事業者（電力会社）によって担われ、このような電力供給体制こそが電力の安定供給をもたらすものであるとされてきた。ところが、震災直後は電力会社間の電力の融通がうまくいかなかった。これにより、電力供給が電力各社内で完結し、他の電力会社との電力のやりとりがほとんど行われておらず、全国的にみて必ずしも適切な電力供給が行われているわけではないことが明らかになった。

第2に、福島原発事故後、東京電力の賠償資力を調査するために政府が立ち上げた東京電力に関する経営・財務調査委員会により、東京電力の経営実態が明らかになった。同委員会の報告書では、東京電力が過剰投資を行っていたこと、また、大口需要家を対象とした自由化部門に比して、小口を中心とする規制部門で

多額の利益を得ていたこと等が判明した。福島原発事故以前は、地域独占の電力供給体制こそが経済性を高め、安価な電力を供給するとされてきたが、実際にふたを開けてみると、これとは全く正反対のことが行われていたことがわかったのである。同委員会が調査の対象としたのは東京電力だけであったが、他の電力会社も東京電力と同じような経営体質であることは明らかであった。

　第3に、電力市場では競争が限定的で、一般電気事業者以外の事業主体はほとんど育っていなかった。そのことが電力供給の脆弱性をもたらしていた。日本では1995年に卸電気事業が自由化され、「独立発電事業者」(IPP)が電力会社に対して卸売事業を行うようになった。また、2000年以降、特別高圧、高圧の需要家向けの電気の小売りが段階的に自由化された。しかし現実には、新規参入した「特定規模電気事業者」(PPS)が小売市場にしめる割合は3％程度にすぎず、ほとんど競争がおこっていなかった。

　つまり、最も優れているとされてきた電力供給体制に根本的な欠陥があり、この体制を維持していては電力の安定的・経済的な供給が得られないことがわかった。このことは、従来の電力供給体制を根本的に改める必要があることを政府に認識させた。そのため、従来の電力供給体制を変える「電力システム改革」が政府の方針となり、民主党政権から自公政権へと政権交代があったものの、この2つの政権をまたいで政策の具体化が進んだ。自公政権は、民主党政権での電力システムに関する検討内容を引き継ぎ、2013年2月に「電力システムに関する改革方針」を閣議決定した。これに基づき、電気事業法が改正され、発送電分離と小売の全面自由化を柱とする電力システム改革が進められるようになった。

3　欧州で進んでいたパラダイム転換

　旧い電力システムが維持されていた日本とは対照的に、欧米ではすでに電力自由化と再エネ利用拡大を通じて、エネルギーシステムのパラダイム転換が進んでいた。

　電力自由化の詳細は他章に譲るが、電源に関してみると、欧米諸国では、直接的にはアメリカのスリーマイル島原発事故(1979年)と旧ソ連のチェルノブイリ原発事故(1986年)の影響を受け、原子力発電の規制が抜本的に強化されていた。強化された規制に対応するためには追加的な費用が必要で、開発当初に見込まれ

ていた原子力の経済性は急速に悪化した。原子力安全規制は固定的なものではなく、新たな知見が得られるたびに強化され、その都度事業者に対して対策が求められ、これも一層のコスト増加につながった（佐藤、2013）。

　欧米諸国では、今日では、主に経済的な理由から原子力の積極的利用が非常に難しくなっている。例えば、イギリスでは原発を新設する予定（ヒンクリーポイントC原発）であるが、建設費用が高騰し、その結果発電コストが上昇しているため、自由化された電力市場では生き残れなくなっている。そのためイギリス政府は「差額決済契約」（Contracts for Difference: CfD）という政策によって、原発による電気の買い取り価格を保証しようとしている。このことは原発の経済性が悪化していることを物語っている。さらにはドイツのように、原子力発電の危険性を重大視し、政策的に原子力発電所の廃止に向かう国もでてきた。石炭火力発電所も、温室効果ガス排出削減の観点から規制が強化されている。程度の差こそあれ、世界では、大規模で環境破壊型のエネルギー源（原子力発電や石炭火力）から、より環境保全的で小規模なエネルギー源へ移行するというパラダイムシフトが起きていたのである。

　大規模集中型電源に代わり、1990年代終わりから21世紀初頭にかけて、世界的に急速に増加しているのが再エネである。この傾向は、福島原発事故後、より一層鮮明になっている。

　再エネは、電気に限らず熱としても利用拡大が進んでいる。そもそもエネルギーは、熱需要に対しては熱を、電気でなければならない需要に対しては電気を、というように用途に即して利用することが最も効率的である。再エネに即して言えば、太陽熱を利用した空調、温水の利用や、バイオマスボイラーをもちいた熱利用も進んでおり、電気の利用は再エネ利用の一部でしかない。再エネは総合的に利用を進めることが望ましい。

　日本のエネルギーシステムは、ガスはガス業界、電気は電力会社が供給してきたという歴史があり、熱と電気を総合的に扱う企業はこれまで存在しなかった。電力自由化、ガス自由化が進む中で、新しいビジネスが登場するだろう。もはや、世界的にみても、再エネは基幹電源の一つに成長している。これにともなって、新しい産業が生まれ、雇用も拡大している。このトレンドは今後も続くと考えてよい。

4　なぜ再エネ普及が重視されるのか

　世界各国で再エネが重要視されるのは次の2つの特性があるからである。

　第1に、再エネは、バイオマス資源を輸入した場合などの一部の例外を除いて基本的に地域に固着しており純国産エネルギーである。第2に、再エネは、エネルギー利用にあたって基本的に化石燃料を使わないため、温室効果ガスの排出がない。放射性物質を使うわけでもないので過酷事故や放射性廃棄物の心配もない。もちろん、利用に当たっては周辺住民や環境に対する配慮が十分に行われなければならないのは他のエネルギー源と共通しているが、化石エネルギーや原子力に比して人間がコントロールできる範囲に収まっている。

　世界各国で、再エネは将来を担うエネルギー源として最重要視され、普及のための施策が講じられている。例えば、EUでは、域外、特にロシアのガスへの依存を低減させること、および、温室効果ガスを削減することが最重要課題として認識されてきた。再エネは、これらの課題に対応するための基幹エネルギー源として位置づけられた。エネルギー・環境問題に関するEUの具体的目標は、2020年までに消費電力に占める再エネの割合を20％にし、エネルギー消費効率を20％向上させ、温室効果ガスを20％削減する（欧州20・20・20ともよばれる）こと、さらに2030年には、温室効果ガスを40％削減、エネルギー消費に占める再エネの割合を27％にし、エネルギー消費効率を27％向上させることである。

　そのため、再エネ普及のためには、「再生可能エネルギー指令」が制定され、加盟国毎に法的拘束力を持つ達成目標が定められ、これにより、これまで再エネ開発に積極的でなかった国においても再エネ普及のための法制度が整備されるようになり、再エネが急速に拡大している（大島、2009）。また、自由化された電力市場と増大し続ける再エネを統合すべく、施策が講じられている。

　日本でも、2012年7月から固定価格買取制が施行され、再エネを中心とする分散型エネルギーの導入が急速に進んでいる。他方で、2016年4月からは電力の小売りが全面自由化され、2020年には発送電分離が行われ、総括原価主義に基づく電気料金制度も廃止される。こうした一連の電力システム改革を進め、系統（送電網）を全国規模で適切に運用するための機関として電力広域的運営推進機関が、また、電力市場での競争を促進するための機関として電力取引等監視委員会

第1章　地域分散型エネルギーシステムへのパラダイムシフト

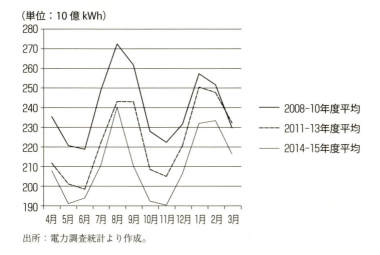

図表 1 - 1　東京電力の月毎の電力需要

出所：電力調査統計より作成。

(2016年からは電力・ガス取引監視等委員会) が設置された。今や、再エネの拡大と電力システム改革の遂行は、エネルギー政策の中でも最も重要な政策課題となっている。供給面でのパラダイムシフトが起こりつつあると言ってよいだろう。

5　震災後に進むエネルギー需要構造の変化

　エネルギーの需要面でもまた大きな変化がみられるようになった。図表 1 - 1 は、東京電力における月別の電力需要を示したものである。これをみると、震災後 3 カ年平均 (2011-13年度) は、震災以前 3 カ年平均 (2008-10年度) に比べて大きく電力需要が減少していることがわかる。この傾向は続いており、2014-15年度平均はさらに電力需要が減少した。総電力需要も、2008-10年度平均の2875億 kWh から2011-13年度は2680億 kWh (6.8％減)、2014-15年度は2521億 kWh (12.3％減) へと大きく下がっている。電力需要の減少は、被災していない地域 (東京電力、東北電力以外の電力会社) でもみられる。図表 1 - 2 のように、これらの地域の総電力需要も2008-10年度平均の5493億 kWh から2011-13年度は5355億 kWh (2.9％減)、2014-15年度は5205億 kWh (5.2％減) へと減少している。このように電力需要の減少が数年間継続するのはかつてなかったことである。

図表 1-2　東北・東京電力以外の月毎の電力需要

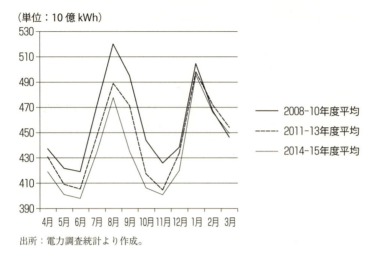

出所：電力調査統計より作成。

　電力需要が減少した原因には、節電が定着したこと、経済構造が変化したことなどが考えられる。少なくとも、すでに震災から5年を経過しているので、電力需要の減少が、震災直後に行われた「我慢」と「不便」の末の節電とは考えられない。震災を契機に需要面で、生活や生産のあり方を見直す動きが広まったとみてよいだろう（新しい社会のあり方については第13章参照）。

6　環境的に持続可能なエネルギーシステムへ

　エネルギーの供給面と需要面の2つの側面に加え、さらにもう一つの大きな変化として指摘しておきたいのは、エネルギー利用の環境面への関心が高まったことである。東日本大震災以前は、原子力発電とは一体どのようなものなのか、放射能や放射性廃棄物とは何かといった点を理解し、エネルギーの源を生活にかかわる問題であると考える市民はほとんどいなかったと言っても差し支えないだろう。だが、震災と福島原発事故についての報道が新聞、テレビ、ラジオ、雑誌を通じてなされた結果、日常的に使っている電気がどのように作られ、どのような環境問題を引き起こしうるのかという点について、市民の認識が格段に深まった。
　もちろん、エネルギーに起因する環境問題は、事故による放射能汚染だけでは

ない。長期的に人間社会に対して甚大な影響を与えるものに、気候変動問題がある。気候変動枠組条約第21回締約国会議（2015年12月）で採択された「パリ協定」では、地球平均気温の上昇を2度未満に抑えることが必要であり、そのために、今世紀後半以降は温室効果ガス排出量をゼロにすることを目指すとされている。このような「パリ協定」に定められた排出削減を達成するには、エネルギーシステムを根本から変革する必要があるだろう。大規模集中型のエネルギーシステムを再エネ中心の地域分散型エネルギーシステムに切り変えることは、効果的で有力な対策である。

同時に、温室効果ガスの大幅削減を進めるには、産業、民生業務、民生家庭、運輸といったエネルギー最終消費部門において徹底的な省エネを進めること、さらに進んで、まちづくりや地域社会のあり方そのものを変えることも必要である。震災後の節電を一層進め、エネルギー需要を大幅に減らすような取り組みが各地でとられれば、エネルギー供給に占める再エネの比率は高まり、温室効果ガス削減も一層進むだろう。

7 地域分散型エネルギーシステムへの移行に向けて

再エネ普及と省エネ推進は、単にエネルギー利用が変化する以上に大きな社会的効果もある。

再エネは、広く薄く賦存するエネルギー源であるから、洋上風力のようなケースを除けば、一般的に小規模で分散的に運用される。そのため、再エネ設備の建設、運用、メンテナンスにいたるまで関連する雇用が地域で生まれる。また、既存電源の建設には多額の費用を必要とし、中小企業や一般市民が事業をおこすことは不可能と考えてよかったのに対して、小規模分散型の再エネは、地域住民が事業を立ち上げ、運営していくことが可能で、地域資源で得られる利益を地域に還元することも可能である。

これらは、再エネが地域分散型であるからこそもたらされる非常に重要な効果である。ドイツやデンマークなど、再エネ利用が先進的に進んだ国では、協同組合や自治体による地域エネルギー供給（熱や電気の供給）が進んでいる。このような動きは、日本でも「コミュニティ・パワー」ないし「ご当地電力」といった形で急速に拡大している。これは、エネルギーの生産・利用を地域社会が自立的

に行うことを意味し、近い将来、日本においても地域社会のあり方が大きく変わる可能性がある（飯田・環境エネルギー政策研究所編、2014；古屋、2013）。

　地域分散型エネルギーシステムへの移行は、日本社会がとるべき合理的選択肢であり、困難や経済的損失を国民に強いるものではない。むしろ、地域分散型エネルギーへの投資は雇用を生み、地域を豊かにする。また、中長期的にも、安定的かつ安価で持続可能なエネルギーに基づく社会を形作り、経済を活性化させるものである。地域分散型エネルギーシステムへの移行は、日本経済を活性化させる上でも効果的である。次章では、地域分散型エネルギーシステムを定義する。本書を通して、分散型エネルギーシステムとは何か、どのような価値があるのかについて整理していくことにしよう。

参考文献
飯田哲也・環境エネルギー政策研究所（ISEP）編（2014）『コミュニティパワー　エネルギーで地域を豊かにする』学芸出版社。
大島堅一（2010）「欧州の環境・エネルギー政策　―共通の枠組みに向けた政策統合の現状―」新澤秀則編『温暖化防止のガバナンス』ミネルヴァ書店、70-97ページ。
経済産業省（2010）「2030年のエネルギー需給の姿」2010年6月。
佐藤暁（2013）「原子力安全規制のあり方と日本の新安全規準」『環境と公害』第43巻第1号、7-13ページ。
古屋将太（2013）『コミュニティ発電所』ポプラ社。
吉岡斉（2012）『脱原子力国家への道』岩波書店。

第2章 地域分散型エネルギーシステムを定義する

高橋 洋

はじめに

　本章の目的は、本書全体を貫くテーマである、地域分散型エネルギーシステムを定義することである。本書の執筆者達は、地域分散型エネルギーシステムに関する認識を共有し、これまでの集中型システムからの移行を提案する。その具体策は2部以降で詳述するが、本章はその出発点となる。

　地域分散型エネルギーシステムを一文で表現すれば、①分散型エネルギーを主要な構成要素とし、②それ自体が分散型の特徴を有し、③地域との親和性が高い、エネルギー需給の仕組みとなる[1]。その定義は、次の3段階にわたって進められる。

　第1に、分散型エネルギーを整理する。分散型エネルギーは、以前から概念的にも実体的にも存在したが、1990年頃から先進国を中心に再評価が進んでいる。本書では、特に再生可能エネルギー（再エネ：第2部）と省エネルギー（省エネ：第3部）の2つに焦点を当てる。

　第2に、分散型エネルギーは新たなシステムを要求することを指摘する。これまでの集中型システムのままでは、再エネと省エネの大規模な導入は難しい。抜本的なシステム改革の必要性が、分散型エネルギーの拡大を妨げる要因ともなっている。

　第3に、分散型エネルギーシステムは地域との親和性が高いことを指摘する。集中型システムでは、国家政府や独占的供給企業の役割が大きかったが、今後は市民や地域企業、自治体や消費者が大きな役割を担うことになる。

1）分散型電源や分散型電力システムについての包括的な研究としては、ロビンス（2005）、The Brookings Energy Security Initiative, the Hoover Institution Shultz-Stephenson Task Force on Energy Policy（2011）などを参照のこと。

このような地域分散型エネルギーシステムでは、経済性に配慮しつつ、エネルギー自給が高まり、温室効果ガスの排出を抑えた上で、エネルギーの安定供給と市民の安全が確保される。本章では、先進的な諸外国の取り組みに触れつつ、日本の可能性や課題を展望する。

なお、本来エネルギーには、電気以外に熱、運輸燃料なども含まれるが、本書では電気を中心とした議論になる。その最大の理由は、今般のエネルギーに関する議論が、福島第1原子力発電所事故を受けた、電力の需給構造を巡る問題の表面化から始まっているからである。

1　分散型エネルギーとは何か？

1.1　20世紀の分散型エネルギーと集中型エネルギー

分散型エネルギーを字義的に解釈すれば、多様な場所に分かれて立地する比較的小規模なエネルギーとなる。これに関する議論は、国際的には電力を中心に以前から行われてきたが、確立された定義は存在しない[2]。例えば、2003年の欧州委員会の電力自由化指令は、「分散型電源」を「配電システムに接続された発電設備」と定義している。他方、Congrès International des Réseaux Electriques de Distribution (1999) は設備容量に注目し、最大でも5万 kW あるいは10万 kW までを対象としている。

歴史的に見れば、19世紀末の電力の黎明期には、全ての電源が分散型であった。技術的に大規模な発電所の建設が難しく、建設できても電気を消費者のところまで効率的に送り届けられなかったからである。この時代には、都市などの消費地に小規模な発電所が設置され、近隣に直流で供給することが一般的だった。

しかしその後の技術革新は、大規模発電・長距離送電を可能にした。すると、規模の経済性が働くようになる。ダム式水力といった集中発電所を建設し、交流送電網を併せて整備し、遠い消費地へ送り届けることで、高い経済効率性が実現された。規模の経済性は自然独占をもたらすため、電気事業は法定独占とされ、また範囲の経済性の下で、発電と送電を一体的に手掛ける発送電一貫体制が確立

2）分散型電源の定義については、Ackermann et al.（2001）、Pepermans et al.（2005）、Martin（2009）などを参照のこと。

された。こうして20世紀前半以降、電力システムが集中型へと進化した[3]。

このように集中型エネルギーは、限られた場所に立地し、その主体は限られた数の独占的事業者とならざるを得ない。そして供給ネットワークも含めて独占的事業者がシステム全体に責任を持つ形態が、一般化した。石油や天然ガスは、中東の産油国などから調達されたため、海外の供給地から日本の需要地までを網羅する巨大なシステムが構築され、オイルメジャーといった巨大企業がそれを支配した。

集中型全盛の時代には、電力分野の分散型エネルギーは主として自家発電を指すようになった。日本電機工業会によれば、分散型電源とは、「需要地に隣接して分散配置される小規模な発電設備全般」を指す。自家発電は、工場やオフィスビルなどに設置され、その立地場所の自家消費を主たる目的とし、コージェネレーションや非常用電源としての価値を提供した。しかしそれらは、集中型電力システムの圧倒的な主役である電力会社から、「需要家電源」と呼ばれてきたように、システム全体から見れば補完的な役割を担うに止まった。

1.2 分散型エネルギーの再評価の背景

しかし1980年代に入ると、世界的に分散型エネルギーが再評価されるようになった。その第1の背景は、技術革新によるコストダウンである。小型ガスタービンやコジェネ、風力発電機の価格競争力が向上した。規模の経済性が低下するとともに一方で、集中型エネルギーの投資リスクが敬遠された[4]。

分散型エネルギーのコストダウンが促した第2の背景が、電力自由化である。自家発電などの価格競争力が向上した結果、主要先進国では独占市場の開放要求が高まり、電力自由化が推進された(10章)。その結果、新規参入を容易にする競争環境が整備されるようになった。

第3に、1990年代以降の気候変動問題の顕在化である。低炭素化の要請が、各国に脱化石燃料の最右翼としての再エネの導入を促した。また、エネルギー効率

---

3) このような変遷は地域によっても異なる。例えばvan der Vleuten (2006) によれば、デンマークでは1950年から70年にかけて「集中型」体制が維持されたが、それ以前は分散型と集中型の「共生型」、それ以降は「ハイブリッド型」であったという。
4) ロビンス (2005、9-13頁) では、電源の規模の (不) 経済について、送配電網も含むシステム全体の観点から説得的に議論されている。

の観点から省エネやコジェネの導入が進められた。自家発電は、消費地に立地するがゆえに送配電ロスが少ない上、送配電網投資を節約する点も評価された。

第4に、系統運用上の技術革新により、多様な分散型電源を電力システムに統合できるようになった。集中型システムでは、電力会社が発電から送電、小売りまで全てに責任を持つことが効率良く、それ以外の方法は技術的に困難と考えられてきたため、自家発電は例外扱いされ、風力や太陽光の出力変動が問題視されてきた。しかし、IT（情報通信技術）の進化により、系統運用者が自家発電を直接制御し、変動対策を施すことが容易になった。またスマートグリッドが、需給の最適化を図るIT化された送配電網として、注目を集めるようになった。

以上をまとめれば、分散型エネルギーは、第1に小規模で、従って多数の設備が様々な地域に立地する。第2に消費地に立地し、消費者自身が所有・運営する。第3にコジェネが可能で、第4に低炭素といった特徴がある。以上の4点を全て満たすものが、狭義の分散型エネルギーと言えるかもしれないが、そのような例は少ない[5]。本章では、分散型エネルギーを排他的な形で定義することはせず、上記の歴史的背景を踏まえつつ次の4種類に整理する。

1.3　4種類の分散型エネルギー

第1に、20世紀から継続している自家発電である。2012年時点では、再エネと共に導入量が大きい[6]。その電源の多くは火力に依っており[7]、燃料さえ調達できれば立地を選ばず、計画から運転までのリードタイムが短い。また、消費地に立地するためコジェネの可能性が高い。化石燃料の種類や発電規模、設置場所、利用方法などは極めて多様であり、利用者のニーズに柔軟に応えられる価値を提供している。他方で自家発電は、化石燃料の価格変動に左右されやすく、近年は必ずしも増加しているわけではない（図表2-1）。

第2に、再エネである。再エネには、従来から開発されてきた大規模水力や地熱もあるが、その他は小規模で経済性が低かったため、1990年頃までの導入量は

5）畜産農家によるバイオガスのコジェネや温泉組合による地熱のコジェネは、4点全てを満たす。

6）IEA, Electricity Information 2014によれば、OECD諸国の自家発電の設備容量は19400万kW（うち、水力が1400万kW、太陽光が2200万kW、風力が600万kW）、再エネの設備容量は27400万kW（水力除く）。

7）図表2-1では、カナダ（水力が6割）を除いて、自家発電の8～10割を火力が占める。

第2章　地域分散型エネルギーシステムを定義する

図表2-1　主要先進国の自家発電の設備容量の推移

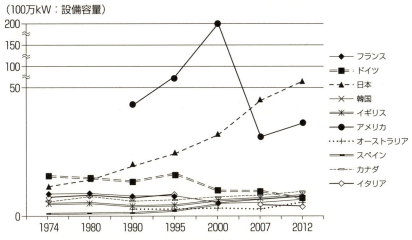

出所：IEA, *Electricity Information* 2012、2014より筆者作成。

図表2-2　主要先進国の再エネ発電（水力除く）の設備容量の推移

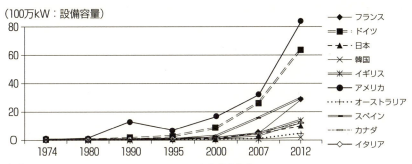

出所：IEA, *Electricity Information* 2012、2014より筆者作成。

限定的だった。しかし、1970年代の石油危機を経たエネルギー自給の認識の高まりや、1990年代の低炭素化という政策的要請により、欧米諸国を中心に加速度的に導入されるようになった（図表2-2）。風力、太陽光、太陽熱、バイオマスなどは、日本では新エネルギーと呼ばれ、地熱や太陽熱、バイオマスは、コジェネも可能である。今後の技術革新により、波力、潮力、地中熱なども期待されている。エネルギーの可搬性が低いため立地に制約を受ける、風力や太陽光は出力変

図表2-3　主要先進国のGDP当たり1次エネルギー供給の推移

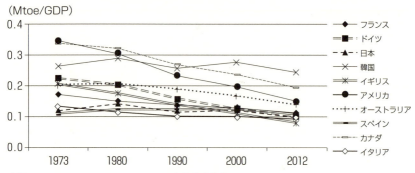

出所：IEA, *Electricity Information* 2014より筆者作成。

動があり需給調整が難しい、といった課題を抱えている。

　第3に、燃料電池と蓄電池といった新技術をあげたい。燃料電池は、天然ガスなどをエネルギー源として、化学反応により水素を利用して発電する。コジェネとして活用できる、発電時に二酸化炭素を排出しないといったメリットがある。水素自動車の動力源としても技術開発が進んでおり、再エネによる余剰電力を水素変換して貯蔵する方法も検討されている。また、発電はしないが蓄電池も分散型エネルギーの1つに位置付けられる。リチウムイオン電池やNAS電池といった大容量蓄電池[8]の低廉化が進めば、再エネの変動対策などに使われるともに、ピークシフトに大きな役割を果たすことが期待される。非常用電源にもなり、可搬性が高く、電気自動車といった形での導入も進みつつある。但し、現時点では燃料電池も蓄電池も経済性の壁が高く、燃料電池車や電気自動車のインフラの問題もあり、導入拡大には時間がかかる。

　第4に、デマンド・レスポンス（Demand Response、以下DR）を含む省エネである[9]。エネルギー消費については、今後も発展途上国では拡大が見込まれているが、先進国では概ね2000年以降横這いの状態で、1970年代からエネルギー効率の向上が続いている（図表2-3）。エネルギーの便益を維持しつつ需給の規模

8）揚水発電は蓄電用途や需給調整のために以前から開発されてきており、比較的規模が大きく、電力会社が所有することが多い。

9）Ackermann（2007）では、distributed resources：分散型資源としてのDRの重要性が論じられている。

第2章 地域分散型エネルギーシステムを定義する

図表2-4 代表的な分散型エネルギーの特徴

	電源等	規模	消費者近接	コジェネ	炭素排出	所有者(例)
①自家発	石炭火力 ディーゼル ガスコジェネ	中-大 小 小-中	近 近 近	可 可 可	高 高 中	工場 ホテル、病院 ビル、工場
②再エネ	家庭用太陽光 洋上風力 中小水力 バイオマス 地熱	小 中-大 小-中 小-中 小-中	近 遠 近 近 近-遠	不可 不可 不可 可 可	低 低 低 低 低	家庭 事業者、電力会社 農業団体 畜産酪農生産者 事業者、電力会社
③新技術	燃料電池 蓄電池	小-中 小	近 近-遠	可 不可	低 低	ビル、工場 家庭、ビル
④省エネ	省エネ DR	小 小	近 近	可 不可	低 低	需要家全般 需要家全般
集中型エネ	石炭火力 原子力 大型水力	大 大 大	近-遠 遠 遠	不可 不可 不可	高 低 低	電力会社 電力会社 電力会社

出所:筆者作成。

を小さくできれば、自給率が高まるとともに低炭素化にも寄与する。

さらに、需給逼迫時に消費者が能動的にピークカットを行うことは、高価な追加発電と同等の価値がある。Lovins(1990)は、これをマイナスの電力供給と解釈して、「ネガワット」と呼んだ。消費行動の適切な制御は難しいと考えられてきたが、スマートメーターなどITの助けを借りれば、ネガワットは重要な電源になりうる。省エネやDRは、その規模や立地を考えれば究極の分散型であるが、これらを効果的に活用する仕組みの整備が待たれる。

1.4 2本柱としての再生可能エネルギーと省エネルギー

ここまでの議論を整理したのが、図表2-4である。各項目の評価は標準的な形態を想定しており、例外もある。4種類の分散型エネルギーの中にも多様性があり、前述の4つの特徴を満たす状況も一様ではない点に、注目されたい。

例えば自家発電の中では、製鉄所などに置かれる数十万kW規模の石炭火力は、分散型というには大規模で、低炭素ではない。小型の非常用ディーゼル発電機は、余り稼働していないものも少なくない。再エネの中でも洋上ウィンドファームは、60万kWに及ぶものがあり[10]、既存電力会社が手がけるものも多く、

コジェネにはならない。

以上の整理を踏まえ、4種類の分散型エネルギーの中で本書が特に重視するのは、再エネと省エネの2つである。

再エネは、中長期的なエネルギー転換を考える際に重要な脱化石燃料の要請を、十分に満たしてくれる。自国内で再生可能なため、他国の影響や価格変動から距離を置くことができ、温室効果ガスの排出量は極めて少ない。多様な主体が手がけやすく、自家発電やコジェネに対応できるものもある。火力などと比べ、歴史が浅いからこそ今後の伸び代は大きい。

省エネは、そもそもエネルギーの消費を減らすため、温室効果ガスの排出量を減らし、(稼働しないから) 安全性は高まる。その規模からも多様性からも、究極的な分散型エネルギーと言えよう。コジェネなど廃熱の有効利用によるエネルギー効率の改善も、この一種と考えてよいだろう。

ドイツのエネルギー転換 (Energiewende) でも、その手段として再エネと省エネが2本柱になっている。それは、脱原発を目的とするだけでなく、20世紀の化石燃料を中心とした、大量生産・大量消費システムへの反省が出発点となっている。本書でも気候変動問題を重視しており (12章)、持続可能なエネルギーシステムの提案に当たり、再エネと省エネが2本柱になるのである。

2　分散型エネルギーが要求する分散型エネルギーシステム

2.1　送配電網の構造改革

再エネと省エネを補助的ではなく主要な構成要素とするには、そのための「器」を作り変えなければならない。既存のエネルギーシステムは、集中型エネルギーを前提とした、集中型の構造であるため、そのままでは分散型エネルギーを統合できない。そのための構造転換の手段が電力システム改革であり、諸富 (2015) や高橋 (2016a) でも議論されてきた。

特に本章では、電力システムをネットワーク面と経済制度面の2つに分けて、その具体的内容を精査したい。まずネットワーク面から言えば、送配電網は既存

---

10) イギリスのロンドンアレイ洋上ウィンドファームは、175基・63万kWの設備容量に及び、ドイツやデンマークの大手電力会社が参画している。

第2章　地域分散型エネルギーシステムを定義する

電力会社の所有物であり、電力会社の電源に合わせて建設され、運用されてきた。分散型電源を大量導入するに当たり、この集中型電力システムのネットワークを構造改革しなければならない。

　第1に、あらゆる電源に対して送配電網が公正に開放されなければならない。これまでにも、IPP（独立系発電事業者）や再エネ事業者にとっての系統接続上の制約が指摘されてきたが、発送電一貫の既存電力会社には、発電分野の競合他社に送配電網を貸し出す誘因が低い。その利益相反を解消する構造的措置が、発送電分離である。1990年代以降の電力自由化の潮流の中で、欧米では発送電分離が実施され、独立した送電会社が創設されてきた。

　第2に、送配電網の拡充が必要になる。集中型電源はそもそも数が少ないため、立地に合わせて独占的事業者が計画的に送電網を建設してきた。その結果、既存の送電網は既存の集中型電源のために最適化されており、例えば風況の良い北海道北部には十分な送電網がない。また、地域別の独占体制であったため、地域間の送電網も十分でないところがある。配電網については、これまでは電源をつなぐことを想定しておらず、電気の流れも供給者から消費者へと一方向に限定されてきた。配電網につながる再エネや蓄電池が増えれば、配電網の増強も必要になる。

　第3に、系統運用の手法を変えなければならない。まず、経済合理性からも再エネの変動対策からも、広域運用が一般的になる。既存の地域単位（＝狭域）より広い地域で電力需給を調整することで、平滑化効果が働く。さらにドイツでは、再エネ法において優先接続・優先給電が徹底されている。そのため、変動電源の増加に伴い調整電源としての火力などの活用方法も変わる。これらは、系統運用者にとっては安定供給への挑戦である一方、発電事業者にとっては、原子力や石炭火力でも出力調整運転を迫られることが問題となる。こうして、ベース電源という概念が揺らぐことになる。

　第4に、送配電網の量的拡充だけでなく、質的高度化も重要である。系統運用者が通信機能によって風力発電の出力抑制を直接行う、スマートメーターによってDRを効果的に行うことが、現実になっている。これら高度化のための投資に当たり、責任と負担の在り方が問題になる。

2.2　市場メカニズムの活用

　送配電網を物理的インフラとすれば、市場メカニズムは経済的制度である。集中型電力システムでは、発電と小売りが直結されている上、法定独占の下で電力取引が市場を経由することがなかった。これを開放し、需給調整を市場メカニズムに委ねるのが、電力自由化である。

　第1に、法定独占が廃止され、電力の取引が競争ベースで行われるようになる。需給に応じて取引量と価格が決まるのが、市場メカニズムである。市場メカニズムを活用することで、需給の最適化が実現され、合理的な省エネも進む。

　第2に、具体的な制度として電力取引市場が必要になる。自由化は相対取引を否定するものではないが、新規参入者が個別に取引対象を探すには大きな費用がかかる。これを逓減するのが取引市場である。スポット市場では、発電事業者と小売り事業者が前日に売りと買いの入札を行い、翌日の電力を取引する。また、送電会社は発電設備を持たないため、当日の最終的な需給調整にはリアルタイム市場も必要になる。さらに、再エネの導入を受けた既存の火力の設備利用率の低下に伴い、供給力を取引する容量市場が必要との意見もある。

　第3に、ITの力も借りてより積極的に市場メカニズムを活用することも重要である。DRはその代表例であり、夜間は安く、昼間は高くといった時間帯別料金、ピークシフトに報奨金を払うピークタイムリベートなどにより、消費行動においてネガワットを生み出す誘因が高まる。

　送配電網を構造改革し、電力自由化を進めれば、電気事業のビジネスモデルが根底から変わる（第11章）。再エネは、固定価格買取制度に支えられ、優先給電が徹底されれば、リスクの低い事業になる。一方で、出力調整運転のために火力の設備利用率が下がれば、火力発電事業者は売上減という損害を被る[11]。発送電一貫の電力会社は、送電網を切り離された上、規制料金による保護もなくなる。

　だとすれば、分散型電源の最大の障壁は、それを受け入れるレガシーシステム自体にあると考えられる[12]。集中型電力システムで大きな利益を享受してきた既存電力会社は、ビジネスモデルの転換に徹底して反対するからである。分散型電源の支援策だけでなく、これを受け入れる電力システムの構造改革まで含めて

[11) 例えば、*Economist*（2013年10月12日）を参照のこと。ドイツの大手電力会社の投資戦略の失敗については、10章で紹介する。]

政策転換を考える必要がある。

3 分散型エネルギーシステムと地域との親和性

3.1 再生可能エネルギーと省エネルギーに付随する地域的制約

　まず、分散型エネルギーには様々な地域的な制約が伴うことを認識しなければならない。再エネは地域に根ざした資源であり、その賦存量は地域によって大きく異なる。風況の悪い場所にはウィンドファームを建設できないし、豪雪地帯にソーラーファームを建設しても割に合わない。化石燃料などと比べて輸送が難しいことから、その地域の特性に応じた再エネを選ぶことが重要である。

　従って再エネを開発する際には、地域との関係に配慮することが欠かせない。小水力発電の建設に当たっては農業用水などの水利権との調整を避けて通れないし、地熱は温泉組合の理解と協力が不可欠である。これらを無視して、例えば山林を突然切り開いてメガソーラーを建設すると、地域住民の反発を受けることになる。実際に大分県由布市では、このような背景から景観破壊を規制する条例が2014年1月に制定された。

　省エネも同様に地域との関係性が強い。消費行動はまさに各地域の現場で行うものであり、気候や生活環境に左右される。例えば、北海道は冬に電力のピーク需要を記録するため、それに適した料金メニューが効果的だろう。北欧などの寒冷地では冬の暖房が極めて重要なため、建物の断熱化に努力してきた。ここでも地域固有の事情に対する理解と配慮が求められる。

　だとすれば分散型エネルギーの利用に当たっては、より積極的に地域的制約を地域との親和性へと転換する発想が重要になる。例えば木質バイオマス事業は、林業から出る廃材を再生可能燃料に変えてくれるため、林業のサプライチェーンの中に位置付けることが重要である。耕作放棄地にソーラーファームを建設するだけでなく、農業と共存するソーラーシェアリング（営農継続型太陽光発電）と

12）例えば、Defeuilley（2009）は、電力自由化後に想定されたほど小売り競争が起きていない理由として、発電と送電が一体になった既存の電力システムがサービスイノベーションを阻んでいることを挙げ、分散型システムへの移行が進まなければ、イノベーションの実現も難しいと指摘している。

いう選択もある。地域の自然環境や農林水産業、市民生活に影響を与えざるを得ないがゆえに、それらとの調和を図ることが成功の鍵になるのである。

　これらとは対照的に、集中型エネルギーは地域との親和性に乏しい。そもそもウランや石油は地域固有の資源ではなく、これらを過疎地に持ってくれば、どこでも似たような条件で発電所を立地できる。他方で集中型電源はその巨大さがゆえに、過酷事故時の被害といった悪影響も大きい。そのため原発については、立地交付金という「迷惑料」を払う制度が構築された。確かに原発を受け入れれば様々な箱物の施設が建設され、地域に雇用を生み出し、固定資産税も得られた。しかし、その受入れの判断を巡って地域に深刻な利害対立を生み出すこともあった。そして福島原発事故による農作物や漁業資源への悪影響、16万人に及んだ県民の避難は、集中型エネルギーが地域と相容れない現実を明らかにしたのではなかろうか。

3.2　分散型エネルギーシステムにおける地域の役割

　前述のような分散型エネルギーが有する地域との親和性を積極的に活用する上で、地域に根ざした主体に期待される役割は大きい。第1にご当地電力（コミュニティパワー）といった形で、地元企業や市民グループがエネルギー事業の主体になれる。再エネは小規模で新規参入者にも手掛けやすいからであるが、地域主体が関与することで地域との利害調整が円滑化する可能性が高まる。

　第2に地域主体によるエネルギー事業の効果は、地域全体に波及する。ご当地電力の担い手は地域に根差した人材が想定され、その事業資金は市民ファンドや地域金融機関からの融資によって賄われることが多い。また木質バイオマスやバイオガスによる熱供給事業が活性化すれば、地域の林業や畜産業に好影響を与える。こうして地域の人やカネ、自然資源が有効活用されれば、地域経済の好循環につながる。日本では、農林水産業のいわゆる6次産業化が進められているが、生産者による再エネ事業はこの有力候補になる。

　第3に、需要面でも地域の役割は小さくない。スマートコミュニティは、地域が主体的に再エネと省エネを受け入れ、ITを活用してエネルギー需給を最適化する取り組みである。また、家畜の糞尿でバイオガス発電を行うだけでなく、その排熱を牛舎の暖房に使う（コジェネ）ことにより、畜産農家の熱需要が大きく変わる。その際、融資やノウハウ面で農協の役割も重要になる。

第4に、地域に貢献するからこそ、支援者や束ね役として地方自治体の役割が期待される。長野県飯田市は、2012年に再エネの導入による持続可能な地域づくりに関する条例を制定した。ご当地電力に小学校などの公共施設の屋根を長期間貸し出すなど、地域への利益還元に配慮した「公民協働事業」を支援している。さらに2016年4月の小売全面自由化を受けて、みやま市、鳥取市、米子市など、自治体が新電力に出資する例も見られる。また、福島原発事故後に全国的に節電運動が展開されたが、その普及啓発に地方自治体が旗を振った。これまでエネルギー政策は国の専管事項とされてきたが、分散型エネルギーシステムの構築と運営に当たっては、自治体が地域のエネルギー需給を真剣に考えるべきであろう。

ここにきて、分散型エネルギーシステムへの転換は、エネルギー問題に止まらない広がりを見せる。これまで地域は、中央への受動的・依存的関係に甘んじてきたが、能動的・自立的な立場から「エネルギー自治」（高橋、2016b）を追求する契機となり得る。エネルギー転換は、中央対地方、規格大量生産型工業対農林水産業といった対立を乗り越えた、経済・社会システムの構造転換の可能性も秘めているといえよう。

4　地域分散型エネルギーシステムの展開と課題

4.1　地域分散型エネルギーシステムと集中型エネルギーシステム

ここまでの議論をまとめれば、地域分散型エネルギーシステムでは、多様な事業主体が、市場メカニズムや規制、支援措置の下で、エネルギーの供給やサービスの提供に切磋琢磨し、消費者が省エネだけでなく供給においても能動的な役割を果たす。と同時に、地域主体が農林水産業とも連携を図りつつ、エネルギーの需給に積極的に関与する。

集中型エネルギーシステムは、これとは対照的だった。国家的な計画の下で、独占的事業者により、大規模供給設備や長距離供給網の開発が計画的に進められた。その結果、規模の経済性を追求する一方で、総合的なエネルギー効率は高まらず、必ずしも低炭素ではなかった。政府が認定した公益事業者以外の主体が関与する余地は小さく、消費者には十分な選択肢が与えられず、地域の声が積極的に反映されることもなかった。それでも、規模の経済性の前ではこの仕組みが最

図表 2-5　地域分散型エネルギーシステムと集中型エネルギーシステムの特徴

	地域分散型システム	集中型システム
エネルギー（電源）	分散型エネルギー中心	集中型エネルギー中心
事業主体	多様な主体＋系統運用者	発送電一貫電力会社
政策主体	地方自治体＋国	国
原理	競争・市場＋自律・協調	独占・計画：規模の経済性
ネットワーク	開放・メッシュ状	発電と一体・階層構造
消費者の役割	能動的・多様化：プロシューマー	受動的・限定的
環境適合性	高い：低炭素、安全、自然調和的	低い：廃棄制約（放射能、炭素）
地域との親和性	高い：農林水産業との相乗効果	低い
経験・歴史	短い：不確実性	長い：確実性

出所：筆者作成。

も効率的であり、他に選択肢がないと考えられてきた。

　地域分散型エネルギーシステムが実現すれば、再エネや省エネにより低炭素化が進み、エネルギー自給率も高まる。エネルギー転換の初期投資は小さくないが、化石燃料への依存度が下がるため、中長期的にはエネルギー費用の抑制も可能である。再エネやDR関連の新たな産業が興り、グリーン成長と呼ばれる地域経済の活性化も期待できる。その上で、風力や太陽光などは原理的に過酷事故があり得ず、廃棄物も少なくなる。以上をまとめたのが、図表2-5である。

4.2　欧米における地域分散型エネルギーシステムの展開

　本章で議論してきた地域分散型エネルギーシステムの定義やそれを推進する方針について、世界中で明確な合意があるわけではない。しかし少なくともいくつかの欧米諸国では、集中型システムからの移行が進みつつある。

　第1に、再エネの大量導入（図2-2）は、低炭素化とエネルギー自給の観点から既に一般的な政策となっており、欧州の20-20-20のような共通化の動きもある[13]。アメリカでは、連邦レベルでは再エネ発電の建設に対して税額控除が実施されてきた他、カリフォルニア州やテキサス州では、数値目標を設定して導入

---

[13] 2020年までに、最終エネルギー消費に占める再エネの割合を20％に引き上げるとともに、エネルギー効率を20％高めるという、欧州委員会が定めたEU全体としての政策目標のこと。

第2章　地域分散型エネルギーシステムを定義する

図表2-6　主要先進国の原子力発電の設備容量の推移

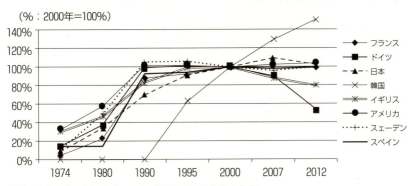

出所：IEA, *Electricity Information* 2012、2014より筆者作成。

を進めている。欧州では、省エネ政策も積極的に推進されており、20-20-20のうち1つの20はエネルギー効率の目標である。北欧やドイツでは、建物の断熱化や地域熱供給システムの構築が規制的手法も含めて講じられている。

第2に、分散型エネルギーの増加に伴いシステム改革が推進されている。元々欧米諸国では、1990年代から電力自由化が積極的に進められ、発送電分離が終わっている[14]。その上で近年は、変動電源の増加を受けた系統運用や市場制度の改革が、精力的に検討されている。その反面、集中型電源である原発の新設は1990年代以降滞っている（図表2-6）。電力自由化を含む分散型電力システムへの移行により原子力のリスクが顕在化し、マイナスに働いているのである[15]。

第3に、地域や市民の役割が高まっている点も共通の現象となりつつある。例えばデンマークでは、陸上風力の75％がエネルギー協同組合など市民所有であるという[16]。ドイツでは、廃材や家畜の糞尿で熱と電気を自給するバイオエネルギー村が多数あるほか、地域エネルギー公社が配電も含むエネルギー事業に乗り出している例もある[17]。

---

14) ガスシステムについても、ガスパイプラインの開放が進み、国境を越えた取引が一般化している。
15) 高橋（2014）では、電力自由化が原発推進を阻害することが論じられている。
16) 欧州風力発電協会ウェブサイト。http://www.ewea.org/blog/2012/10/local-communities-invest-in-danish-wind-energy/
17) ドイツのコミュニティパワーやバイオエネルギー村については、千葉（2013）などに紹介されている。

4.3　日本における地域分散型エネルギーシステムの潜在力

　これら欧米の状況に対して、日本は分散型エネルギーの潜在力や産業基盤がありながら、それをシステムの観点から政策的に指向しているとは思われない。

　第1に、自家発電は64GW が導入されており、世界最大規模を誇っている（図表2−1）[18]。その電源の80％以上は火力だが、計画停電の経験を踏まえ、今後も増加が続くと思われる。その際、自家発電の概ね半分は自家消費され、残りは売電に回されている。この供給力を電力市場で柔軟に売買できるかが、自由化の鍵となる。

　第2に再エネについては、日本の導入率は極めて低い。大規模水力を除けば、2013年度の発電電力量の1.7％を占めるに過ぎず、諸外国に大きく遅れをとってきた。そもそも政策的優先順位が低く、発送電一貫体制の下で系統接続の問題があったことなどが、主因である。一方で、資源量としてのポテンシャルは大きい上[19]、太陽光パネルや風力発電機、地熱発電機などに有力なメーカーが存在する[20]。2012年7月から固定価格買取制度が始まり、今後の拡大が期待されているが、系統接続などの課題が表面化している（5章）。

　第3に、燃料電池や大容量蓄電池は、世界的に未だ導入の初期段階に過ぎないものの、日本は最先端の位置にいる。家庭用燃料電池の販売台数が拡大している[21]他、トヨタ自動車は2014年12月に世界初の燃料電池車を一般発売した。また、ハイブリッド車や電気自動車という形でリチウムイオン電池などの導入が進んでおり[22]、世界有数の蓄電池メーカーも有する[23]。

　第4に、日本は石油危機以降、家電メーカーが省エネ家電の開発を進めるなど、省エネのトップランナーであったが、近年は鈍化しており対策が急務である（8

---

18) この内コジェネは、設備容量にして17％、設置数にして23％（資源エネルギー庁「電力調査統計」）。
19) 2011年12月の政府のコスト等検証委員会「報告書」によれば、一定の開発条件の下で、太陽光は91GW、陸上風力は150GW、地熱は4.3GW と算定されている。
20) シャープ、京セラ、富士電機など。
21) エネファームのメーカー販売台数は、2011年度13,460台、13年度33,531台、15年度40,447台。コージェネ財団のウェブサイト。
22) 次世代自動車振興センターのウェブサイトによれば、2014年度時点の保有台数で、プラグインハイブリッド車は44,012台、電気自動車は70,706台、ハイブリッド車は4,717,344台。
23) NEC、パナソニック、日本ガイシなど。

章)。また、DR は世界的に黎明期であるが、東日本大震災後の需給ひっ迫をきっかけとして、DR アグリゲーターの参入が始まった。今後の本格普及には、ネガワットを取り引きする市場制度やスマートメーターといったインフラの整備が待たれる。

第5に、日本の電力システムが集中型の極致に達していることこそ、分散型への最大の障壁と考えられる。発送電分離がなされず、事実上の独占が維持されてきた環境下では、再エネも省エネも普及させるのは困難である。再エネの系統接続について、2014年9月以降、電力会社からの「回答保留」が相次ぎ、2015月1月に新たな出力抑制のルールが示された。再エネの導入に抑制的に働いており、上記の DR 市場と同様に、本質的な電力システム改革が待たれる。

第6に、地域や市民による分散型へ向けた取組は、緒についたばかりである。日本では歴史的に地方自治体の役割が財源や権限の制約から小さく、特にエネルギー政策は国の専管事項とされてきた。また、農林水産業の生産性が低く、生産者の高齢化が進み、ドイツのバイオエネルギー村のような積極的な取り組みはほとんど見られない。2013年11月に、地域での再エネ事業を支援する農山漁村再エネ法が制定され、2014年5月にコミュニティパワーの集まりである「全国ご当地エネルギー協会」が創設されたが、それらが成果として表れるのはこれからであろう。

4.4 日本型「分散型エネルギーシステム」の行方

このように国は、地域分散型エネルギーシステムを政策的に指向していないように見える。一方で、「分散型エネルギーシステム」を推進するといった言葉が、近年の政策現場で使われている事実を指摘しなければならない。

例えば、2010年6月のエネルギー基本計画では、水素エネルギーを「民生・産業部門の分散型電源システム」と呼び、振興する姿勢を示している。また、2014年4月のエネルギー基本計画では、「分散型エネルギーシステムにおける再生可能エネルギーの利用促進」が、1つの項として掲げられ、「分散型エネルギーシステムの普及拡大」といった表記が複数ある。

いずれの場合も「分散型エネルギーシステム」の定義は定かでないが、前後の文章から判断すると、「再生可能エネルギーやコージェネレーション等の分散型エネルギー」を、「一定規模のコミュニティの中で」、「IT や蓄電池等の技術を活

用」して管理することを指しているようだ。要するに、全国的には集中型システムを前提とした上で、それを再エネの変動性から守るために、マイクログリッドのような分散型の器を部分的に用意する意図と思われる[24]。

　このような解釈が正しいとすれば、日本政府が目指す「分散型エネルギーシステム」は、本書が提案するものとは本質的に異なるだろう。ドイツやデンマークが目指しているのは、システム全体の分散型への転換である。ドイツの再エネ電力の導入目標が80％（2050年）であるように、分散型エネルギーは決して補完的・部分的なものに終わらない。日本では、分散型エネルギーへの期待が小さい上に、だからこそシステム全体を分散型に転換しようとは考えられていない。そのような前提の上に作られる日本型「分散型エネルギーシステム」とは、風車ごとに蓄電池の併設を要求するなど、全体最適から程遠いものになる恐れもある。

4.5　地域分散型エネルギーシステムの課題

　本書は、中長期的に地域分散型エネルギーシステムへと移行することを提案する。実際にドイツやデンマーク、スペインといった国では、その実現へ向けた着実な展開が見られる。一方で、その道程には様々な課題や不確実性が存在するのも事実である。

　第1に、経済性の壁である。再エネについては、確かに例えばテキサス州の大規模な陸上風力では、石炭火力と競合できるまで発電単価が下がっている[25]。太陽光パネルの量産効果が発揮され、ドイツではいわゆるグリッドパリティが実現されている[26]。一方で、再エネは立地場所に左右されるため、今後は洋上風力などコスト高の場所への立地も増えてくる。また、波力や潮力、燃料電池や蓄電池については現時点では価格競争力に乏しく、さらなる量産効果が待たれる。固定価格買取制度の賦課金負担も考慮すれば、まだ当面の間は、再エネ全体として見た導入コストは低くはない。

---

24) その傍証として、2014年のエネルギー基本計画では、原子力や石炭などの集中型電源に「重要な」との評価が与えられた。一方で再エネについては、2013年12月に公表された計画原案では「重要な」との形容詞はなかったが、その後の与党内協議を経て追加された。
25) 山家（2014）によれば、テキサス州の風力発電の長期売買契約では、3セント/kWhの価格が一般的で、当初10年の減税措置を考慮しても5円/kWh前後の競争力があるという。
26) ドイツ連邦ネットワーク庁によれば、2016年6月時点の10kW以下の太陽光発電の買取価格は、12.70ユーロセント/kWhで、家庭用電気料金の半分以下である。

第2章　地域分散型エネルギーシステムを定義する

　もう1つの経済性の壁は、既存の制度やネットワークが再エネに適合的でないという問題に因る。給電ルールをどうするか、変動対策をどう講じるか、容量市場を含む市場制度をどう改革するかによって、システム全体のコストは変わってくる。また、DRはアメリカなどで実用化が進んでいるものの、それを効果的に集めるインフラと経済制度が確立されていない。このように、分散型エネルギーの経済性を高めるには、技術革新と制度改革を並行して加速させる必要がある。

　その上で、集中型エネルギーの経済性を飛躍的に高めるのは難しいことを、付言しておきたい。その理由は、化石燃料やウランといった枯渇性資源に依存している上、旧来からの成熟技術としてコスト低減に限界があり[27]、また廃棄制約を克服し難いからである[28]。集中型エネルギーの将来性の限界が、分散型エネルギーへの移行を促す背景にある。

　第2の課題は、システム改革の技術的な不確実性である。分散型エネルギー中心の電力システムに改革するには、変動電源の安定化やDRなど、様々な対策を効果的に講じなければならない。例えば、発電電力量ベースで再エネが30％まで導入されているドイツでは、今のところ系統運用上大きな問題は生じていないが、80％となっても生じないという保証はない。送電網の拡充やスマートグリッド化、水素インフラの整備といった分散型システムを目指した投資には、莫大な費用がかかる上、技術的な課題もある。そのようなリスクをどう取るか、誰がコストを負担するか、どのような時間軸で進めるかは、各国でも議論になっている。

　第3に、政策転換の不確実性である。地域分散型への移行は、本章で議論してきた通り、様々なレベルで政策転換が必要な上、試行錯誤といった側面があることは否定できない。また、それは大きな構造転換であるため、既得権益者からの反対が避けられず、政権交代による方向転換もあり得る。だからこそ、ドイツのような積極的な例は多数派になっておらず、今後とも国情に応じてエネルギー政策には紆余曲折が予想される。例えばイギリス政府は、原発の新設に差額決済契約制度（Contracts for Difference：CfD）[29]の導入を決めたが、集中型と分散型

---

27) アメリカにおけるシェールガスの開発は、成熟技術におけるイノベーションという画期的な事例であるが、この影響がどこまで広がるか、他のエネルギーでも起きるかについては、不確実性が高い。
28) CCS（Carbon dioxide Capture and Storage：二酸化炭素回収・貯留）は、二酸化炭素という廃棄物を処理する手段の1つだが、現時点で経済性は低く、商業化の目処は立っていない。

との間で政策的バランスを取る必要に迫られることも考えられる。

おわりに

　本章では、地域分散型エネルギーシステムの定義を試みた。まず分散型エネルギーを整理した上で、再エネと省エネに注目した。次に、これら2つを中心としたエネルギーシステムを構築するために、その器を分散型に構造改革すべきことを論じた。そして、このようなシステムが地域と親和性が高いことを指摘し、地域の役割の重要性を説明した。

　地域分散型エネルギーシステムが中長期的に実現されれば、低炭素化やエネルギー自給率の向上が図られ、かつ安全性も高い。燃料費の高騰に左右されることが少なくなると同時に、エネルギー需給において地域の役割が大きくなり、地域に大きな経済的価値をもたらしてくれる。最終的に、地域や消費者の意思が様々な形で反映されるようになり、統治構造や産業構造の転換にまで波及する可能性がある。

　他方で、その実現には様々な課題や不確実性がある。初期投資の負担は大きく、技術的障壁も少なくない。主要先進国の中でも、分散型を強力に推進している国もあれば、これまでの集中型とのバランスを模索している国もある。日本では、集中型の完成度が高いこともあり政策的方向性は定まっていない。

　本章以降、分散型エネルギー、特に再エネと省エネの可能性を考えるのが、第2部・第3部の役割である。そして、分散型のエネルギーシステムさらには社会を構築するため、必要な政策や付随する課題を考えるのが、第4部の役割である。その過程では、欧州などの先進事例を取り上げつつ日本の状況にも敷衍していきたい。

参考文献
高橋洋（2014）「電力自由化は原子力政策を阻害するか？〜国策と競争の狭間で」『公共政策研究』14号、日本公共政策学会、51-64頁。
高橋洋（2016a）「日本の電力システム改革の形成と変容――集中型・競争型・分散型」

29）初期投資が大きな低炭素電源の導入を促進するために、高めに設定された売電価格を政府が保証する制度。再エネ以外に原子力も対象となる。

『環境と公害』46巻1号、岩波書店、14-21頁。
高橋洋（2016b）「エネルギー自治の理論的射程」『都留文科大学研究紀要』83集、都留文科大学、65-83頁。
千葉恒久（2013）『再生可能エネルギーが社会を変える―市民が起こしたドイツのエネルギー革命』現代人文社。
諸富徹編（2015）『電力システム改革と再生可能エネルギー』日本評論社。
山家公雄（2014）「火力並みのコストとなった再エネ発電」日経ビジネスオンライン。
ロビンス、エイモリー、他（2005）『スモール・イズ・プロフィタブル』省エネルギーセンター。

Ackermann, Thomas, Goran Andersson, Lennart Soder (2001) Distributed Generation: a definition, *Electric Power Systems Research* 57, pp. 195-204.
Ackermann, Thomas (2007) Distributed Resources and re-regulated electricity markets, *Electric Power Systems Research* 77, pp. 1148-1159.
The Brookings Institution Energy Security Initiative, the Hoover Institution Shultz-Stephenson Task Force on Energy Policy (2011) *Assessing the Role of Distributed Power Systems in the U.S. Power Sector*.
Congrès International des Réseaux Electriques de Distribution (1999) Dispersed generation, Preliminary report of CIRED working group WG04, Brussels, Belgium, June 1999.
Defeuilley, Christophe (2009) Retail Competition in electricity markets, *Energy Policy* 37, pp. 377-386.
Lovins, Amory B. (1990) THE NEGAWATT REVOLUTION, *ACROSS THE BOARD*, XXVII No.9.
Martin, Jeremi (2009) Distributed vs. centralized electricity generation: are we witnessing a change of paradigm?, <http://www.vernimmen.net/ftp/An_introduction_to_distributed_generation.pdf>
Pepermans, G., Driesen, J., Haeseldonckx, D., Belmans, R., D'haeseleer, W. (2005) Distributed generation: definition, benefits and issues, *Energy Policy* 33, pp. 787-798.
van der Vleuten, Erik, Rob Raven (2006), Lock-in and change: Distributed generation in Denmark in a long-term perspective, *Energy Policy* 34, pp. 3739-3748.

第 2 部

再生可能エネルギーをめぐる論点

第3章 再生可能エネルギーの普及と政策

安田 陽

1 再生可能エネルギーの意義と便益

　再生可能エネルギー（以下、再エネ）は「コストが高い」とよく言われるが、重要なことは単にコストのみに着目するのでなく「便益」も考え、そのコスト便益比を精緻に議論することが必要である。日本における「再エネ高コスト論」の多くは、この便益に対する考慮が決定的に欠落している。

　再エネには、以下のような便益がある。
（ⅰ）環境汚染物質の排出が極めて少ない。
（ⅱ）エネルギーの純国産化が可能。
（ⅲ）エネルギー生産および価格が安定している。

　「便益（benefit）」とは、いわゆる「メリット」の貨幣表現（金額に換算した定量表現）で、コストの反意語である。すなわち、再エネの議論をするときは発生するコストだけでなく、得られる便益も議論しなければならない。メリットと言うと漠然としたものになってしまいがちであるが、貨幣表現という客観的な定量的尺度に換算することで客観的で定量的な議論をすることが可能となる。この再エネの便益という用語は海外文献には非常に多く登場するにもかかわらず、日本語文献やニュース、記事ではほとんど明示的に取り上げられていない。このことは、国民の多くが再エネに便益があるということ自体を十分知らされていないことを意味している。

　上記の便益（ⅰ）のうち最も重要なものが、二酸化炭素を含む温室効果ガスの排出量削減に対する貢献である。**図表3-1**に示す通り、再エネの二酸化炭素排出量は化石燃料に比べ極めて低く、気候変動対策に大きく貢献できる性能を持つ

第 2 部　再生可能エネルギーをめぐる論点

図表 3-1　各種電源の CO_2 排出量

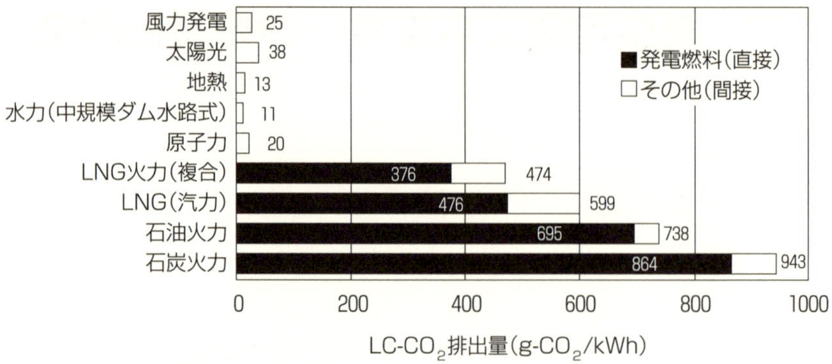

電源	発電燃料(直接)	合計
風力発電		25
太陽光		38
地熱		13
水力(中規模ダム水路式)		11
原子力		20
LNG火力(複合)	376	474
LNG(汽力)	476	599
石油火力	695	738
石炭火力	864	943

LC-CO_2排出量(g-CO_2/kWh)

凡例：■発電燃料(直接)　□その他(間接)

出所：今村・長野（2010）を元に再構成。

ている。また、酸性雨の原因ともなる窒化物や硫化物もほとんどあるいはまったく排出せず（バイオマスはカーボンニュートラル）、当然ながら放射性物質も排出しないというクリーンな電源であることがわかる。この（ⅰ）の特徴は日本でも漠然と言われており、多くのメディアでも取り上げられているが、便益という概念で語られることはあまり多くない。また日本では、（ⅱ）や（ⅲ）の情報はほとんど注目されていないようである。

再エネは単に環境問題に貢献するだけでなく、世界中の国々のエネルギー戦略の上でも重要視されつつある。便益（ⅱ）の「国産化」は非常に重要な問題である。特に日本は現在、化石燃料などの電源用一次エネルギーのほぼ90％を海外からの輸入に頼っている。「チョークポイント」と呼ばれるスエズ運河やホルムズ海峡がひとたび封鎖された場合、日本経済が被るリスクは甚大で計り知れない。シェールガスも現在エネルギー問題の切り札と注目されているが、環境問題など多くの問題を抱え、長期にわたって低価格で安定するという保証はない。日本経済は遠い国の政治や経済、戦争や内乱といったセンシティブな要因に極めて大きく依存しているのが現状である。

このような国際情勢の中で、再エネのほぼ全てが国産のエネルギー源となり得る、という事実は極めて重要である。太陽や風、水は「純国産」のエネルギー資源であるため、上記のような地政学的リスクからはほとんど全く無縁のエネルギー生産手段となる。世界中の国々が自国のエネルギー安全保障のために躍起にな

って導入を進める理由もここから理解できる。特に欧州連合（EU）諸国はロシアからの天然ガスの依存度を下げるために、是が非でも「純国産」の再エネを増やさなければならず、国家戦略上再エネを最上位に位置づけている。日本では再エネは「地球に優しい」などといったイメージを与えられがちで、その分、国際的エネルギー戦略の観点から目が逸れがちだが、再エネは決してそのようなイメージ戦略のみの慈善事業ではなく、国家的エネルギー戦略の一環としての重要な切り札の一枚としてみなされている。

再エネの便益のうち、(iii)の特徴は極めて重要である。再エネ、特に風力発電には「価格安定性がある」という指摘は海外文献ではしばしば見かけるが、日本ではなかなか浸透していない。確かに、太陽光発電や風力発電の出力自体は変動するので決して「安定」ではないというイメージもあるが、「価格安定性」に関しては、海外では風力発電は極めて確実性が高い電源と見なされている。

化石燃料の価格は複雑な国際情勢の中で急上昇・急下降するリスクを常に抱えているが、再エネは上記のように地政学的リスクやそれに伴う極端な資源価格変動のリスクが極めて少なく、一度建設されればエネルギー価格としては最も安定なエネルギー源である。

以下、再エネの中でも特に風力発電に着目し、エネルギー生産および価格の安定性について考察する。風力発電は数年単位の長期間でみれば、最も安定した信頼できる電源であると言える。ある電源が安定かどうかを考える場合、どのタイムスケールで変動成分を管理できるかを考えるのが合理的である。例えば風力発電の安定性は以下のように分類できる。

（a）数十秒～数分の変動：
　　広域で複数の風車を「集合化」すれば事実上問題ない
（b）数十分の変動
　　発電電力量ベースで15～20％の導入率までは問題ない
（c）数時間の変動
　　風力発電の出力予測と市場設計により従来技術で対応可能
（d）数日間の変動　　：系統運用上特に問題ない
（e）数ヶ月の変動　　：季節間の変動は大きいが予測しやすい
（f）数年の変動　　　：非常に安定で最も予測しやすい

（a）～（c）は電力系統の運用に直接関係するタイムスケールであり、この

第2部　再生可能エネルギーをめぐる論点

図表3-2　ポルトガルの再エネ電源の年間定格換算運転時間

風力発電
- 2010: 2,403
- 2009: 2,231
- 2008: 2,273
- 2007: 2,066
- 2006: 2,120
- 2005: 2,301
- 2004: 2,234
- 2003: 2,299
- 2002: 2,439
- 2001: 2,470

太陽光発電
- 2010: 2,022
- 2009: 2,004
- 2008: 1,618
- 2007: 1,628
- 2006: 1,194
- 2005: 1,303
- 2004: 1,089
- 2003: 1,238
- 2002: 1,200
- 2001: 1,187

大規模水力発電（30MW以上）
- 2010: 3,379
- 2009: 1,782
- 2008: 1,462
- 2007: 2,222
- 2006: 2,338
- 2005: 1,052
- 2004: 2,242
- 2003: 3,781
- 2002: 1,823
- 2001: 3,407

出所：Estanqueiro (2013)

図表3-3　ポルトガルの再エネ電源の年間定格換算運転時間の統計分析

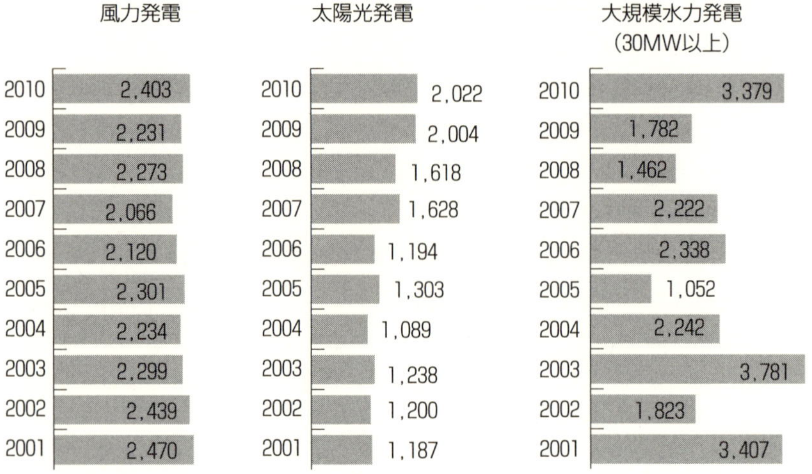

	風力発電	太陽光発電	大型水力発電
2001～2010年最大値[hour]	2470	2022	3781
2001年～2010年最小値[hour]	2006	1089	1052
平均値 m	2277.6	1448.3	2348.8
標準偏差 σ	135.1	329.9	855.9
変動係数 σ/m	5.9%	22.8%	36.4%

出所：Estanqueiro (2013) より筆者作成。

点は第6章にて詳述する。

　風力発電の注目すべき特徴は（f）であり、さまざま電源の中で「最も安定で信頼できる」と言われる点は、実はこのタイムスケールにある。例えば図表3-2および図表3-3はポルトガルの主な再エネ電源の年間定格換算運転時間の10年間の統計結果である。図表3-3に示すように他の再エネに比べ風力発電は最も変動係数が小さく、年間発電電力量も予想がしやすい。水力発電はどの国でも

第3章 再生可能エネルギーの普及と政策

渇水年と豊水年が存在し、それを事前に予測することは非常に難しい。太陽光発電も日照条件は雲や雨量に多寡に依存し、年ごとにばらつきは多い。また火力発電は燃料こそある程度備蓄が可能なものの、化石燃料の価格の急上昇・乱降下により常に価格変動のリスクを抱えている。このような中で、風力発電は一度建設すれば安定して無料の燃料（風）の供給が見込め、地政学的リスクや市場リスク・政策リスクにも左右されず投資が回収できるという信頼性の高い電源であることがわかる。

また、「風力発電は事故が多い」という印象もあるが、世界の風力発電の稼働率（利用可能率）[1]は97％以上であるという実績データも出されている。**図表3－4**は世界的なコンサルタント会社であるガラードハッサン（DNV GL グループ）が調査した世界のウィンドファームの稼働率の実績値分布である。このデータによると世界のウィンドファームの稼働率の平均値は96.4％であり、世界中のウィンドファームの半分が稼働率97.5％以上で運転している（すなわち中央値が97.5％である）ことがわかる。稼働率はメンテナンスや故障頻度と直接関係があり、メーカー保証や保険などビジネスを左右する非常に重要な指標であり、一般に風車のメーカーの稼働率保証は95％を最低限の基準として契約が結ばれることが多い。換言すれば、稼働率が95％を下回ることは、故障続きだったりメンテナンス体制が整っていなかったりと、問題が非常に多いウィンドファームとみなされることを意味する。風車はどこからでも見えやすいため、ひとたび事故があると人々の脳裏に焼き付きやすいが、100本1000本単位で見ると故障確率は低く、極めて信頼性の高い実績を誇っていることがデータから実証されている。

このように、風力発電は、一度建設すれば一年を通してほぼ決まった発電電力量（kWh ベース）を安定的に稼げる。それゆえ、風力発電は、投資家にとっても系統運用者（電力会社）にとってもリスクが少なく、あるいは国産エネルギーを増やして国富流出を極力抑えたい国にとっても、非常に魅力的な電源であるということができる。

---

[1]「稼働率」は、JIS C 1400-00：2005によると「ある期間中において、全暦時間から風車の保守又は故障による停止時間を差し引いた値の、同期間中の全暦時間に対する比」と定義されている。なお、この JIS では正しくは「利用可能率（availability）」という名称で規定されており、慣用語として「稼働率」や「アベイラビリティ」を用いることが認められている。現在では、「利用可能率」ではなく「稼働率」を使う研究者や実務者が多いため、本書でも「稼働率」という名称を用いることとする。

図表3-4 世界のウィンドファームの稼働率分布

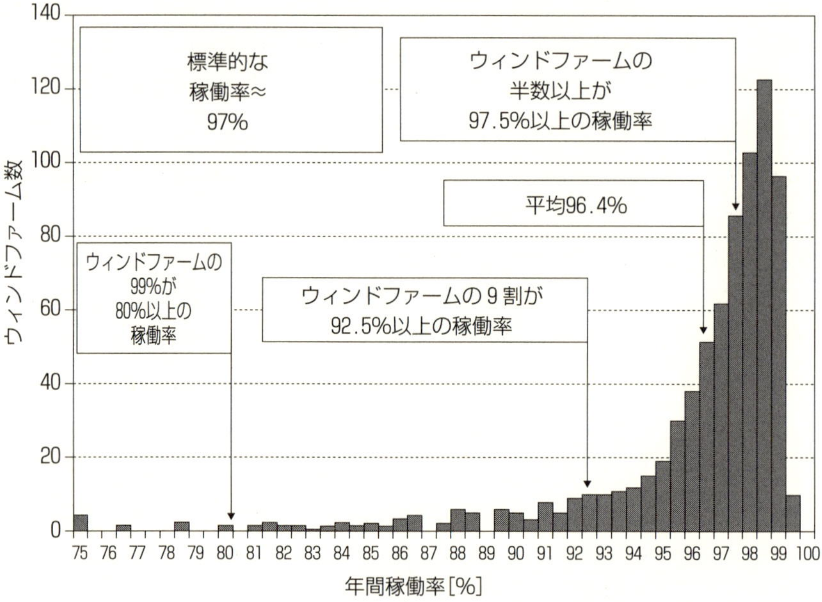

標準的な稼働率≈97%

ウィンドファームの半数以上が97.5%以上の稼働率

平均96.4%

ウィンドファームの99%が80%以上の稼働率

ウィンドファームの9割が92.5%以上の稼働率

出所:内田(2008)

　さらに、再エネ電源の発電所や付随設備を建設するための部品や建設資材が国産である場合には、その国の雇用や産業育成にとってもプラスの要因が多く、国内経済発展の観点からも多くの便益があることが明らかになっている(岩本、2012)。風力発電は風車1基あたりの部品点数が1万点近くにものぼり、自動車産業に次ぐ裾野の広い産業波及効果をもたらすことも期待されている。また、発電事業を行うからには入念なメンテナンス作業も必要となり、保守管理要因として多くのエンジニアが必要となり、地域の雇用・産業活性に一役買えるものと期待できる(斉藤、2012)。

2　再エネの国際動向

　日本では、「再エネは役に立たない」という意見もあるが、再エネを国の基幹電源と位置づけている国は、現時点でも既に複数挙げることができる。図表3-

第3章　再生可能エネルギーの普及と政策

図表3-5　主要国の再エネ導入率（2014年）

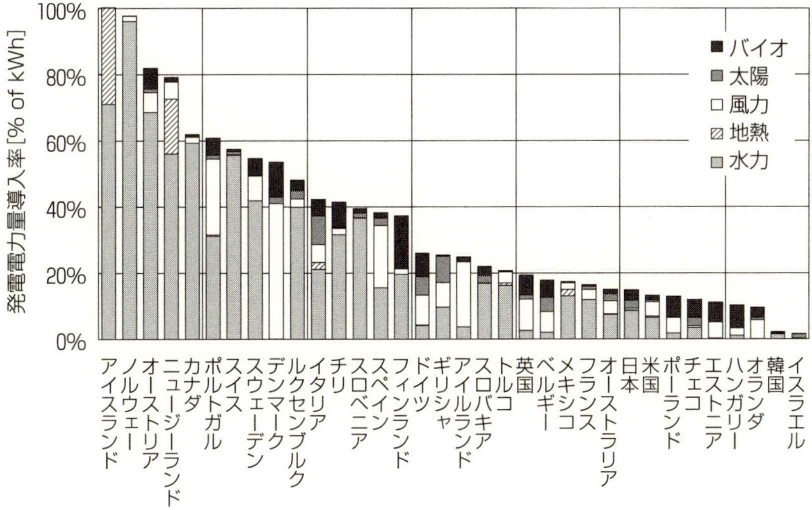

出所：IEA（2016）より筆者作成。

5はOECD（経済協力開発機構）34ヶ国中の2014年における再エネ電源の発電電力量導入率を示したグラフである。この中でアイスランドやノルウェー、オーストリア、ニュージーランドなどは豊富な水力や地熱に恵まれ、まさに「自然の恵み」に恵まれた国で、日本がこれを直接参考にしたり真似をしたりすることは難しい。しかし注目すべきは、ポルトガル（6位）やデンマーク（9位）といった従来型の再エネ（水力）が乏しかった国が上位に食い込んでいることである。この2国は、1990年代から10〜20年かけて国の電源構成を変えており、再エネを国の重要なエネルギー源として位置づける強い意思が伺える好例である。これとは対照的に、日本の導入率は14.7％で26位であり、再エネに対する政策的関心の低さが如実に表れている。

次に、再エネの中でも「変動性再エネ」（Variable Renewable Energy: VRE、以下、VRE）と呼ばれる風力発電と太陽光発電について、各国の状況を比較する。図表3-6はOECD 34ヶ国の2014年におけるVREの発電電力量導入率のランキングである。この図から、（1）デンマーク、ポルトガル、スペインなどのようにVREが占める割合が20〜40％に達している国が既に存在する、（2）風力発電より太陽光発電の方が多い国はイタリア、ギリシャ、チェコ、スロバキア、

図表3-6　OECD加盟国のVRE（風力＋太陽光）導入率（2014年）

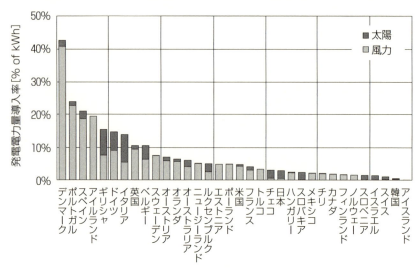

出所：IEA（2016）より筆者作成。

スロベニアなどわずかで、多くの国では風力発電の方が多い、（3）日本は2.9%で26位、などがわかる。また、欧州（OECD加盟国）全体の平均導入率は9.7%、OECD全体の平均は5.7%となっており、この数字と比較しても日本の再エネ導入率の低さが目立っている。

　発電電力量導入率が低いということは、日本が人口やGDP、系統容量など国の規模に見合う分だけの再エネの導入を怠っているという見方をとることもできる。このことは、単なる当該分野の国際競争力の維持という点だけではなく、エネルギー安全保障や地球環境の保全という観点からも、国際的な責務を果たしプレゼンスを勝ち得ているかどうかという点で、憂うべき状況であると言える。

　世界の多くの国が太陽光発電よりも風力発電を導入する理由は、単純に風力発電の方がコストが安いからである。日本では、2014年時点で太陽光発電の導入率2.4%に対し風力は0.5%と、太陽光発電の方が風力発電よりも多い状況となっている。もちろん、日本が太陽光発電を積極的に進めるのは悪いことではないが、相対的にコストが高い太陽光発電のみが先行してしまうことが許容される現在の日本の状況は、結果的に国民負担を増やしかねない。グローバルな流れの中での日本の立ち位置を見極めた上で、バランスのよいエネルギー戦略を冷静に議論す

第3章　再生可能エネルギーの普及と政策

る必要がある。

3　欧州の再エネの導入状況と政策

　世界各国の中でも特に欧州は、風力発電を始めとする再エネの導入に積極的で、ここ10～20年にかけて着実に政策と技術革新の両者を推進させてきたと言える。欧州のエネルギー政策は一夜にして完成したものではなく、1990年代から着実に布石を打ちながら、あるいは地道に試行錯誤を繰り返しながらダイナミックに発展してきたものである。

　まず、EU レベルでの政策としては、再エネ政策の1つのマイルストーンは2001年に置かれたと言える。2001年は「再生可能資源からのエネルギーの利用の促進に関する指令（2001/77/EC）」（「RES 指令」）（European Parliament, 2001）が発効した年である。

　EU における指令とは、EU の拘束力を持つ法律文書のひとつであり、原則として各加盟国内において関連法の整備を必要とするものである。すなわち、加盟国各国の法令の上位に位置するが、各国法に具体的施策までを画一化するのではなく、目的の達成のための手段は各国の独立性を尊重する仕組みとなっている。したがって、RES 指令の下では、各国の再エネ導入目標が掲げられているものの、それを達成するための手段は各国の裁量に委ねられる。それゆえ FIT（Feed-in Tariff、固定価格買取制、4 章参照）を採用する国や RO（Renewable Obligation、再生可能エネルギー義務）ないし RPS（Renewable Portfolio Standard、再生可能エネルギー利用割合基準）などのクォータ制を採用する国、TGC（Tradable Green Certificate、取引可能な再生可能エネルギー証書）を利用する国など多様な支援政策が共存することになる（大島、2010；Esposti, 2011）。

　また、RES 指令は、他のエネルギー関連指令である「域内電力市場の共通ルールに関する指令」（IEM 指令）（European Parliament, 1996；European Parliament, 2009b）とも密接に関連し[2]、市場とのバランスを保ちながら矢継ぎ早に改正作業が行われている。図表3-7 に RES 指令および IEM 指令、各国関連政策の歴史的経緯の概略図を示す。RES 指令は2001年に発効された後、2009年に改正され（European Parliament, 2009a）、特に2001年時点では指示的目標（努力

図表 3-7　EU および加盟国の再エネ関連政策の推移

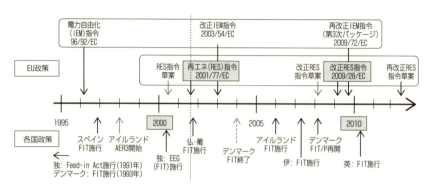

注：AER：Alternative Energy Requirement, EEG：Renewable Energy Sources Act, FIT：Feed-in Tariff, FIP：Feed-in Premium。詳細は 4 節の各項を参照。

目標）であった各国導入目標が2009年改正時には義務的目標に変わり、さらに強い拘束力を持つようになっている。

　図表 3-7 の下半分のように各国の再エネ政策を並べると、この2001年を境に大きく 2 つのグループに分けることができる。すなわちデンマーク、ドイツ、スペインの先行グループは2001年のRES指令に先行して既に独自に自国で再エネ導入を進めてきたことがわかる。実際、2001年のRES指令制定に先立ち、素案の段階では、意欲的な目標に消極的だった欧州委員会に対してデンマークやドイツがより積極的な案を提示し働きかけたことが指摘されている（大島、2010）。一方、フランスやポルトガルをはじめとする後発グループは2001年まではほとんど何も動きをみせず、明らかに2001年のRES指令に背中を押された形で爆発的な導入が進められていることがわかる。さらに、アイルランド、イタリア、英国などはROやRPSを先行して導入してきたが、2000年代後半以降順次FITに政策を切り替えてきている。

2）例えば、IEM指令96/92/EC（European Parliament, 1996）では「規制および入札は、客観性、透明性および非差別性のある基準に基づき行われなければならない。」（第 4 条）とある。またRES指令2001/77/EC（European Parliament, 2001）では、このIEM指令第 4 条を参照する形で、「再生可能エネルギー源からの電力を増やすために規制上および非規制上の障壁を減らすこと」「客観性、透明性および非差別性があり、さまざまな再生可能エネルギー技術の特殊性を考慮するルールを保証すること」（第 6 条）とある（いずれも筆者訳）。このようにIEM指令とRES指令は車の両輪のように設計されていることがわかる。

第3章　再生可能エネルギーの普及と政策

図表3-8　各国のFIT施行後のVREの発電電力量導入率の推移

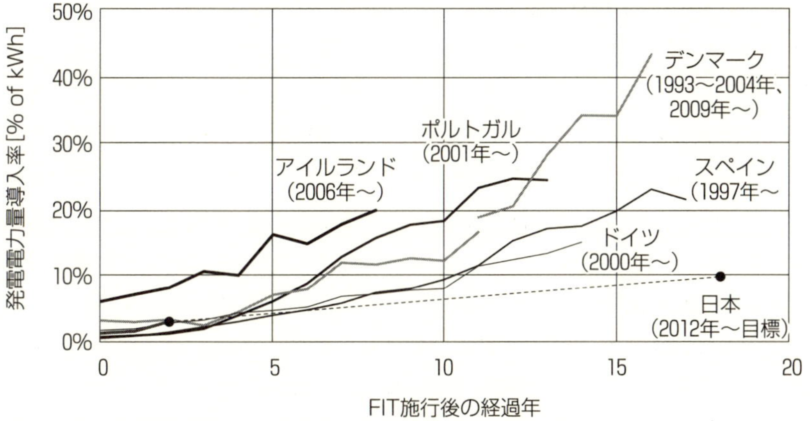

出所：IEA（2016）、経済産業省（2014）より筆者作成。

　次に、FITの導入効果を見るために、図表3-6で示したVRE導入率上位5ヶ国（デンマーク、ポルトガル、スペイン、アイルランド、ドイツ）の導入量推移との関連性を検討する。**図表3-8**は5ヶ国のFIT法施行年をそれぞれ0年目とし、その後の経過年に対するVRE（風力＋太陽光）の発電電力量導入率の推移を比較したグラフである。このグラフからわかる通り、アイルランドではFIT導入前からある程度風力発電が導入されていたという状況もあるが、5年後には15％を越える勢いで成長していることがわかる。また、ポルトガルでもFIT施行後すぐさま爆発的な伸びを見せ、FIT施行年に1％以下だった導入率が5年後には7％、10年後には20％近くと、10年間で実に約40倍の伸び率を見せている。また、再エネ政策を早くから先行していたデンマークやスペイン、ドイツも10年後に10％前後に達している。特にデンマークはFIT導入後13年で（ただしFITが一時的に廃止された2005～2008年はカウントしていない）導入率30％の大台に乗せており、スペインもそれに続き15年後に20％に達する勢いで成長している。以上のように、FITという政策が本来爆発的に再エネを導入するものであり、実際に欧州の事例からそれが証明されていることがわかる。
　図表3-8からわかる興味深いことは、脱原発を政策的に決定したドイツと原発を維持しベースロード電源として利用しているスペインがほぼ同じような再エネの成長曲線を描いていることである。このことから、単純に「再エネ対原発」

51

という構図ではなく、各国の原子力政策がどうあれ、再エネを優先して着実に進展させて行くことは十分可能であることが理解できる。

図表3-8では、比較のため、日本の予想曲線も掲載している。日本の予想曲線は「第4次エネルギー基本計画」の脚注に提示された2030年の再エネの参考値から経済産業省が算出した数値（経済産業省、2014）をプロットしたものであるが、欧州各国のFIT後の推移曲線から比較して、目標値としても曲線の傾き（上昇率）としても明らかに低位である。日本は、本来爆発的に再エネを導入させる目的であるFITを導入したにもかかわらず、国家的エネルギー戦略を示す「エネルギー基本計画」の本文に再エネの目標値が設定されていない。さらに、同計画の脚注に示された再エネ目標の参考値も低位である。これらから、日本は、政策的な矛盾を抱えていると取られても仕方ない状況に陥っていると言える。

導入目標は、一度設定されたらその目標年度が来るまで一定の値に固定された静的なものではなく、それ自体、ダイナミックに推移するものである。**図表3-9（a）**に欧州での風力発電導入量の推移と、欧州委員会のさまざまな政策文書における（当時の）導入目標の経緯を示す。グラフ中、実線は導入量の実測値（2011年まで）、点線は導入目標設定年から目標年までの達成目標を表している。例えば、1996年時点で立てた2010年の導入目標はわずか8GW、2020年のそれは22GWと、今日からみれば、非常に控えめな目標値であった（2010年実績は84GW）。グラフからわかる通り、目標値自体が年々上昇し、実績値もそれを上回る勢いで前倒しで達成していく状況が見て取れる。

図表3-9（b）は、同じ将来予測でも、国際エネルギー機関（IEA: International Energy Agency、以下 IEA）によるもの、また同図（c）は欧州風力エネルギー協会（EWEA; European Wind Energy Association、以下 EWEA）によるものを示している。再エネだけでなく他のエネルギー源も取り扱うIEAは欧州委員会よりも保守的で慎重な予測をしているのに対し、業界推進団体であるEWEAは意欲的で挑戦的な予想（目標）を掲げているところが興味深い。現時点まではこの最も意欲的な目標を掲げているEWEA予想をさらに超えた伸び率で実績値が上まわっているところも注目すべきである。

このように、技術革新や制度充実による市場動向を睨みながらダイナミックにスピーディに導入目標の見直しを図るのが、欧州の風力発電の成功の一因である。この目標設定のダイナミズムは日本の将来の再エネ目標設定についても非常に有

第3章　再生可能エネルギーの普及と政策

図表3-9　欧州の風力発電導入目標（予測）の歴史的推移

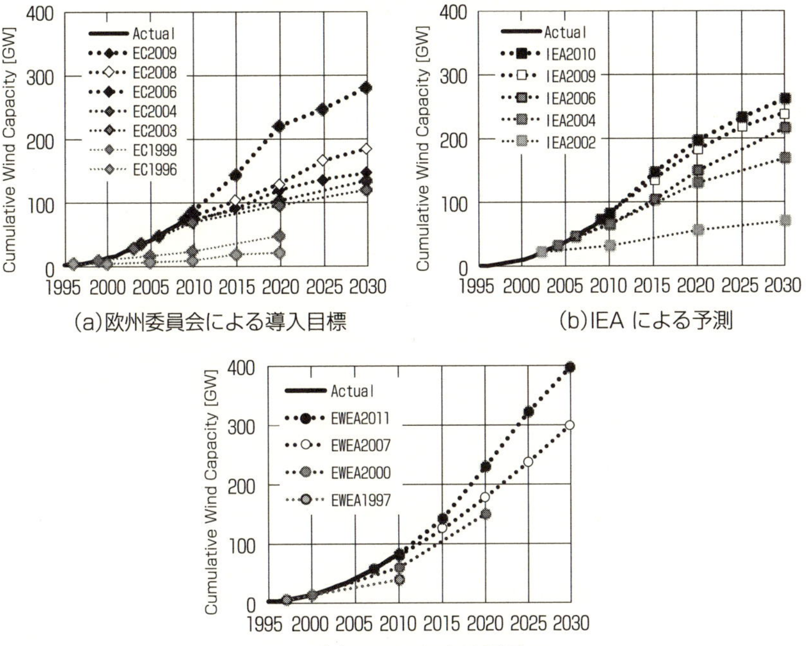

(a)欧州委員会による導入目標

(b)IEA による予測

(c)EWEA による予測

出所：EWEA（2011）より筆者作成。

益な示唆を与えてくれている。

4　欧州主要国の再エネの導入状況と政策

　本節では、再エネの導入が進んだ欧州のいくつかの国を取り上げ、導入状況とそれを促進する政策の関連について概観する。ここで取り上げる国およびその登場順序は図表3－6で示した発電電力量ベースの導入率で1～5位にランキングされているデンマーク（2014年のVREの発電電力量導入率が42.9%）、ポルトガル（同24.1%）、スペイン（同21.1%）、アイルランド（同19.6%）、ドイツ（同15.5%）の5ヶ国である。
　以下の各国政策の紹介は、国際再生可能エネルギー機関（IRENA: International-al Renewable Energy Agency、以下 IRENA）と世界風力エネルギー会議

(GWEC: Global Wind Energy Council、以下 GWEC）が共同で発表した報告書（IRENA/GEWC, 2013）および IEA と IRENA が共同で作成したデータベース（IEA/IRENA, 2014）からまとめたものである。

4.1 デンマーク

図表3-6で示したとおり、デンマークは2013年時点で既に年間発電電力量の3分の1が風力発電でまかなわれている。デンマークは1970年代の石油ショックの直後から再エネの導入に国を挙げて取り組んだ世界最初の国であり、風力発電の導入率としては常に世界トップの座をキープしている。図表3-10にデンマークの1990年代からの再エネ導入率（発電電力量ベース）の推移と主要政策の関係を示す。なお、デンマークでは現時点で太陽光発電の導入はあまり進んでいない（2013年時点で導入率1.5％）ため、同図では省略している。

デンマークでは、早くも1976年には「第1次エネルギー計画（Dansk Energipolitik）」が政府より公表され、電力税の導入や再エネの研究開発の促進が行われた。1981年には「第2次エネルギー計画（Energiplan81）」が発表され、風力発電とバイオマスの開発にはずみがつき、特に当時米国カリフォルニア州で風力発電の導入が盛んとなったため、それに牽引される形でデンマーク国内の風力発電産業が着実に伸張した。1980年代の風力発電への助成は、資本コストの30％（後に20％、10％と削減）が支払われるという補助金の形で支払われた。

1990年には「第3次エネルギー計画（Energi 2000）」が発表され、2005年までに CO_2 を1988年比で20％の削減すること、および電力の10％を風力発電でまかなうことが明確な目標として設定された。また、1992年には風力発電の電力を電力卸価格の85％で買い取ることが決定されたが、これは卸価格に連動するものであり、風力発電の発電コストに関係するものではないことは留意すべきである。

1993年には固定価格買取制度（FIT）が導入され、既存の電力価格からは切り離されて買取価格は風力発電の発電コストおよび送電コストの85％と設定された。さらに炭素税の払い戻しが行われるなど、風力発電に対するインセンティブが加速し、図表3-10に見る通り1993年時点で3.0％であった導入率はFITが終了した2004年までに16.3％にまで上昇した。

このように1993年に導入されたFITはデンマーク国内の風力発電の設置に大きく貢献したものの、1999年にデンマーク政府はRPS制度への移行を決定し、

第3章　再生可能エネルギーの普及と政策

図表3-10　デンマークの風力発電導入率と主要政策の関係

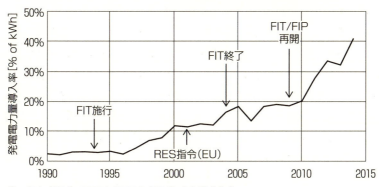

注：IEA（2016），IRENA/GWEC（2013）より筆者作成。

図表3-11　デンマークの風力発電の新設容量の推移

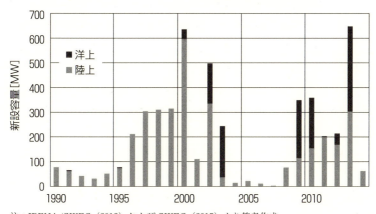

注：IRENA/GWEC（2013）およびGWEC（2015）より筆者作成。

2004年にFITは終了した。その結果、**図表3-11**に見る通りデンマーク国内の風力発電の設置は大きく冷え込み、新たにフィードインプレミアム（FIP: Feed-in Premium、以下FIP）が導入される2009年まで新設がほとんどゼロに近い踊り場状態となった。2008年には「デンマーク・エネルギー協定（2008-2011）」、2009年には「再生可能エネルギー促進法」が新たに施行され、FITおよびFIPが復活し、再び陸上風車および洋上風車の建設が加速されている。

デンマークはさらに意欲的な目標を立てており、2020年までに風力発電の発電

電力量導入率を50％、2035年までに全ての電源を再エネ100％、2050年までに全ての消費エネルギーを再エネ100％でまかなうことを計画している。

デンマークでは、小規模分散型のコージェネレーション（熱電併給、以下コジェネ）にもFITが適用される。コジェネはバイオガスを用いるものもあるが、天然ガスを燃料に使うものもあり、デンマークでは再エネ由来ではないコジェネにもFITが適用されるのが特徴である。また、この際のFIT認定条件として、系統運用者との間に通信を確立し、必要なときに遠隔制御ができることが条件となっている。この「通信要件」により、発電所と系統運用者の給電指令所との双方向通信が確立されており、分散型電源も電力の安定供給の維持に積極的に参加が可能となっている。この点については6.3節にて詳述する[3]。

4.2 ポルトガル

再エネによる独立発電事業者（IPP）の系統連系を保証する法律がポルトガルで初めて施行されたのは1988年にまで遡る。当時は10 MW未満の小規模水力発電が対象であったが、1995年に同法が改正され、風力発電もこの対象となった。2001年にEUのRES指令（2節参照）が発行されると、ポルトガルでもそれを受ける形で「E4（Energy Efficiency and Endogenous Energies）計画」が発表され、2010年までに消費電力量の39％を再エネでまかなう目標が設定された（後に45％に引き上げ）。

ポルトガルのFITは、法令（Decree-Law）no. 339-C/2001に基づいて2001年から施行されている。ポルトガルでは、2001年に0.55％であった風力発電導入率（発電電力量ベース）が10年後の2011年には17.46％と、実に30倍以上に増加している。2005年には法令no. 33-A/2005によりFITの見直しがあり、FITによる買取を15年間もしくは発電電力量が33 GWhに達するまでという上限が設定された。この上限に達した場合、発電事業者は電力市場価格に加え、その時点でのグリーン電力認証の市場価格を受け取ることとなる。また、2005年の改正では買取価格も引き下げられ、73ユーロ/MWh（2005年時点の為替レートで約7.3円/kWh）と設定された。これは欧州の中でも最も低い風力発電のFIT買取価格のひとつと言える。比較的安い買取価格にもかかわらずFITスキームにより風力発電が

3）デンマークの風力産業と推進政策に関しては、松岡（2004）、水野（2012a）、水野（2012b）に詳しい解説がある。

図表3-12　ポルトガルの風力発電導入率と主要政策の関係

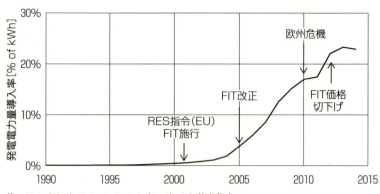

注：IEA（2016），IRENA/GWEC（2013）より筆者作成。

急成長したことは、FITの最もよい成功事例であるとも言える。

2011年の欧州危機に際し、ポルトガルは、国際通貨基金（IMF: International Monetary Found）および欧州委員会の監視下に置かれ、経済支援を受けることになった。2011年6月には総選挙で与党が破れ政権交代が起こり、このため再エネ支援政策も見直され、再エネ市場は流動的になっている。2012年の法令no.51/2012では、既設設備のFIT買取価格の切り下げに応じる見返りに、系統接続地点の連系容量を120％まで超過した連系が認められるようになった。この支援政策の見直しに関しては、3.5項の「電力料金赤字」の問題に関連して詳述する。

ポルトガルの2000年からの風力発電導入率（発電電力量ベース）と主な政策の関係を図表3-12に示す。なお、ポルトガルでは現時点で太陽光発電の導入はあまり進んでいない（2013年時点で導入率0.9％）ため、同図では省略している。

4.3　スペイン

スペインは2013年に年間発電電力量ベースの風力発電導入率が23％となり原子力と肩を並べ、文字通り基幹電源の一部となっている。また設備容量自体も2012年で風力発電の累積設備容量が23 GWと欧州ではドイツについで大きな市場となっている。図表3-13にスペインのVRE（風力＋太陽光）導入率と主要政策の関係を示す。

スペインは1980年代から再エネの導入が検討され、1986年には最初の「再生可

第2部　再生可能エネルギーをめぐる論点

図表3-13　スペインのVRE導入率と主要政策の関係

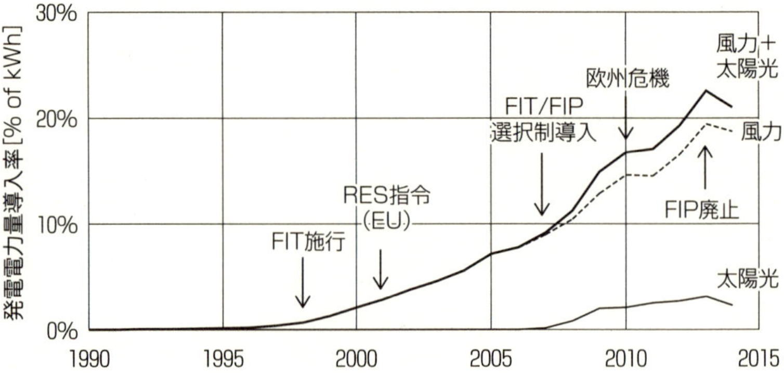

注：IEA（2016），IRENA/GWEC（2013）より筆者作成。

能エネルギー計画（PER'86）」が発表された。1991年には「国家エネルギー計画」が承認され、2000年までに発電電力量の10％を再エネでまかなうことが目標とされた。1997年には「電力法（Act 54/97）」によって電力自由化と同時に再エネのFITが施行された。また、この電力法に続き「再生可能エネルギー促進計画」では、2010年までに全エネルギー需要の12％を再エネでまかなうという目標が設定され、さらに2005年には「再生可能エネルギー計画」により2010年の目標が20 GWと上方修正された。

2007年には王令（Royal Decree）661/2007によって風力発電事業者はFITとFIPの2つの選択肢を選ぶことが可能となり、FITは投資回収率（ROR）7％が保証され、FIPの場合は時間ごとの電力市場価格に上乗せして決められる報酬（プレミアム）が支払われるようになった。また2011年には、「国家再生可能エネルギー計画 2011-2020」が承認され、EUの改正RES指令2009/28/ECを受けてスペインは2020年までに最終消費エネルギーの20％を再エネでまかなうことが目標として設定された。

しかし、欧州危機の影響を受けて、スペイン政府は2012年1月に未認定の全ての新規再エネ電源に対する補助金を一時的に停止するというモラトリアムを発表した。このモラトリアムは認定済み設備には適用されないものの、2020年の目標を達成することは困難になると予想されている。さらに2013年2月には先の王令661/2007によって選択可能となっていたFIPが廃止され、プレミアムなしで電

力市場価格で買い取られることになった。この措置は既存の事業者にも遡及適用されるため、既にFIPを選択していた事業者（全体の約80％）はFITに移行せざるを得なくなったが、長期的な投資を完全に見直さなければならず、2013年以降の新設は劇的に落ち込んでいる。この支援政策の見直しに関しては、3.5項の「電力料金赤字」の問題に関連して詳述する。

4.4 アイルランド

　アイルランドは1990年代までは電源構成の約50％を石油火力に頼り、輸入依存率も非常に高い国であった。1993年に「代替エネルギー要件（AER: Alternative Energy Requirement）計画」がスタートし、再エネへの補助が始まったが、1997年のAER3ではkWhに対して支援されるようになった。1999年に発表された「持続可能エネルギーに関するグリーンペーパー」では、2005年までに500MWの再エネ電源を設置することが目標とされ、後に2007年までに500MWと修正された。

　またこの間、同時進行する形で電力自由化が進み、1999年の電力規制法で電力規制委員会（CER: Commission for Energy Regulation）が設立された。再エネ発電事業者が最終消費者に直接電力を販売することが可能となった一方、2003年から2004年にかけて送電系統運用者が大量の接続申込に対応することができず、系統計画や接続許可に支障をきたす事態となった。そのため、2004年に接続申込が立地や電圧階級ごとにグループ化され、それにより風力発電の設置が加速された。また、アイルランド共和国と英国北アイルランド間で電力市場の統合が合意され、2007年に国境をまたいだ全島の単一電力市場（SEM: Single Electricity Market）が設立された。

　2006年6月には、アイルランドで初めての再エネ固定価格買取制度（RE-FIT1：Renewable Energy Feed-in Tariff, First Scheme）が施行され、同時に2010年に再エネの導入率を13.2％とする目標が定められた。実際に2010年には風力発電の導入率が15％に達し、この目標を前倒して達成している。アイルランドは卓越した風況（平均設備利用率34％）に恵まれているため、買取価格は他国に比べ極めて低く抑えられている（後述の図表3－18も参照のこと）。

　2009年以降はアイルランド経済の停滞のため風力発電の新設スピードは減少したが、2012年に施行されたREFIT2では、2020年までに再エネの発電電力量導入

第 2 部　再生可能エネルギーをめぐる論点

図表 3-14　アイルランドの風力発電導入率と主要政策の関係

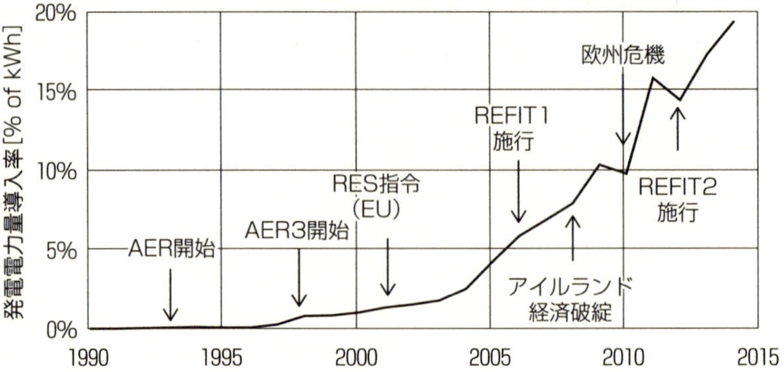

注：IEA（2016）, IRENA/GWEC（2013）より筆者作成。

率を 40％まで引き上げる目標が設定され、新たに 4 GW の再エネの導入支援が想定されている。

図表 3-14 にアイルランドの風力発電導入率の推移と主要政策の関係を示す。なお、アイルアンドでは太陽光発電はほとんど導入されていない（IEA の統計上はゼロ）ため、同図では省略している。

4.5　ドイツ

図表 3-15 にドイツの VRE（風力＋太陽光）導入率の推移と主要政策の関係を示す[4]。

ドイツは 1980 年代までは原子力と石炭火力（褐炭を含む）が電源構成のほとんどを占めていたが、1986 年の旧ソ連のチェルノブイリ事故を契機にエネルギー政策の議論が活発になり、この時期に将来の再エネの規制枠組みが萌芽的に形成された。1991 年には「電力供給法」が制定されたが、ここでは再エネの系統への接続が保証され、固定価格買取制度（FIT）がはじめて導入された。風力発電の価格は電力会社の平均発電コストの 90％と設定され、これに加えさまざまな州政府の補助を得ることができ、再エネへの投資が促進されることになった。この結果、

---

[4] ドイツの再エネ政策に関しては第 4 章および第 7 章でも関連して述べるため、詳しくはそちらの章も参照されたい。また、ドイツの風力産業と推進政策の詳細に関しては、水野（2012a; 2012b）を参照されたい。

第 3 章　再生可能エネルギーの普及と政策

図表 3-15　ドイツの VRE 導入率と主要政策の関係

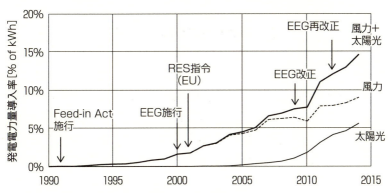

注：IEA（2016）, IRENA/GWEC（2013）より筆者作成。

1999年の時点でドイツは当時世界第 2 位の風力発電設備容量を誇ることになった。

2000年には「再生可能エネルギー法（EEG: Erneuerbare Energien Gesetz）」が制定され、再エネの中でも特に風力発電の導入が加速された。EEG のスキームでは、最初の 5 年間で kWh ごとの固定価格が支払われ、その後15年間は地域の風況に則して調整される仕組みとなっている。2009年には EEG の改正が行われ、固定価格がさらに引き上げられ、さらに系統運用者に対して系統拡張だけでなく運用の最適化も課されるようになった。

2010年 9 月には「エネルギー計画」が発表され、2020年までに全消費エネルギーの18％、2030年までに30％、2040年までに45％、2050年までに60％を再エネでまかなう目標が設定された。また、発電電力量に占める再エネの導入率は、2020年までに35％、2030年までに50％、2040年までに65％、2050年までに80％と設定された。その後2011年 3 月の福島第一原子力発電所の事故を受け、ドイツ政府は2022年までに原子力発電を徐々に廃止することを決定したが、この決定により「エネルギー計画」がさらに加速された。

EEG は2012年 1 月に再び改正され、買取価格の低減率が 1 ％から1.5％に変更された。また古い風車を撤去し、より容量の大きな最新風車に立て替える「リパワリング」に対する報奨金も設定された。さらに2014年 6 月にも改正 EEG 法案が可決され、太陽光発電の買取上限を50 GW とすること（2013年時点で32 GW）、自家消費用太陽光発電の課税、大口電力消費産業の賦課金減免措置の維持など、

結果的に再エネ導入の速度が鈍化するとされる内容となった。

5 電力料金赤字について

前節の通り、ポルトガルとスペインは2012年以降、FIT政策を大きく見直している。この政策見直しの原因は「電力料金赤字（Electricity Tariff Deficit）」として知られ、両国だけでなく、ギリシャ、フランス、ブルガリアなど欧州のいくつかの国で見られる現象であり、2010年の欧州危機以来、EUで問題視されている（European Commission, 2014）。本節では、第4章の最後にこの問題について短く考察する。

電力料金赤字は電力料金の総収入が発電や送電などのコストの総額を下回るために発生する現象であり、このうち特にスペインとポルトガルでは国内経済への影響が顕著で、スペインでは2013年までの累積赤字が300億ユーロ（2013年の為替レートで約4.2兆円）にのぼり、同国GDPの3％に達している。またポルトガルも累積赤字が約40億ユーロ（同約5,600億円）、GDP比2.4％となっている（European Commission, 2014）。

この電力料金赤字は、原理的には、電力小売価格に何らかの形で規制が設けられている場合に、電力料金収入と発送電コストとのミスマッチによって電力料金赤字が発生する。また、そのミスマッチの要因は各国により異なっているが、多くの国では2010年の欧州危機による国家財政緊縮がきっかけでこの問題が顕在化している。

図表3-16に示すように、スペインでは欧州危機以前の2005年頃から既に電力料金収入で系統コストを賄えない赤字状態が出始めていた。2005年以前も電力料金赤字が発生したことはあるが、それは電力料金の中の発電コストに関わる要素が原因であり、2007年の電力完全自由化以降、発電コストは消費者に完全に転嫁できるようになったため、それ以降の赤字は発電部門が主原因ではない。一方、図表3-17に示す系統コストの内訳を見ると、再エネに対する報奨金（買取）が2006年以降徐々に増加していることがわかり、この再エネ報酬金が赤字の原因であることがわかる。

EUの再エネへの補助金（FIT/FIPによる報酬などを含む）に関しては、RE-Shaping（2011）でも詳細に調査されている。**図表3-18および図表3-19**は加盟

第3章　再生可能エネルギーの普及と政策

図表3-16　スペインの系統コストと収入の推移

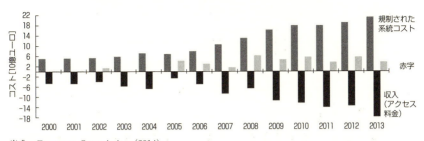

出典：European Commission（2014）

図表3-17　スペインの電力系統コストの内訳とその推移

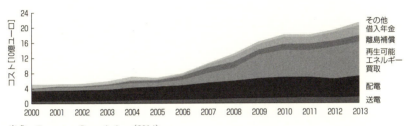

出典：European Commission（2014）

国27ヶ国の2011年における陸上風力および太陽光発電への報酬と発電コストの乖離度合いを示した図であるが、スペインにおける太陽光発電への報酬はキプロスやギリシャ、イタリア、ポルトガルに並んで過剰に見積もられていたことが裏付けられている。図表3-19の2006年以降の再エネ買取価格の増加は3.4.3項図表3-13の太陽光発電の導入の推移とほぼ一致しており、スペインの電力料金赤字の主原因はこの太陽光発電の発電コストと買取価格とのギャップであることがわかる。

　一方、ポルトガルは、図表3-19では太陽光発電の価格ギャップは認められるものの、太陽光発電導入率は2013年でわずか0.9％でありこれが主原因とは考えることはできない。また、4.3項で述べたとおり、73ユーロ/MWh（2005年時点のレートで約7.3円/kWh）という陸上風力発電の買取価格は欧州の中でも最も安い価格のひとつであり（図表3-18も参照）、隣国スペインと異なりこれが赤字拡大の原因とは考えにくい。European Commission（2014）によると、ポルトガルの電力料金赤字の原因は、電力小売価格の政府による強い規制であり、特に欧

第2部 再生可能エネルギーをめぐる論点

図表3-18 EU加盟国の陸上風力発電の発電コストと報酬

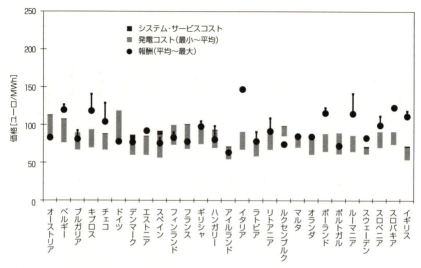

出所：RE-Shaping（2011）

図表3-19 EU加盟国の太陽光発電の発電コストと報酬

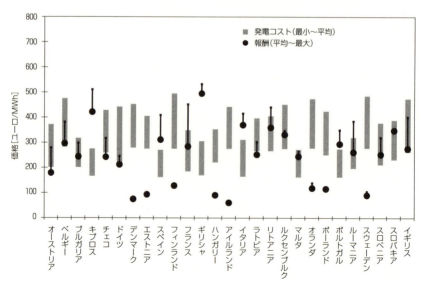

出所：RE-Shaping（2011）

州危機以降、緊縮財政のためこれ以上電力小売価格を上げることが難しく、赤字拡大に拍車がかかったことが指摘されている。

　このように、近年欧州のいくつかの国で発生している「電力料金赤字」問題は、電力小売価格に規制がある国で発生しやすいという共通点はあるものの、赤字拡大の要因は各国のエネルギー政策や税制、経済状況に大きく依存し、原因はまちまちである。電力料金赤字問題は、再エネが大量導入されている国（デンマーク、アイルランド）で発生していない場合もあり、また再エネの導入があまり進んでいない国（フランス、ブルガリア）などでも発生している。この電力料金赤字は再エネ政策の失敗に安易に結びつけられる論調もあるが、上記で分析した通り、各国で要因が異なることに留意すべきである。

参考文献

今村栄一・長野浩司（2010）「日本の発電技術のライフサイクル CO_2 排出量評価—2009年に得られたデータを用いた再推計—」、電力中央研究所報告 Y09027。

岩本晃一（2012）『洋上風力発電　次世代エネルギーの切り札』、日刊工業新聞社。

内田行宣（2008）「ウィンドファーム稼働率の傾向について」『風力エネルギー』Vol.32、No.4、126-130頁。

Espoti, C. D.（2011）「風力発電の大規模系統連系と電力市場」、トワイデル,J.，ガウディオージ,K. 編著／日本風力エネルギー学会監訳『洋上風力発電』鹿島出版会、第7章。

Estanqueiro, A.（2013）「ポルトガルにおける風力発電の系統連系」T. アッカーマン編著／日本風力エネルギー学会訳『風力発電導入のための電力系統工学』オーム社、第25章。

Orth, A.（2013）「デンマークの電力系統における風力発電」T. アッカーマン編著／日本風力エネルギー学会訳『風力発電導入のための電力系統工学』オーム社、第23章。

大島堅一（2010）『再生可能エネルギーの政治経済学』東洋経済新報社。

経済産業省（2014）「総合資源エネルギー調査会　省エネルギー・新エネルギー分科会　新エネルギー小委員会　系統ワーキンググループ：第1回配布資料3　再生可能エネルギーの状況について」
http://www.meti.go.jp/committee/sougouenergy/shoene_shinene/shin_ene/keitou_wg/pdf/001_03_00.pdf

斉藤純夫（2012）『こうすればできる！　地域型風力発電』日刊工業新聞社。

松岡憲司（2004）『風力発電機とデンマーク・モデル』新評論。
水野瑛己（2012a）「風力発電の技術革新と普及を支える市場：デンマーク・ドイツからの教訓—その1」『風力エネルギー学会誌』Vol.36、No.3、383-390頁。
水野瑛己（2012b）「風力発電の技術革新と普及を支える市場：デンマーク・ドイツからの教訓—その2」『風力エネルギー学会誌』Vol.36、No.4、557-564頁。

European Commission (2014) "Electricity Tariff Deficit: Temporary or Permanent Problem in the EU?", Economic Papers 534.
European Parliament (1996) Directive 96/92/EC of the European Parliament and of the Council of 19 December 1996 concerning common rules for the internal market in electricity.
European Parliament (2001) Directive 2001/77/EC of the European Parliament and of the council of 27 September 2001 on the promotion of electricity produced form renewable energy sources in the internal electricity market.
European Parliament (2009a) Directive 2009/28/EC of the European Parliament and of the Council of 23 April 2009 on the promotion of the use of energy from renewable sources and amending and subsequently repealing Directive 2001/77/EC and 2003/30/EC.
European Parliament (2009b) Directive 2009/72/EC of the European Parliament and of the Council of 13 July 2009 concerning common rules for the internal market in electricity and repealing Directive 2003/54/EC.
EWEA (2011) "Pure Power III – Wind energy targets for 2020 and 2030", European Wind Energy Association.
GWEC (2015) "Global Wind Statistics 2014", Global Wind Energy Council.
IEA (2016) *Electricity Information*, Web version.（最終確認日：2016年7月31日）
IEA/IRENA (2016) "Global Renewable Energy Policies and Measures Database". http://www.iea.org/policiesandmeasures/renewableenergy（最終確認日：2016年7月31日）
IRENA/GWEC (2013) "30 Years of Policies for Wind Energy: Lessons from 12 Wind Energy Markets", International Renewable Energy Agency and Global Wind Energy Council.
RE-Shaping (2011) "D17 Report: Indicators assessing the performance of renewable energy support policies in 27 Member States", RE-Shaping (Shaping an effective and efficient European renewable energy market) Project.

第4章 固定価格買取制度

木村啓二

はじめに

　第3章で示したように、1990年代以降、欧州では明確な目標を掲げ再生可能エネルギー（以下、再エネ）資源の利用を積極的に拡大してきたし、今も野心的な挑戦を行っている。これとは対照的に、日本は、発電量に占める再エネの割合は1990年に12.1％、2012年に12.0％であり、20年以上ほとんど変化していなかった（International Energy Agency, 2014, IV.p.255）。この意味で、日本における本格的な再エネ普及はこれからである。

　日本は、東日本大震災後、再エネ普及のための政策手段として欧州で実績のある固定価格買取制度（FIT:Feed-in Tariff、以下 FIT）を採用した。そこで、本章では FIT の再エネ普及政策における位置づけと特性について述べる。そのうえで、日本の FIT の枠組みとその成果および課題についての評価を行う。

1　再エネ普及政策における FIT の位置づけ

　FIT は、様々な再エネ普及のための政策手段の一つである。そこで、まず、FIT がこの政策手段の中でどのように位置づけられるかについて述べることにする。

1.1　再エネの発展段階と政策

　再エネ技術が普及していく過程は、「技術開発段階」「実証段階」「利用促進段階」「普及・商用化段階」の4段階に分類される（International Energy Agency, 2008, p.28）。各段階について、International Energy Agency（2008）は次のように説明している。

技術開発段階は、技術的障害を乗り越え、費用を低減させる段階である。この段階では商業化できるかどうかは不確実である。実証段階においては、開発された技術を実際に導入してその実用性が確かめられる。費用は依然高いため、公的な支援を含めた外部資金によって、その費用の一部あるいはすべてがまかなわれる。

　利用促進段階では、運転そのものは技術的には問題がないものの、依然として費用面の課題、あるいはそれ以外の課題もあるため、支援が必要になる。利用促進段階においては、技術の習熟が進み、徐々に費用が下がっていく。

　最後に、普及・商用化段階では、当該技術は市場においてコスト競争力をもち、自然に普及が進んでいく。ただし、この段階においても環境汚染といった社会的費用の発生に対して、政府が環境税などの形で課税し、間接的に再エネを支援することはありうる。

　再エネに対する政策は、上記の技術の発展段階に応じて、適切な支援策を単一あるいは組み合わせて実施される。政策の重点は、①技術開発政策、②設備設置政策、③利用量拡大政策の順で変わってきた（大島、2010）[1]。設備設置政策は、通常、設備を設置するものに対して補助金を与えたり、低利融資を行ったり、各種の税制優遇措置をとったりするものである。バイオマスを除いて再エネは、燃料費などのランニングコストは安いが、初期の設備設置費用（資本費）が高い。この特徴を踏まえて、資本費の全部または一部を支援するのが設備設置政策である。この政策は、税金を主な原資としていることもあり、議会承認に基づき政府が予算化しやすく、比較的導入が容易であると考えられる。この意味において、設備設置政策は政治的導入ハードルが低いといえ、技術の実証段階から利用促進段階にかけて幅広く行われる傾向にある。

　しかし、設備設置政策には3つの課題がある。

　第1に、設備が効率的に運転されることを促進するものではない。政策支援は設備の設置に対して行われるので、その設備が資源の利用可能性の観点から適切な規模なのか、立地場所が最適かどうか、効率的に運転しえるかといった点は考慮されない。

　第2に、設備設置政策が、例えば資本費の50％を公的資金から補助するような

---

1) International Energy Agency Agency（2004）やStern（2006）は、②と③を合わせて、利用促進政策（deployment policies）と呼んでいる。

第4章　固定価格買取制度

枠組みである場合、設置者は、高価格でハイスペックな設備を導入したほうが、より多くの補助金を受けられる。これは低コスト化に向けた技術開発を促す視点からは負のインセンティブをもたらす可能性がある。

最後に、設備設置政策の限界として、その財源が政府や地方自治体の財政による場合、その財政規模による制約を受ける。再エネの市場規模が小さい場合、政府の財政支援は相対的に少なくてすむが、再エネの市場を大きく拡大させる局面（利用促進段階）においては、政府による財政支援には限界がある。

1.2　利用量拡大政策

上記の課題や制約を克服しうるのが利用量拡大政策である。

利用量拡大政策は、第1に、設備設置政策のように設備に対する支援ではなく、生産されたエネルギーに対する支援策である。発電設備を例にとれば、利用量拡大政策においては、再エネによる発電をおこなう事業者（以下、再エネ発電事業者）は、たとえ発電設備を設置したとしても発電をしなければ支援は受けられず、より多くの支援を受けようとすれば、より多く発電する発電設備と立地条件を選択しなければならない。

第2に、利用量拡大政策では、発電設備を高価格で高スペックにすることと、支援額との間には関係がなく、低コストで最大限発電を行うことが再エネ発電事業者の利益を拡大させる。つまり、利用量拡大政策がエネルギー単位の支援策であることは、再エネ発電事業者に対して効率的な発電とコスト削減のインセンティブをもたらすことを意味する。再エネ発電事業者に対するこのインセンティブは、発電設備関連のメーカーおよび発電設備の販売・施工業者等の努力を効率向上とコスト削減へと方向付けるであろう。また、利用量拡大の過程において、企業の生産活動や投資活動における習熟および学習が起こり、生産・流通・販売等の効率化や新技術が開発されることも期待できる。

第3に、利用量拡大政策における財源は、消費者を通じて回収されるケースが多い。電力の場合、電力消費者に当該支援にかかった費用が賦課される。これによって、政府の財源に制約されることなく、再エネの普及促進のための支援が可能となる。ただし、当該支援が無制限・非効率に行われないよう、厳重に監視されなければならない。

1.3 主な利用量拡大の政策手段

代表的な利用量拡大のための政策手段として、FIT、RPS（Renewable Portfolio Standard、再生可能エネルギー利用割合基準。以下、RPS）や入札制がある（大島、2010、p.114）。

① FITは、再エネ発電事業者に対してその発電した電気の長期買取契約を提供することによって、再エネの普及を支援する制度である[2]。政府は、電気事業者（系統運用者や小売電気業者）に対して、再エネ発電事業者が発電した電気を固定価格で一定期間買い取ることを義務付ける。発電コストに見合った条件での契約が提供されれば、再エネに対する投資回収が見通すことができ、投資が進む。2015年時点で、欧州諸国、日本、中国、カナダ・オンタリオ州など108の国や地域で採用されている（Renewable Energy Policy Network for the 21st Century, 2015, p.88）。

② RPSは、電気事業者（小売電気事業者）に対して、毎年一定量（あるいは割合）の再エネによって得られる電気（以下、再エネ電気）の供給を義務付ける制度である。電気事業者は義務を達成するために、自ら再エネに投資したり、別の再エネ発電事業者から購入する等して義務の達成を目指す。この時、義務達成のために取引可能な再エネ電気証書が用いられることがある。2015年時点では、イギリスやスウェーデンなど27か国およびアメリカ、カナダ、インド等の72の州・地方で採用されている（Renewable Energy Policy Network for the 21st Century, 2015, p.91）。

③ 入札制は、政府がRPSと同じく導入目標「量」を定め、その量を達成するために入札を行う制度である。再エネ発電事業者は入札価格を提示し、安い価格を提示した再エネ発電事業者から、政府が定めた枠に達するまで順に落札していく。落札した発電設備に対しては、一定期間、落札価格での買い取りが行われる。2015年時点でブラジルや南アフリカ、エジプトなどを中心に60の国や地域で採用されている（Renewable Energy Policy Network for the 21st Century, 2015, p.90）。近年は、欧州諸国でも入札制を取り入れる動きが広がっている。

---

[2] FITの定義については、著者によって幅があるが、ここではより包括的な定義を示しているCouture et al.（2010）を参照した。

2 FITの特性と他の政策手段との違い

では、FITは、どのような制度上の効果と課題をもつのであろうか。ここでは各政策手段がもつ基本的特徴と実際の成果も踏まえながら、制度設計のあり方の重要性について述べる。というのも、FITの利点は、制度設計の仕方によっては機能しない場合もあるし、欠点も設計次第で緩和できるからである。

2.1 投資リスク

再エネの利用を拡大させていくためには、民間資本からの投資が不可欠である。民間資本が投資を行う際には、投下資本の回収が見通せること、投資に対する一定の利潤が見込めること、投資に対するリスクを管理できることが重要な条件になる。

しかし、政策的支援がない中での再エネへの投資には障害が多い。再エネの関連産業、市場そのものが未成熟であることや、規制などの社会的環境整備も進んでいないこと、自由化されていない電力市場の場合参入障壁が高いことが挙げられる。これらさまざまな経済的・社会的・制度的な障害があるなかで、民間資本が自らリスクを負い、再エネへの投資を進めることを待つだけでは、再エネに対する社会的な要請にこたえることができない。

FITは、再エネへの投資を呼び込む点において効果的である。FITでは、あらかじめ買取価格や買取期間といった契約条件を政府が定めるので、再エネ発電事業者は売電によって得られる収入を見通すことができる。さらに再エネ発電事業者は、長期契約条件で電気を販売できるので、市場から退出させられるリスクがない。したがって、FITのもとでは、契約後に買取価格が変動するリスクがなく、販売量を減らされるリスクもない[3]。

これに対して、RPSの場合、電気事業者は、再エネ電気を一定量調達しなければならないだけである。そのため、再エネ発電事業者は、販売する電力の価格変化のリスクに加えて、販売量の低下あるいは市場退出せざるを得なくなるリスクに直面する[4]。

---

3) FITやRPSの投資リスクの違いについては、Mitchell et al.（2006）、大島（2010）、Batlle et al.（2012）などで論じられている。

図表 4-1　FIT と入札制における加重平均資本コスト（10年もの国債利率の超過分）

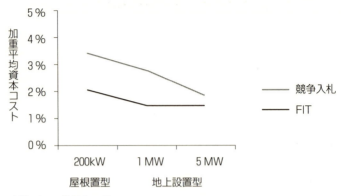

出所：Grau（2014）p.19.
注：FIT の採用国としてドイツ、入札制の採用国としてフランスの資本コストを比較している。図の値は、太陽光発電の資本コストのうち、両国の10年もの国債利率を超える率を示している。

2.2　資本コスト

　FIT は上記のリスク低減により、再エネ発電事業者の資本コスト[5]を低減しうる。これは具体的な調査においても実証されている。太陽光発電事業者19社に対して、FIT を採用しているドイツと、入札制を採用しているフランスにおける資本コストの違いについて調査した Grau（2014）の研究によると、入札制のもとで開発される事業のほうが、FIT で開発される事業よりも資本コストが高い（図表 4-1）。その理由は、FIT では買取価格が事業計画段階で明らかであるため収入計画が建てやすいのに対し、入札制の場合、事業が落札されるかどうかが不明であるというリスクがあることが指摘されている。

4）Batlle et al.（2012）によれば、RPS の問題点を改善するため、カリフォルニア州では、義務が課される電力会社に対して、再エネ発電事業者と長期契約を締結することが義務付けている。
5）資本コストとは、株式を通じて資本を調達するのにかかるコストと借入を通じて調達する資本に対するコストを合わせたものである。ここでは加重平均資本コストを意味する。

2.3 事業開発期間の短縮化

　事業開発期間とは、土地の選定から資金調達、行政の許認可取得、系統連系契約、建設工事までの一連の期間である。FIT は、事業の開発期間を相対的に短縮化させることができる。なぜなら、あらかじめ政府が再エネ電気の買取条件の多くを定めるからである。そのため、買取条件に関する交渉期間および交渉にかかる諸費用が節約できる。

　フランスの入札制の場合では、入札の申込から、開発許可を得るまでに 8 ～18 ヶ月を要する（Grau, 2014, p.22）。フランスでは、開発許可を得た後、資金調達、パネルの購入、環境影響評価、建設が行われ、落札から発電所の建設までにさらに18ヶ月かかる。

　フランスとは対照的に、FIT を採用しているドイツでは、時間が最もかかる地上設置型のメガソーラーの場合の事業開発期間は約 9 ヶ月とされる。ドイツの FIT の場合、買取価格は運転開始時点で適用されるため、早期に運転開始するインセンティブが必然的に高くなっていると考えられる。

2.4 競争・コスト低減へのインセンティブ

　FIT は、買取価格が保証されているので、事業者間の競争やコスト低減を引き起こしにくいと考えられることがある。しかし、理論的にコスト低減のインセンティブは働きうるし、欧州での経験においてもそうした現象が確認されている。

　理論的には、FIT においては買取価格が固定されているため、発電設備の導入段階で再エネ発電事業者は、できるだけ低コストかつ高効率な発電設備を導入することで、より多くの利潤を得ることが可能となる。また、再エネ発電事業者が、できるだけ多くの発電を行うために高い稼働率を達成しようとするインセンティブも働く。これにより、再エネ発電事業者から発電設備の製造業者や販売・施工業者に対して強いコスト削減圧力がもたらされると考えられる（Menanteau et al., 2003；大島、2010）。

　他方で、RPS や競争入札の場合は、再生エネ発電事業者間での競争をうながすことでコスト低減効果を得ようとする。しかし、このコスト低減効果は、再エネ発電事業者の利潤には還元されず、その電気の販売価格の低減につながり、最終的には消費者の利益になる。

いずれの政策もコスト低減インセンティブを有すると考えられるものの、産業形成や再エネのコスト競争への効果という点に関しては、FITのほうが優位性を持っている。

この点について明らかにしたのが、Butler and Neuhoff（2008）である。Butler and Neuhoff（2008）はFITを採用したドイツとRPSを採用した英国を対象として、風力発電のコスト分析と風力発電タービン製造業者間の競争の度合いについて分析を行った。その結果、FITを採用しているドイツのほうが、競争環境が激しいことがわかった。さらに、FITのもとで国内での持続的な成長市場を確保したドイツの風力タービン製造業者は、国際的にも競争力をもち、イギリスの風力発電市場においても重要な位置を占めるようになっている。結果として、イギリスの風力発電よりもFITを採用したドイツの風力発電のほうが、コストが低下している。特にドイツで2000年に導入されたFITは、年々一定率で買取価格が下がる仕組みを導入しており、こうした仕組みの導入も持続的なコスト低減に寄与したと考えられる。

他方、入札制のもとでは、高いコスト削減効果が発揮されることがわかっている。しかし、しばしば過当競争が起き、現実に事業化できない価格で入札するケースが多発し、落札されたものの結局は事業化されず、再エネの普及目標が達成されないことがある。また、競争により短期的にコストが低下する中では、新たな企業の参入が起きにくく、既存企業のうち競争力のある企業のみが生き残り、市場の寡占化が進む可能性がある。その結果、長期的なコストの上昇につながる危険性さえある。

以上から、FITは事業開発期間を短縮し取引費用を低減させつつ、低リスクの事業環境を提供することによって再エネ発電事業者の資本コストを節約する。同時に再エネ発電事業者にコスト低減させ、高効率な運転をするインセンティブが働くため、さらなる効率化を促しうる。この点から、FITは、再エネの普及政策として、極めて効果の高い政策手段となりうるといえよう。

2.5 FITの課題

他方で、FITにも、いくつかの課題がある[6]。

6）ここではMenanteau et al（2003）, International Energy Agency Agency（2011）, Batlle et al.（2012）による議論をもとに整理する。

第1に、FITでは、政府が適切な価格設定を行うことが前提となっているものの、しばしばそれに失敗する可能性がある。再エネの発電単価に対して価格設定をあまりにも低く設定すれば導入はおきにくく、逆に高く設定した場合、政策的に不要な高い費用負担をもたらす。同様の失敗はRPSにおいても起こりうる。RPSの場合、導入義務量の設定が高すぎれば、その導入義務量達成のための費用を高騰させる可能性があるからである。

第2に、FITのもとでは、再エネ発電事業者は、電力市場価格に対応して発電を行うインセンティブに欠ける。電力市場では、電力の需要と供給に基づいて価格が決まる。例えば需要が低い場合価格は低下し、発電事業者には発電量を減らすインセンティブがもたらされる。しかし、FITの場合、需給状況によらず一定価格での買い取りが保証されるため、市場価格に応じて発電量を変動させるインセンティブを持たない。この課題は、入札制においても存在する。

第3に、基本的にFITでは、価格のみを政府が定め、普及量は制約しないので、全体の政策費用の管理が困難である。政府はあらかじめ、どのような買取価格を設定すればどれほどの量が導入されるか、予測できない。買取価格が高めに設定されれば、再エネ発電事業者が増加し発電量は増え、それとともに、再エネ電気に対する支払いが増加する。

支払い額の急速な増大に注意しなければならないのが、太陽光発電である。International Energy Agency（2011）が警告しているところでは、「買取価格が固定されており、太陽電池モジュールの価格が急激に低下している状況においては、収益率は極めて魅力的となり、爆発的な発電設備導入をもたらし、極めて高い政策費用をもたらす。」(International Energy Agency, 2011, p.81) この問題については制度設計で緩和することが可能であり、詳細は4.2で述べる。

3　日本のFIT

日本では2012年7月からFITの運用が開始された。その全体的な評価は時期尚早であろうが、本章では、制度の枠組みと、制度運用後3年余りの成果、および運用によってすでに明らかになった経済的側面の課題について述べる。

3.1 FIT 導入の経緯

日本で FIT 導入が政府内で議論されるようになったのは、2009年に自民党から民主党へと政権交代したときである。民主党政権発足後の2009年11月に経済産業省に「再生可能エネルギーの全量買取に関するプロジェクトチーム」が立ち上げられ、2010年7月に制度設計の基本的考え方が取りまとめられた。その後、総合資源エネルギー調査会新エネルギー部会・電気事業分科会のもとに、買取制度小委員会が設置され、詳細制度設計について議論が行われ、2011年3月11日に法案が閣議決定された。同日に発生した東日本大震災と東京電力福島第一原子力発電所事故に伴う政治的混乱を経て、国会で修正を受けて、2011年8月26日に「電気事業者による再生可能エネルギー電気の調達に関する特別措置法（以下、FIT法）」が成立した。FIT 法は、2012年7月1日から施行されている。

3.2 FIT 法の概要

FIT 法では、国が認定した発電設備で発電した電気を、国が定めた価格および期間で電気事業者が買い取ることを義務付けている。買取価格（日本のFITでは調達価格というが、以下では買取価格とする）や買取期間といった買取条件については、毎年度、調達価格等算定委員会の意見を尊重しながら経済産業大臣が決定することになっている。

①買取条件の設定

再エネ発電事業者からすれば、経済産業大臣が決定する買取条件が決定的に重要になる。買取条件が、投資回収に十分なレベルでなければ、再エネに対する新たな投資が起きず、結果として再エネは増えない。そこで、買取条件についてFIT 法第3条で、発電事業が効率的に実施される場合に通常要する費用とその見込み発電量をベースとしつつ、投資主体が受けるべき適正な利潤も勘案するとしている。同条項を踏まえながら、調達価格等算定委員会の意見に基づいて、発電技術別および規模別の買取価格および買取期間が毎年度設定される（**図表4-2参照**）。

2015年度までの買取条件をみると、太陽光発電のみ買取価格が改訂されており、年々低下している。これは、普及が先行する太陽光発電においては、急激なコス

第4章　固定価格買取制度

図表4-2　日本のFITの買取区分と買取条件

		買取期間(年)	買取価格(円/kWh)(税抜)				
			2012年度	2013年度	2014年度	2015年度	
						4〜6月	7〜3月
太陽光	10kW未満	10	42	38	37	33	
	10kW以上	20	40	36	32	29	27
風力	陸上　20kW未満	20	55				
	陸上　20kW以上	20	22				
	洋上	20	36				
地熱	1.5万kW未満	15	40				
	1.5万kW以上	15	26				
中小水力	200kW未満	20	34				
	200kW以上1MW未満	20	29				
	1MW以上30MW未満	20	24				
既設誘水路活用水力	200kW未満	20			25		
	200kW以上1MW未満	20			21		
	1MW以上30MW未満	20			14		
バイオマス	バイオガス(下水汚泥・家畜)	20	39				
	未利用木材(2000kW未満)	20				40	
	(2000kW以上)	20	32				
	一般木材	20	24				
	一般廃棄物・下水汚泥	20	17				
	リサイクル木材	20	13				

出所：経済産業省告示第七九号より筆者作成。

トの低下が観察されているからである。他方、他の電源については普及が始まったばかりであり、買取条件の改訂は行われていない。

②電気事業者に対する買取義務の範囲

FIT法第4条では、電気事業者に、再エネ発電事業者からの再エネ電気の買取要請があった場合は、原則として応じる義務があると規定している。これは、単に政府が良好な買取条件を定めただけで、電気事業者が契約締結を容易に拒否できるのであれば、普及が進まないからである。加えて、発電した電気を送るための送電網への接続（系統連系）も重要である（FIT法第5条）。この点は、

第2部　再生可能エネルギーをめぐる論点

FITを機能させるうえで極めて重要な規定である。

　他方で、電気事業者が買取義務を免れる例外規定もある。その要件は、FIT法施行規則第6条に記載があり、主に3つのケースに分類できる。

　第1に、接続費用の負担をしなかった場合である。接続費用とは、発電設備から接続ポイントまでの電源線敷設費用、その間にある電圧調整装置に関する費用、計測メーター費、発電状況の監視・保護・制御装置の費用である。

　第2に、接続先の電気事業者の管内で電力供給が需要を上回ることが予想されるとき、出力抑制を行うことに同意しない場合である。また出力抑制を行ったことによって発電量が減った場合でも30日未満の期間分については補償されない。

　第3に、接続ポイントの送電容量あるいは電気管内全体の出力制御の容量を超えることが見込まれる場合である。

③買取費用の負担について

　再エネ電気の買取費用の負担は極めて重要な問題である。費用負担については、制度設計上3つの論点がある。日本のFITは、ドイツの再生可能エネルギー法の費用負担のスキームと類似した構造になっている。

　第1に、費用を誰が負担するかである。FITでは、再エネ電気の買い取りは政府の定めた条件で行われるため、他の電源の発電単価より高い場合が多い。そのため、電気事業者が再エネ電気を上記の条件で買い取ると、電気事業者に損失が生じる。そこで、FIT法では、電気事業者が再エネ電気の買い取りにかかった費用（以下、買取費用）から回避可能費用を控除し、残りの部分を賦課金として電力消費者から徴収する仕組みをとっている。これにより、再エネ電気の普及にかかる追加的費用の最終負担者は電力消費者となる。

　ここで、回避可能費用とは、再エネ電気を買い取ることで、電気事業者が負担を免れた費用のことを指す。電気事業者は、再エネ電気が供給した電力量分についてその他の電源からの電力供給を減らせる。そのため、電気事業者にとって当該電源にかかる費用が減る。この減少した費用分を回避可能費用として算定するのである。これにより、電気事業者は損失を出さずに再エネ電気を買い取ることができる。

　第2に、地域間で異なる負担をどのように均衡化させるかである。再エネは偏在しており、再エネが豊富な地域とそうでない地域がある。北海道電力管内、九

州電力管内などは、再エネ資源が豊富であり、多くの再エネ発電所の建設計画がある。他方で、電力需要の多い、東京電力管内や関西電力管内は、その電力消費量に比べて相対的に再エネ資源が少ない。こうなると電気事業者によって、再エネ電気の買取量に大きな差が出てくる。当然、買取費用にも大きな違いが生じる。結果として電気事業者間で再エネ電気の賦課金負担が異なるようになる。

　これに対応するために、FIT 法では、調整機関[7]を設け、地域間で負担を調整する仕組みが導入されている。具体的には、政府が賦課金を全国一律単価で定め、各電気事業者が電力消費者から賦課金を回収する。電気事業者は調整機関に賦課金の全額をいったん納付する。調整機関は集められた賦課金を、電気事業者の再エネ電気の買取費用に応じて、必要額を交付する。このように調整機関を通じて電力消費者の費用負担が公平になるようにしている。

　第3に、経済戦略上負担の差別化を認めるかどうかである。FIT 法には費用負担の例外条項も含まれている。一般に、賦課金単価は一律に決められる。この場合、経済活動上電気を大量に消費する消費者は、それだけ多くの賦課金を支払うことになる。売上高に比べて相対的に多くの電力を消費している事業者に対して等しく賦課金を課すと、事業活動に大きな悪影響を与える可能性がある。そこで、こうした事業者に対しては、賦課金の80％の軽減を受けることができるという特例が定められた。この特例を受けることができるのは、売上高あたりの電気の使用量が、製造業では平均の8倍、非製造業の場合平均の14倍であり、かつ電力消費量が100万 kWh を超える事業者である。

3.3　日本の FIT 運用3年の結果

　2012年7月に FIT が開始されてから2015年末でちょうど3年半が経過した。本来、政策評価を行う場合、より長期の運用実績から総合的に評価すべきであり、3年半ではまだ総合的な評価は行いづらいものの、ここでは当該期間における結果について述べる。

　まず、発電設備の普及に関しては極めて大きな効果を上げている。制度開始後2623万 kW もの再エネ発電設備が新たに運転を開始した。FIT 法導入前の2003年度から2011年度までの9年間の設備導入量が713万 kW であったことと比べる

7）一般社団法人低炭素投資促進機構が調整機関として指定されている。

図表4-3　FIT法における発電設備の容量（2015年12月末時点）

	運転開始容量 （万kW）	設備認定容量 （万kW）
太陽光	2,517	7,935
風力	43	244
中小水力	14	74
バイオマス	48	286
地熱	1	7
合計	2,623	8,546

出所：経済産業省資源エネルギー庁「固定価格買取制度情報公表用ウェブサイト」（http://www.fit.go.jp/statistics/public_sp.html）より筆者作成。

と、その効果の大きさがわかる。

　稼働した発電設備のうち、太陽光発電がもっとも多く、2517万kWである。次に多いのはバイオマス発電で48万kW、風力発電43万kWである（図表4-3）。太陽光が圧倒的に多いのは、太陽光発電が、技術的・資金的に参入障壁が低いことに加えて、計画から稼働までの期間が短いからであると考えられる。

　こうした運転開始設備の着実な増加に伴い、発電電力量も急速に増加している。再エネ電気の発電量の多くが水力発電によるものであるが、そのうち大規模水力発電（3万kW以上）についてはほとんど開発余力がなく、FIT法の対象外となっている[8]。そこで、発電量の推移についても開発潜在量の大きい、水力発電以外の再エネについて推移を見てみよう。

　図表4-4に示すように、発受電量（自家消費除く）に占める水力を除く再エネ電気の発受電量は、2013年度223億kWhであったの対し、2015年度には466億kWhに増大している。これにより、総発受電量に占める割合は、2.3％（2013年度）から5.1％（2015年度）へと増加した。

　FIT法が導入される以前、水力発電を除く再エネ電気の割合は長らく1％前後にとどまっていた。しかし、FIT法により、日本の再エネはようやく離陸しはじめたといえる。

8）資源エネルギー庁データベース「出力別包蔵水力（一般水力）」によると、国内の未開発水力発電約1200万kWのうち、3万kW以上の水力発電の未開発地点は約200万kW程度であり、のこり約1000万kWは中小水力発電になる。

図表4-4 再エネ（水力除く）の発受電量とその割合

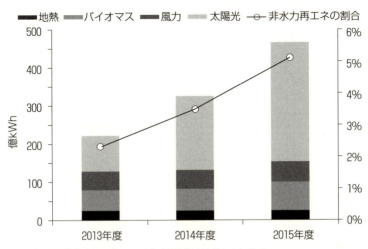

出所：経済産業省資源エネルギー庁「電力調査統計」より作成。

　運転を開始した設備に加えて、買取対象の発電設備として経済産業省から認定（設備認定）を受け、建設計画中・工事中の段階にあるものを含めると、FITによって拡大した再エネの設備容量（設備認定容量）は膨大である。2015年末時点で設備認定容量は8546万kWにのぼっている（図表4-3）。電源別にみると、太陽光発電が7935万kWと突出して多く、続いてバイオマス発電が286万kW、風力発電は244万kW、中小水力発電が74万kWとなっている。太陽光発電のみが一桁多い数字になっているのが特徴的である。

　しかしながら、これらの認定設備がすべて稼働するかどうかは不透明である。設備認定は、設置者情報、設備様式の書類といった書類上の要件を満たしていれば取得が可能であった。したがって、事業計画が固まっていない段階でもよい。土地所有者は、よりよい条件を提示する再エネ発電事業者を選ぶ。そのため、土地所有者のなかには、同じ土地に対して、複数の発電事業者に使用同意書を出すものもいる。このような場合、同じ土地について複数の申請が出されることがあり、問題視されている。

　FITにおいては、発電設備が運転を開始し、発電して初めて再エネ発電事業者は収入を得られる。当然、設備認定取得のみで発電をしない場合は、再エネ発電事業者は何の収入も得られない。したがって、設備認定されたからといって、

図表4-5 賦課金算定の想定値と実績買取費用

		2012年度	2013年度	2014年度	2015年度
想定値	買取費用(億円)	2,500	4,800	8,350	18,370
	回避可能費用(億円)	1,200	1,670	2,480	5,148
	事務経費(億円)	2	3	3	3
	賦課金(億円)	1,302	3,133	6,523	13,222
	賦課金単価(円/kWh)	0.22	0.35	0.75	1.58
実績値	買取費用 (億円：税込)	1,782	5,791	10,087	15,495

出所：賦課金の想定値については、経済産業省資源エネルギー庁 (2015b)、買取費用実績値については「固定価格買取制度 情報公表用ウェブサイト」(http://www.fit.go.jp/statistics/public_sp.html) より作成。

すぐに巨額の買取費用が計上されるわけではない点には留意する必要がある。

3.4 費用負担額と電気料金への影響

FITに伴う電力消費者による追加費用負担額は、発電量の増加に伴い急速に増加している。ここで追加費用負担額とは、賦課金を指す。賦課金は、再エネ電気の買取費用に事務経費を加えて、回避可能費用を差し引いた額である。図表4-5に示すように、賦課金額は2013年度約0.3兆円であったが、2015年度には約1.3兆円とわずか3年で4倍以上に増加している。

賦課金が家庭の電気代に与える影響はどうか。ここでは賦課金単価1.58円/kWh（2015年度）から1か月あたりの平均家庭の負担額を算出する。家庭向けの電気料金メニューである従量電灯A・B料金で契約している家庭の月平均の電力消費量は257kWhであった[9]。ここから、家庭の実負担額は平均月額406円の負担であったといえる。他方、全国の電気料金[10]は平均月額9,092円であるので、電気料金支払いに占める賦課金の割合は3％であったことがわかる。このことから、2015年度時点ではFITが電気料金に与えている影響は軽微であるといえる。

---

9) 従量電灯A・Bの使用電力量を同契約口数と月数で割って算出した。データは電気事業連合会統計委員会編（2015）を参照。数値は2014年度の値であり、実際は需要が減少しているため、もっと小さい負担額であると考えられる。
10) 総務省（2016）より計算した。

今後は、再エネが普及してくるにつれて、さらに買取費用も大きくなってくるため、賦課金単価は継続的に上昇していくことが見込まれる。ただし、2020年ごろから10kW未満の太陽光発電のうち、初期の高い買取価格（2009年は48円/kWh）で買い取られていた発電設備が徐々に買取対象から外れていくから、上昇傾向は緩和されると考えられる。さらに、2030年代前半には、2012年度から買取が始まった10kW以上の太陽光発電も買取が終了していくため、その後は急激に賦課金が減少すると予想される。

4 FIT法の課題

FIT法は、制度施行後3年ですでに大きな再エネの普及効果を示していると言える。しかし同時に、その運用過程で、いくつかの課題がある。経済的側面について言えば、第1に、制度枠組みが費用負担を過大にしかねない構造になっていた。第2に、回避可能費用の算定が適切でなく、賦課金算定が適切に行われていないという問題があった。この2点について以下に述べる。

4.1 不要な費用負担増大の構造

FIT法導入後、太陽光発電の資本費が急激に低下しているものの、FIT法自体、こうした発電費用の下落に見合った買取価格が適用されない制度設計上の問題を抱えていた。

第1の問題は、事業の運転開始時期にとらわれず買取価格を先に確保することが可能な制度になっていたことである。個々の発電事業者が発電した電気の買取価格が決まるのは、設備認定を取得するか、一般電気事業者への接続申込みのどちらか遅い時点であった（2015年度から変更）。この問題点は、買取価格を確保する条件として運転開始に関する規定が何もなかったことである。そのため、運転開始の見通しがない案件でもあらかじめ買取価格を確保しようと、設備認定の殺到を誘発した（図表4-3）[11]。これらの認定容量は、国内の年間の導入容量の数年分にも達している。太陽光発電の資本費が急激に下落していることを踏まえると、これら認定設備に適用される買取価格は、当該設備の発電費用と大きく

---

11) 2013年度末の2014年3月は、わずか1か月間に2,652万kWもの設備認定が行われた。その結果、2013年度末までの累積の設備認定容量は6,304万kWに達した。

図表 4-6　太陽光発電（10～50kW）の発電単価と買取価格の比較

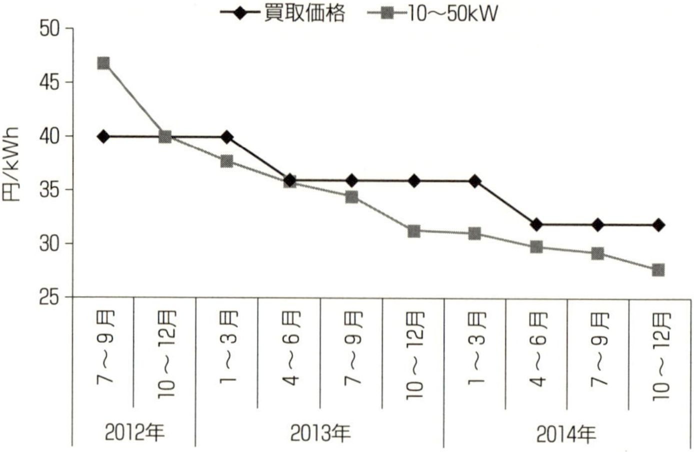

出所：発電単価は経済産業省資源エネルギー庁（2015）のデータを元に IRR6％で試算した。

かい離することが予想される。

　第2の問題は、買取価格の改訂が年1回と硬直的であった点である。太陽光発電の資本費は、買取価格の改訂以上のスピードで下落している。資本費の下落は発電単価の下落を意味する。この単価下落に合わせて買取価格を下げるべきであるが、年1回の価格改定では発電単価の下落スピードに追いつかない。そもそも、直近の費用を参照して次期の買取価格を定めたとしても、その価格が適用される時には、すでに発電単価と買取価格とが乖離してしまっていることもある（図表4-6）。

　上記の2つの問題は相互に合わさって発電単価と買取価格との乖離をさらに大きなものにしている。この点を理解するために、この問題の構造を図表4-7で示す。

　曲線 LC_{PV} は太陽光発電の発電単価を表す。買取価格曲線は、FIT の買取価格を示す。1年目は LC_{PV} にもとづき、P_1 に買取価格を定めたとする。このとき、1年目の接続申込量 Q_1 までが P_1 の価格を付与される。他方、1年目に導入された量は接続申込量 Q_1 よりも少なく I_1 になる。

　2年目の買取価格 P_2 は、1年目に導入された設備の最新の発電単価 C_1 を基礎

図表4-7　現在のFITにおける価格と発電単価との関係の概念図

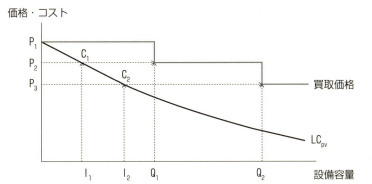

に定められる。P_2は次の年の接続申込分から適用されるので、Q_1から2年目の終わりQ_2までP_2の価格が付与される。このように、買取価格設定の際に参照するのは導入されたものの最新の発電単価である。その一方で、当該価格が適用されるのはその次の年の接続申込設備からである。さらに、その価格の乖離はそれがどんなに大量に入ろうとも1年間は修正されることがない。この乖離の大きさは、LC_{PV}と買取価格曲線との間の面積で表すことができ、この部分は普及促進のための費用としては不要な部分である。

4.2　発電単価と買取価格の乖離を修正する方法

発電単価と買取価格の乖離を修正する方法は次のとおりである。第1は、図表4-7の接続申込量Qと導入量Iとの間の乖離をできるだけ小さくすることである。そのためには、再エネ発電事業者の買取価格が決まる時点を、接続申込時点ではなく、運転開始時点に行うようにすることが考えられる。第2に、発電費用の下落が確認された場合には、柔軟に買取価格を変更する方法が考えられる。

この2点を実際の制度運用に適用するには現実的には多くの課題がある。例えば、再エネ発電事業者にとっては、運転開始までの時間と買取価格についてある程度正確に予見できるほうが望ましい。しかし、再エネ発電事業者の系統接続申込に対して電気事業者が承諾するまでの期間についてFIT法には定められていない。そのため発電事業者は、いつ着工して、いつ運転開始が可能になるか予見できない。

次に、より短期間のうちに柔軟に価格調整を行うという点については、例えば、政策担当者が太陽光発電設備の市場を随時監視し、発電単価の変化に合わせて迅速に買取価格を調整するといった方策が考えられる。しかし、現実的には発電単価を把握するのに時間がかかりすぎて、タイムラグが発生し、結果的に有効に機能しない可能性がある。

　そこで、観察が容易で、発電単価の変化と高い相関を有している別の指標をもちいて買取価格の調整を行うことが代替策として考えられる。その指標として適しているのが導入量である。太陽光発電の場合、導入量と発電単価との間に相関関係があるので[12]、この性質をもちいて導入量に応じて買取価格の調整をすればよい。

　このような仕組みは、実際にいくつかの国で採用されている。例えば、スペインでは2008年、ドイツは2009年、フランスは2011年から導入量に応じて次期の買取価格の値下げ率を決める仕組みを導入した[13]。当期（例えば4～6月の3ヶ月）に導入された量が想定よりも多ければ次期（例えば7～9月）の買取価格の値下げ率を大きくして、買取価格を大きく引き下げるようにした。逆に想定よりも少なければ、次期の買取価格の値下げ率を小さくして、買取価格の引き下げを緩やかにした。これは「導入量感応型価格調整」メカニズムと呼べる。

　アメリカ・カリフォルニア州では「ソーラー・イニシアチブ」という政策が導入されていたが、この下では、太陽光の導入量に応じて自動的に価格プレミアムが下がる（California Public Utilities Commission, 2009）。最初の7万kWの認定設備については、住宅用・商業用太陽光発電システムの場合39セント/kWhのプレミアムを受けることができる。プレミアムは漸減し、次の10万kWの認定設備は34セント/kWh、次の13万kWの認定設備は26セント/kWhになる。これは、「導入量連動型価格調整」メカニズムといえる。

　ドイツのように、当期の導入量によって次期の買取価格が事前に決まっている方法で調整されれば、発電単価と買取価格の乖離を小さくできる。しかし当期内について発電単価と買取価格の乖離の可能性は残る。そのため、2012年に改正されたドイツのFITでは買取価格調整のインターバルを四半期と短縮化している。

---

12) 実際、世界では太陽電池モジュールの価格は、過去30数年間累積導入量が2倍になるごとに22%下落してきた（Channell, et al., 2013, p.48）
13) Jacobs（2012）は、ドイツ、スペイン、フランスの買取価格調整機能について詳しい。

他方で、カリフォルニア州のように導入量連動型であれば、期間に関係なく、一定量の枠が埋まれば自動的に買取価格の調整が行われるので、発電単価と価格の乖離はかなり小さくなる。他方で、再エネ発電事業者側からすると、いつ価格調整が起こるか予想しづらくなる。建設までのリードタイムが長い事業は、買取価格の調整によるリスクが高くなる。

ドイツ型にせよカリフォルニア型にせよ、それぞれに長所と短所があるため、日本の状況に適した仕組みを検討する必要がある。いずれにしろ、導入速度および発電単価の変化が速い太陽光発電については導入量に応じた自動価格調整を導入していくことがFITを適切に運用していくためには不可欠である。

4.3 回避可能費用の設定問題

回避可能費用は、FIT法を通じて買い取られた再エネ電気の費用負担を誰がどの程度行うかを決定づける重要な指標である。FIT法第9条第1項2号において、その概念について次のように定義されている。

「再生可能エネルギー電気の調達をしなかったとしたならば当該再生可能エネルギー電気の量に相当する量の電気の発電又は調達に要することとなる費用の額として経済産業省令で定める方法により算定した額」

つまり、回避可能費用とは、電気事業者が再エネ電気を買い取ったことでまぬがれた費用のことである。具体的には、電気事業者は、再エネ電気を買い取ったことで、他の電源をつかって発電をしなくてよくなり、それによって短期的には燃料費の削減につながり、長期的には発電設備の一部を更新する必要性がなくなることによって、費用の節約が可能になる。

この費用節約を回避可能費用として経済産業省が計算し、再エネ電気の買取費用から控除し、残った金額が賦課金となり、電力消費者から薄く広く回収される。したがって、回避可能費用の金額によって賦課金額は変わる。

経済産業省は、FIT開始当初は、この回避可能費用の計算の仕方について、すべての電源の平均可変費用の値（以下、全電源平均可変費）を採用していた。可変費用とは、発電量の変動によって費用額が変わる費目である。その代表的なものは燃料費である。つまり、経済産業省は、電気事業者が再エネ電気を買い取ることで、電気事業者のすべての電源（水力、火力、原子力）からの発電量が同じように減り、その可変費が節約されるとみなしたのである。

しかし、全電源平均可変費を回避可能費用にすることには問題がある。電気事業者が再エネ電気を買い取るとき、当該事業者は、可変費用が高いもの、つまり燃料費の高いものから減らすことが合理的だからである。燃料費は、石油火力がもっとも高く、つぎにLNG火力、石炭火力となっている。したがって、回避可能費用を計算するにあたっては、まずは石油火力の可変費から考慮すべきであった。

そこで、全電源平均可変費単価と、石油火力燃料費単価、卸電力価格の3つの指標をもちいて、実際に2013年度の回避可能費用を試算してみよう。すると、全電源平均可変費単価を用いると回避可能費用は1297億円になるのに対して、石油火力燃料費単価を用いると2681億円になり、その差額は約1400億円にもなる（木村、2013）。つまり、全電源平均可変費単価を用いると、回避可能費用が実態よりもかなり安く評価され、賦課金額が高くなり、国民負担額が増えてしまう。

この問題について、経済産業省は2014年に再検討を行い、火力発電の可変費を回避可能費用とするという考え方に転換した。また、供給力として評価できる電源については固定費削減の寄与分も含めることにした。

さらに、2016年度からの小売全面自由化にむけて、一般電気事業者の費用ベースの回避可能費用の算定から、卸電力市場価格をベースとして回避可能費用算定を行うよう、再度のルール変更を行った。

おわりに

FITは、再エネの利用量を拡大する意味で非常に効果の高い政策手段である。FITは、再エネに対する安定した投資環境を創出することで投資を促す効果をもっている。同時にFITは、費用低減へのインセンティブをもたらし、国内産業の育成と発展に寄与する。これらのことは日本における実績をみても明らかである。

しかしながら、その普及効果の高さゆえに、制度の設計や運用を誤ると弊害が大きくなる点も見逃してはならない。FITを採用する各国を悩ませているのは、適切な買取価格の設定である。特に普及速度・発電単価下落の速度が速い太陽光発電に対しては多くの国が四苦八苦している。日本においてもそれは同様であり、発電単価と買取価格の乖離問題については、経済産業省資源エネルギー庁から一

定の対応策（資源エネルギー庁、2014）が提示された。

　加えて、全体の政策費用の管理をどうおこなっていくかも重要な課題である。FITはそもそも恒久的な制度ではなく、再エネが市場を拡大し、市場での価格競争力をつけるまでの時限的な支援策である。したがって、FITにおける買取価格については段階的に低減させるという見通しをもつことが必要である。海外のFITにおいては、買取価格の低減率があらかじめ定められていたり、導入量に対応した価格調整機能が導入されていたりするなど、様々な制度設計上の工夫が行われている。これは、良好な投資環境を整備しつつ、再エネの費用を低減させ、全体の政策費用を抑える方策である。

　以上の問題意識も踏まえつつ国は、2016年FIT法を改正し、大規模太陽光から入札制を導入するとともに、長期的な価格目標を提示することでコスト削減インセンティブをもたらそうとしている。

　日本の再エネの普及は、始まったばかりである。明確かつ長期的な目標を掲げつつ、再エネの費用の変化に対応できるよう、制度を柔軟に修正していくことがFITの成功なカギである。

参考文献

大島堅一（2010）『再生可能エネルギーの政治経済学』東洋経済新報社。
木村啓二（2013）『回避可能費用の計算方法に関する分析』公益財団法人自然エネルギー財団。
経済産業省資源エネルギー庁（2014）「固定価格買取制度の運用改善について（案）」第8回新エネルギー小委員会　資料3。
経済産業省資源エネルギー庁（2015a）「最近の再生可能エネルギー市場の動向について」第16回調達価格等算定委員会　資料1。
経済産業省資源エネルギー庁（2015b）「平成27年度調達価格・賦課金単価について」第10回新エネルギー小委員会　資料5。
総務省統計局（2016）「家計調査年報」
電気事業連合会統計委員会編（2015）『平成27年版電気事業便覧』一般社団法人日本電気協会。

Butler L., and K., Neuhoff（2008）"Comparison of feed-in tariff, quota and auction mechanisms to support wind power development", *Renewable Energy*, 33, pp.

1854-1867.
Batlle, C., Pérez-Arriaga, I.J., and P., Zambrano-Barragán (2012) "Regulatory design for RES-E support mechanisms: learning curves, market structure, and burden-sharing", *Energy Policy*, 41, pp.212-220.
California Public Utilities Commission (2009) *California Solar Initiative: Program Handbook*.
Channell, J., Jansen, H. R., Syme, A. R., Savvantidou, S., Morse, E. L., and A. Yuen (2013) *Energy Darwinism: The Evolution of the Energy Industry*, Citi GPS.
Couture, T. D., Cory, K., Kreycik, C., and E. Williams (2010) *A Policymaker's Guide to Feed-in Tariff Policy Design*, NREL.
Grau, T. (2014) Comparison of feed-in tariffs and tenders to remunerate solar power generation, Discussion Papers, DIW Berlin, No. 1363.
International Energy Agency (2004) Renewable Energy: Market and Policy Trends in IEA Countries, OECD/IEA, Paris.
International Energy Agency (2008) Deploying Renewables: Principles for Effective Policies, OECD/IEA, Paris.
International Energy Agency (2011) Deploying Renewables 2011: Best and Future Policy Practice, OECD/IEA, Paris.
International Energy Agency (2014) Renewables Information: 2014 Edition, OECD/IEA, Paris.
Jacobs, David (2012) Renewable Energy Policy Convergence in the EU, Ashgate.
Menanteau P., Finon D., and Marie-Laure Lamy, (2003) "Prices versus quantities: choosing policies for promoting the development of renewable energy", *Energy Policy*, 31, pp.799-812.
Mitchell, C., D. Bauknecht, et al. (2006) "Effectiveness through risk reduction: a comparison of the renewable obligation in England and Wales and the feed-in system in Germany." *Energy Policy*, 34, pp.297-305.
Renewable Energy Policy Network for the 21st Century (2015) *Renewables 2015 Global Status Report*, Paris, France.
Stern, N. (2006) "Stern Review: The Economics of Climate Change", HM Treasury, London.

第5章 再生可能エネルギーの費用論

木村啓二

はじめに

エネルギーのコストに関する論争は、政策決定の場では、主に、原子力発電の既存電源と比べたときの経済性を検証するという観点から行われてきた。例えば、政府における検討（総合資源エネルギー調査会電気事業分科会コスト等検討小委員会、2004；エネルギー・環境会議コスト等検証委員会、2011）は、まさに原子力発電が他の電源に比べて優位性をもつかどうか、という観点から検証が行われたといってよい。また、研究としては、勝田・鈴木（2005）によるモデルプラントを想定した電源別の発電単価試算や、室田（1991）、大島（2010）による有価証券報告書をもちいた実際の発電コストの試算などがある。

他方で、再生可能エネルギー（以下、再エネ）の経済性に関する議論はまだ緒についたばかりである。これまで再エネは、未成熟な技術であり、既存のエネルギー技術にくらべて高価であると考えられてきた。しかし、再エネを取り巻く環境は急速に変化をしており、上記のように単純に議論できなくなっている。さらに、地域分散型のエネルギーシステムについて議論する場合には、再エネ資源ごとの発電費用や熱生産費用だけでなく、エネルギーシステムそのものを変革していくための費用を全体としてどうとらえるか、という論点もある。

そこで、本章では、再エネの経済性を論じるさいに重要となる論点を整理し、それぞれの論点について詳しく述べる。なお、再エネは、熱利用も含めて議論することが重要であるが、本書では再エネの発電技術に焦点をあてて論じる。

1 論点の整理

再エネの費用について本章で着目するのは以下の3点である。

第2部 再生可能エネルギーをめぐる論点

　第1に、費用の変化に着目する。というのも、再エネにしても、他の電源にしても、様々な要因によって費用が変化するからである。例えば、化石燃料の場合、その発電のための燃料価格は絶えず市場の需給状況の変化や政治的なリスクも含めて変化している。再エネには、技術発展と市場拡大にともない、急速な費用の変化が起こっており、わずか数年前の議論でさえ時代遅れになってしまう状況にある。そのため、再エネの費用について論じる場合は、たえず最新の費用を参照すること、また10年後20年後の将来性も勘案することが求められる。

　第2に、原子力発電や火力発電などの既存電源に対して費用面で競争力をもちうるか、どうかである。つまり電源間の競争力の評価の問題である。この比較評価の際には、気候変動による被害や原子力発電の事故リスクといった社会的費用を加味したものでなければならない。また、電気の消費側に発電設備を設置する分散型電源の場合、消費者の視点からすればその経済性は、電源間の発電単価ではなく電気料金と比較することに意味がある。

　第3に、再エネの普及がある程度進むと、既存の電力市場や電力システムそのものの構造を大きく変える可能性がある。こうした構造変化にともなう費用の変化についても見ていく必要がある。例えば、再エネは、立地地点は分散し、かつ資源によって立地地点が限定される。とりわけ、地熱資源や風力資源は、エネルギーの需要地から離れた場所に豊富に存在する傾向がある。その場合、その地域に発電設備が大量に建設されるとなると、発電設備だけでなく送配電設備を増強する必要性が生ずる可能性がある。また、太陽光や風力発電といった気象条件によって発電出力が変動する電源の場合、調整電源として用いられる火力発電の設備利用率が低下し、効率が下がるため、追加的な運転費用がかかるという議論もある。同時に再エネが普及し、市場で一定の規模を得た場合に起こる電力市場への影響についても考慮しなければならない。

　これら3点を踏まえて、以下では、まず、再エネの費用についての考え方と、いくつかの評価結果を示す。特に日本においては先行して普及しつつある太陽光発電の費用変化に焦点をあてる。第2に国際的比較を行う。第3に、再エネが相当程度導入した場合の再エネの費用負担の状況およびそれが電気料金に与えている影響について、ドイツを事例としてみていく。

第5章　再生可能エネルギーの費用論

図表5-1　発電費用の費用項目

費用項目	内容
資本費	建設前事業開発費、建設工事費、不測事態予備費、建設期間中利子
運転管理費	運転管理に必要な人員の人件費、消耗品費、修繕費、運転中に発生する廃棄物の処分費（使用済核燃料の処理費を除く）等
燃料費	発電に用いられる燃料の費用。原子力については再処理費用、使用済核燃料処分費を含む。
CO_2価格	化石燃料の燃料によって発生する二酸化炭素排出削減に伴う炭素価格。
廃止費用	運転が終了した発電所を廃止する費用

出所：OECD/IEA-NEA（2010）を参考に筆者作成。

2　再エネによる発電の現状とその変化

2.1　発電費用の評価手法：平準化発電単価

　本節では、再エネの発電費用について世界の現況と日本における変化について論じる。しかし、その議論に入るまえに、そもそも発電費用とは何か、そしてそれをどのように評価するのか、ということを明らかにしておく必要がある。まず、発電費用は、発電所が建設してから廃止されるまでにかかる総費用のことを指す。その費用項目についてOECD/ IEA-NEA（2010）を参考にすると、**図表5-1**のように分類される。

　発電にかかる総費用を計算するためには、まず、年ごとに支出される費用をそれぞれ計上する。このときに、将来発生する費用は、現在からみて価値が減少するものとみなして、一定の比率（割引率と呼ぶ）で割り引き、現在価値に換算する。次に割り引かれた費用を合算し、最後にそれを発電量で割る。これにより算出される値は、発電所のライフタイム全体の期間における、1kWhあたりに平準化された費用である。これによって算出される値を、平準化発電単価（以下、発電単価）とよぶ。

　この発電単価を比較することで、その電源の経済性を評価することができる。発電単価が相対的に安ければ、その電源は経済的に優位性があると評価される。ここで注意しなければならないのは、この発電単価の計算は、モデルプラントと

いう仮想的な発電所の建設を想定しているという点である。実際に建設される発電所の建設費は、立地地点や採用する炉型、建設工事期間など状況によって変わってくる。火力発電においては、燃料費も変化する。その結果、発電単価も変わる。また、原子力においても、使用済核燃料の処分費用や廃止費用は不確定な要素を含み、見積もった費用よりも高くなる可能性がある。さらに、過酷事故が発生したり、追加的な安全対策投資が求められる可能性がある。その結果、原子力の発電単価もまた大きく変化しうる。このように、エネルギー源別の発電単価について議論する際には、こうした発電単価の変化の可能性についても十分に考慮しておく必要がある。

2.2　世界の再エネの費用の現況とその変化

　再エネの費用がどのように変化してきているのだろうか。2010年から2015年までについてここでは述べておこう。

　風力発電は、大規模水力発電に次いで世界の再エネの中でもっとも経済性の高い電源であると評価されており、多くの国で導入が進んでいる。風力発電の世界市場の中心は、中国、アメリカ、欧州、インドであり、2015年末の中国における風力発電の累積導入量は1億4510万 kW、アメリカは7447万 kW、ドイツは4495万 kW、スペインは2303万 kW、インドは2509万 kW となっている（Global Wind Energy Council, 2016）。

　世界の地域別の陸上風力発電の発電単価は、2014年に6〜12USセント/kWhと、2010年に比べて7〜12％下落している（International Renewable Energy Agency, 2015, p.73）[1]。もっとも安価なのは中国の風力発電であり、加重平均値で6セント/kWh、続いて北米が7セント/kWh、欧州とインドでは8セント/kWhと評価されている。信岡・川原（2014）は、2014年下半期の風力発電の発電単価を別途評価しており、世界の中央シナリオ値で8.2セント/kWhとしている。

　こうした費用低減の要因としては、第1に、風力発電の資本費が緩やかに下落傾向にあることがあげられる。アメリカでは、資本費が2009年に2300ドル/kWであったのに対して、2014年には1779ドル/kWに低下している（International

---

1) International Renewable Energy Agency（2015）では、割引率を中国と OECD 諸国では7.5％、その他の国は10％と設定している。

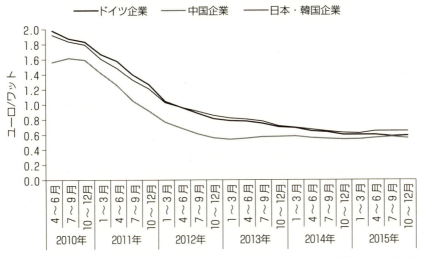

図表5-2 太陽電池シリコンモジュールの欧州における卸市場価格

出所：PvXchange データより作成。値は、最終購入者への小売価格ではなく、欧州における現物市場価格を示し、付加価値税は含まない。

Renewable Energy Agency, 2015, p.61)。第2に、より多くの風力を活用するために、風力タービンの巨大化、効率化がすすめられ、結果として得られる発電量が増加している。風力先進国のデンマークでは、風力発電の設備利用率が1990年代末には23.7％であったのが、2012年には31.6％にまで上昇している（International Renewable Energy Agency, 2015, p.66)。

太陽光発電は、近年急速に変化が起きている再エネである。これまで発電単価が非常に高かったため、日本やドイツ、アメリカなどの限られた国でしか普及してこなかったが、近年その状況が大きく変わりつつある。2015年の太陽光発電の発電単価は、2010年に対し約58％下落し12セント/kWhとなっている（International Renewable Energy Agency, 2016)。特に日照条件の良く財務的に安定した国、例えばウルグアイでは、8.8セント/kWhでの発電単価が実現されている（信岡・川原、2014、21頁）。

こうした急激な発電単価低減の要因として大きいのは、太陽電池モジュール価格の急激な低下にある（**図表5-2**)。2010年第2四半期から2015年第4四半期までの間に、モジュール価格は65～70％下落している。さらに、発電効率も上昇し

図表 5-3　住宅用太陽光発電の平均資本費の推移

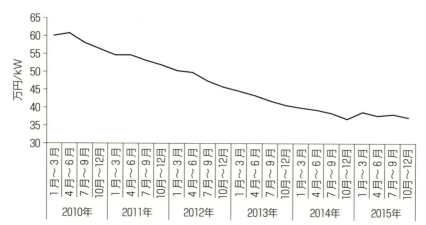

出所：一般社団法人太陽光発電普及拡大センターの平成22年度から平成26年度までの「住宅用太陽光発電補助金交付決定件数」データより作成。

ている。発電効率とは、太陽の光エネルギーのうち電気に変えることができる比率である。結晶シリコン系の太陽電池モジュールの最高効率のものは、発電効率が2003年に15％であったが、2012年には21％に達している（International Renewable Energy Agency, 2015, p.83）。

世界の太陽光発電の発電単価の下落により、太陽光発電の導入も飛躍的に増加している。IEA-PVPS（2016）によれば、世界の太陽光発電の設備容量は、2010年末には3943万 kW であったのが、5年後の2015年末には2億2710万 kW に達した。特徴的なのは、ドイツ、イタリアなど欧州諸国での増加、日本、アメリカでの増加に加えて、中国、オーストラリアなどでも急速に導入量が増え始めていることである。

2.3　日本の太陽光発電の費用の現況とその変化

太陽光発電の費用の低下は、日本でも起こっている。住宅用太陽光発電の資本費は、2010年には1kW あたり約60万円であったのが、四半期ごとに費用が低減し、2015年第4四半期には37万円にまで下落している（図表5-3）。これを発電単価に換算すると、2010年には41円/kWh だったものが、2015年第4四半期には25円/kWh に下落していることになる[2]。

図表 5-4　50〜500kW 設備の発電単価の試算結果

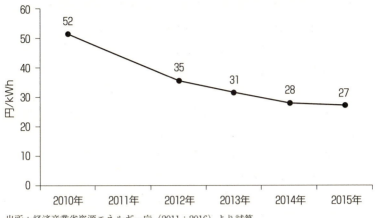

出所：経済産業省資源エネルギー庁（2011；2016）より試算。

　住宅用以外の太陽光発電も急速に費用の低下が観察されている。ここでは、経済産業省資源エネルギー庁（2011；2016）で提供されているデータをもとに、2010年度から2015年末までの発電単価を試算した[3]。図表5-4に、10〜50kWの設備の発電単価の推移を示す。これにみられるように、2015年には、発電単価は27円/kWhまで下落しており、2010年の値に比べてほぼ半分の単価となっている。

　しかし、これらの国内の発電単価は、信岡・川原（2014）が示した世界の中央シナリオとしての発電単価である14.3セント/kWh（1ドル＝120円とすると17円/kWh）にくらべて30％程度高い。

　日本のコスト高の要因について、Friedman, et al.（2014）は、主要な太陽光メーカーが住宅用太陽光発電の販売流通をコントロールしていることが関連していると指摘している。すなわち、日本の太陽光電池メーカーは同時に巨大な電子機器・家電メーカーでもある場合が多い。家電等の商品も同時に販売している販売業者は、しばしばメーカーとすでに家電商品等での関係を築いており、販売業者

2）運転期間を20年間とし、運転管理費用が初期資本費の1％、廃止費用が初期資本費の5％かかるものとして計算したものである。
3）試算にあたり、自己資本費用および負債費用およびその比率は、信岡・川原（2014）と同一とし、加重平均資本費用を算出し、その値を用いた。というのも、固定価格買取制で設定されている内部収益率は法施行から3年間高めに設定されているからである。ただし、ここではインフレ率、法人税等の想定は行っていない。

にとって、太陽光の事業は付属的あるいは下請け的な事業としての位置づけであった。そのため、メーカーと販売・施工業者との関係は対等な関係ではなく、上下関係である可能性がある。その結果、販売・施工業者は、メーカーとの関係を害してまで、メーカーとの価格交渉を積極的に行ったり、他の価格の安いメーカーの製品を積極的に取り扱うことは難しい。

しかし、固定価格買取制開始後こうした関係が変化しつつある。というのは、以前の太陽光発電市場が住宅用太陽光発電中心であったのに対し、制度導入以降、より大規模の太陽光への需要が拡大するようになってきているからである。そのため、新たな市場をめぐって、他業種からの新規参入も活発になっており、結果として販売・施工業者間の競争も激しくなっている。

自然エネルギー財団が行った太陽光の販売・施工業者等へのアンケート調査（2014年11月実施）によれば、太陽光発電施工・販売会社、発電事業者等の9割は、同業他社との競争が激化しているとの認識を示している（木村、2015）。さらに、海外メーカーも含めた新規参入も活発化しており、販売・施工業者側の選択肢も広がっている。こうした競争環境においては、販売・施工業者自身が、販売・施工能力を高め、高効率かつ安価な製品を確保し、顧客に提供することが一層求められる。そうなってくれば、メーカーと販売側との1対1の関係も変化せざるを得ないだろう。

3 再エネの経済性：他電源との比較

再エネの費用が世界的に下落していることによって、原子力や火力といった既存の電源との相対的な経済性はどのように変化しているのであろうか。以下では、アメリカ、イギリス、ドイツにおける最新の電源別の発電単価の評価事例から、再エネの総体的な経済性について考察する。

3.1 各国の発電単価の試算

アメリカの最新の発電単価についてはLAZARD（2015）による試算がある（図表5-5）。これによれば、アメリカでもっとも発電単価が安価な電源は陸上風力である。その最低費用は、3 USセント/kWhであり、天然ガス火力と十分に経済的に競合できる。さらに大規模な太陽光発電は、5～7 USセント/kWh

第5章 再生可能エネルギーの費用論

図表5-5　アメリカにおける電源別発電単価（2015年時点）

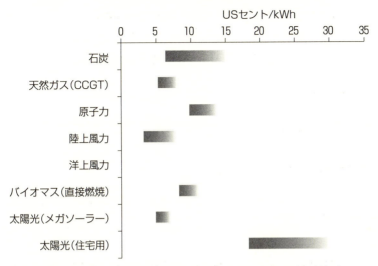

出所：LAZARD（2015）より作成。結果には幅があるため最低と最高の幅を示している。

となっており、原子力発電や石炭火力発電とも十分に競争ができるほど、発電単価が低下しているとされる。

　ドイツについてはAgora Energiewende（2015）による発電単価の評価研究がある（**図表5-6**）。これによると、ドイツでは、陸上風力発電は、天然ガス火力発電や石炭火力発電よりも安く発電できる状態にまで達している。大規模太陽光発電については、天然ガス火力や石炭火力に対しても競争可能な状態になりつつある。

　イギリスでは、エネルギー気候変動省が発電単価について評価報告書を発表している（**図表5-7**）。2013年末に出された最新レポート（Department of Energy & Climate Change, 2013）によると、もっともコスト競争力のある電源は天然ガス火力である。原子力も天然ガスに次いで安いと評価されている。陸上風力は原子力につぐ経済性をもつ電源と評価されている。

　このように、海外のいくつかの国では、風力をはじめとして多くの再エネが、火力や原子力といった既存の電源とほぼ競争可能になってきている。そのため、世界的には、特に風力、水力については、既存の火力や原子力に匹敵するか、そ

図表5-6　ドイツにおける電源別発電単価（2015年時点）

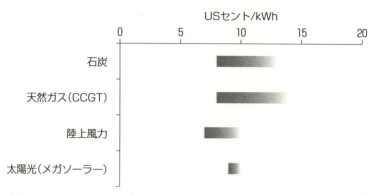

出所：Agora Energiewende（2015）より作成。結果には幅があるため最低と最高の幅を示している。
注：通貨単位のユーロを2015年時点のドルに換算している。

図表5-7　イギリスにおける電源別発電単価（2013年時点）

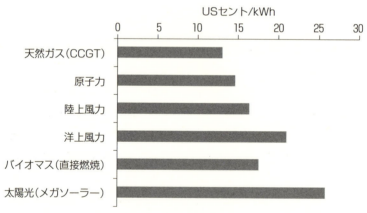

出所：Department of Energy & Climate Change（2013）より作成。
注：通貨単位のポンドを2013年時点のドルに換算している。

れ以上に安価なものになりつつあるという評価が定着化してきている（World Energy Council, 2013）。また、太陽光メガソーラーについてもドイツ、アメリカでは既存電源と遜色ない水準に到達しつつある。

3.2 住宅用太陽光発電の経済性評価：グリッド・パリティ論

　前節でみたのは単純な発電単価での比較である。これをみると、住宅用太陽光発電は、他の電源と比べてもすぐに競合できるとは思えないかもしれない。しかし、住宅用太陽光発電の経済的競争力を測るのに、既存電源の発電単価と比較するのは適切でないかもしれない。というのも、太陽光発電は電気を消費する場所に近接して設置でき、発電した電気をそのまま利用することができるからである。つまり、直接用いる分には送配電にかかる費用が節約される。

　わかりやすくいえば、住宅に太陽光発電を設置するとき経済的かどうかの判断は、発電単価が電気料金に比べて安いかどうかである。もし電気料金（特に昼間の電気料金）が発電単価よりも高ければ、電気を購入するよりも太陽光発電を設置して電気を直接消費したほうが安上がりになる。そうなれば、人々は自発的に太陽光発電を設置していくことになるので、太陽光発電の普及が自動的に起こることが期待される。つまり、住宅用太陽光が普及する転換点として、発電単価が電気料金よりも安くなる時点が決定的に重要になる。これを海外では、「グリッド・パリティ」あるいは「ソケット・パリティ」と呼んでいる。

　この議論が成り立つには、太陽光発電で発電された電気がすべてその住宅で消費されることが前提である。あるいは、余った電気を、電気料金と同じ価格で販売できるようにすることが前提である。余剰電力の販売については、制度的な枠組みが必要であるため、グリッド・パリティに到達したことをもって、太陽光発電に対する政府の支援が必要なくなるわけではない。

　Briano, et al.（2015）は、2014年上半期における世界各国における住宅におけるグリッド・パリティの状況を分析している。これによると、オーストラリア、ドイツ、イタリア、スペイン、メキシコでは、グリッド・パリティに到達したと評価されている。日本についても、Briano, et al.（2015）は、東京ではすでにグリッド・パリティに達したと評価している。これは、東京電力の電気料金の高さに関係している。

　日本全域については、一般社団法人太陽光発電普及拡大センターが公表している住宅用太陽光発電システムの平均システム価格から発電単価を試算できる。図表5-8に10電力会社の平均電灯料金と太陽光の発電単価の経緯を示す。2015年第4四半期の太陽光の発電単価は25円で、電灯料金は26円（2015年度）であり、

図表 5-8　日本の太陽光発電システムの発電単価と電気料金

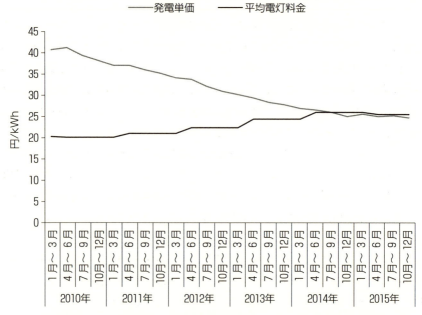

出所：一般社団法人太陽光発電協会　太陽光発電普及拡大センター「住宅用太陽光発電補助金交付決定件数」より試算した。以下の前提に基づき加重平均資本コストを1.7〜2.0%と置いた。自己資本比率：国土交通省（2014）「住宅市場動向調査報告書」の注文住宅の自己資本比率35%を参照した。また、貸出金利について、日銀「金融経済統計月報」の住宅ローン：2.475%を採用した。自己資本利益率について、同資料の10年新発国債利回りを採用した。

日本でもグリッド・パリティに達したといえる。

4　再エネ統合の費用論

　欧州や米国の一部においては、総発電量に占める再エネの比率が20%、30%を超えるようになりつつある。これにより、再エネ、とりわけ太陽光や風力といった「変動性再エネ」（Variable Renewable Energy: VRE。以下、VRE）が増えることで他の電源の運転に与える影響や、送配電網に与える追加的な費用について次第に議論されるようになってきている。

第5章　再生可能エネルギーの費用論

4.1　再エネのシステム統合費用に関する論点

再エネの発電に直接関係しないその他の追加的費用については次のように整理できる。

第1に、送配電網の増設のための費用が必要である。とくに電力の消費地から遠く離れた場所に再エネの発電設備を置く場合には、発電設備から消費地に送電しなければならなくなる。そのための送電網増強のための費用が必要になる。

第2に、追加的なバックアップ電源（予備力）を用意するための費用が必要になるのではないか、という議論がある。もともと電力需要は時間によって変化するので、需要の変化に対応するように火力発電や水力発電の一部を調整しつつ予備力として利用してきた。しかし、VREが増大すると、VREの出力変化も加味した調整運転が必要になる。このため、VREが増えることによって、バックアップが追加的にどの程度必要となるかが重要な検討課題となる。

第3に、上記のように、火力発電による調整回数が増えてくると、火力発電の効率が低下したり、炉が傷みやすくなったりするといわれており、運転費用が余分に必要になる可能性がある。

4.2　総体的な費用評価の試み—アメリカでの試算例

上記の影響について海外ではモデルを用いて当該費用の定量的評価がなされるようになってきている。IEA Wind Task 25 (2009) は、風力発電の大量導入による系統への諸影響について欧米各国における様々な調査研究を報告書にまとめている。報告書では、4.1で示した第1、第2の問題について、以下のような知見が示されている。

まず、送電網の増強にかかる費用は、電力の負荷や系統インフラの状況や、風力発電をどこに設置するかで大きく異なり、また国によっても大きく異なる可能性が高い。欧米各国の近年の研究では、送配電網の増強費用は、0～270ユーロ/kWと大きな幅がある。

同様の結果は、他の研究においても示されている。GE Energy Consulting (2014) は、アメリカ東部の地域送電機関の一つPJMにおいて、太陽光と風力が発電量の30%を占めた場合にどれほどの系統増強が必要になるかを試算している。ここでは、電力消費量に比例して各地域に風力発電を配置した場合、系統増

強費用は0.27USセント/kWhと安価であるが、風況の良い地域に集中的に風力発電設備を設置すると、0.74USセント/kWhと3倍になる。

　次に、追加的な予備力については、必ずしも新しい発電所をつくる必要がない。というのは、予備力は、風力発電が発電しているときは停止あるいは低負荷状態にしておき、風力発電の出力が低下してきたときに、運転を開始し、不足する供給力を埋める役割をするため、既存の火力発電や水力発電を使うことができるからである。それゆえ、風力発電が電力需要の20％以内の場合、風力発電の変動性・不確実性による系統運用費用の増加は、風力発電の発電費用を0.1～0.4ユーロセント/kWh引き上げる程度であるとされている（IEA Wind Task 25, 2009, p. 85）。

　近年、火力発電の効率低下によるコスト増についての研究もおこなわれてきている。例えば、アメリカの西部系統において太陽光と風力の割合が33％になった場合の火力の効率低下に伴う追加費用について評価する研究（Lew and Brinkman, 2013）がある。

　これによると、風力と太陽光が33％になることによって、天然ガス火力や石炭火力の燃料費や運転管理費が削減され、年間71～77億ドルが節約される。さらに、CO_2排出量を29～34％削減、硫黄酸化物が16～22％削減され、窒素酸化物の排出を14～24％削減することにつながる。このようなメリットに対して、火力の追加的な調整運転によって増加する費用は0.4～1.6億ドルである。この推計から、追加的な調整運転にともなう運転費用増加分は、運転削減費用の1％前後であり、影響は極めて軽微であることがわかる。

　このように、再エネが相当規模まで増大する際に、発電費用以外の費用増加要因についての分析が進められている。これまでの研究結果から言えることは、バックアップ電源の追加費用や調整運転に伴う追加的な費用は、全体として極めて小さいといえる。

　とはいえ、再エネが増大することによって、火力発電からの収入が減り、発電所の減価償却が終わっていないような場合には、当該事業者の経営に悪影響を与えるといった問題は生じる。また、送配電網の増強にかかる費用については、風力発電や太陽光発電の配置によって大きく異なる。全体の費用を最小化していくためには、電源配置に関する配慮も重要であり、そのための制度設計が必要である。

第5章　再生可能エネルギーの費用論

4.3　ドイツにおける再エネ促進の費用論

　ドイツは、再エネ先進国として世界から様々な意味で注目をあつめている。とくに近年では、エネルギー転換と称して、世界有数の経済大国でありながら、脱原子力と脱化石を両立して進めていく挑戦的目標を掲げている。この目標を達成するための重要な手段の1つが再エネの普及である。ドイツ政府は、2012年に示した「ドイツ新エネルギー政策」において、2050年に発電に占める再エネの割合を80％にするという目標値を掲げている。すでに、電力消費量に占める再エネの割合は、2000年には6.5％であったものが、2015年にはすでに32.6％に達している（AGEB, 2016）。

　それでは、ドイツにおいて費用面ではどういった影響がでているのだろうか。再エネ普及のための費用負担とその電気料金への影響について検討しよう。

　ドイツで再エネ普及を支えている政策は再生可能エネルギー法である。同法は2000年に施行され、定められた買取価格および買取期間に基づいて再エネの電力の買取りを送配電会社に義務付けている。その際、再エネの電力の買取費用と電力一般の調達費用との差額分を補填するために、電力消費者に賦課金を課している。これに関連して、再エネ普及のせいでドイツの電気料金が高騰しているという説明がされがちである。しかし、これについては2つの意味で正確とは言えない。

　第1に、電気料金が上昇しているのは確かであるが、それは家庭用の電気料金であり、産業用の電気料金自体は高騰していない（**図表5-9**および**図表5-10**を参照）。ドイツの産業用電力価格は他の欧州諸国と比べても高いわけではなく、上昇傾向も他国と比べて特に顕著というわけではない。他方で、家庭用の電力価格については、ドイツはほぼ一貫して他の欧州諸国と比較して高い水準にあり、かつ上昇の幅も他国に比べて大きい。

　第2に、2010年以降の家庭用の電気料金の上昇は、再エネ促進のための賦課金が主要な要素であるが、2010年以前の電気料金の上昇要因は、賦課金によるものではない。つまり、賦課金は上昇要因の一部にすぎない。

　2006年から2013年の8年間のドイツの家庭用の電力料金は10.5ユーロセント/kWh上昇している（**図表5-11**）。この内訳について見ると[4]、同時期の賦課金の上昇額は4.4ユーロセント/kWhであった。賦課金が特に上昇しているのは

図表 5-9　各国の産業用電気料金の推移

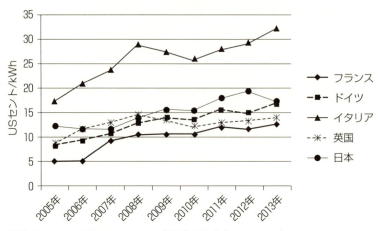

出所：International Energy Agency（2014）より作成。

図表 5-10　各国の家庭用電気料金の推移

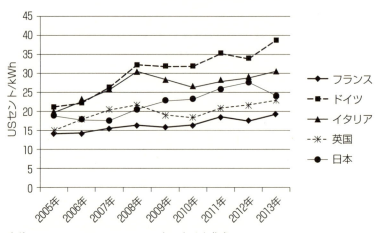

出所：International Energy Agency（2014）より作成。

4）電力価格の内訳については、ドイツ連邦ネットワーク庁と連邦カルテル庁が発表しているエネルギー市場のモニタリングレポートで分析がなされている（Bundesnetzagentur and Bundeskartellamt, 2014）。

第5章　再生可能エネルギーの費用論

図表 5-11　ドイツの家庭用電力価格の内訳の推移

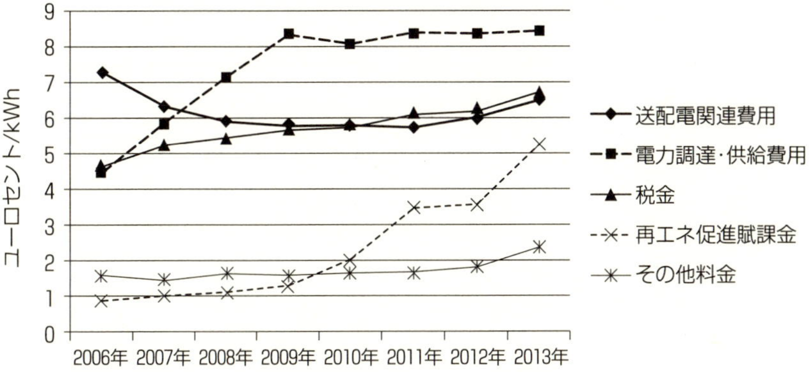

凡例：
- ◆ 送配電関連費用
- ■ 電力調達・供給費用
- ▲ 税金
- ✕ 再エネ促進賦課金
- ✱ その他料金

縦軸：ユーロセント/kWh
横軸：2006年〜2013年

出所：Bundesnetzagentur and Bundeskartellamt（2014）より作成。

2010年以降である。また、同じ時期に電力調達・供給費用は4.0ユーロセント/kWh 上昇している。これには、発電費用や電気を購入してくる費用、電力会社の利益が含まれている。ほかにも上昇している項目がある。それは税金で、8年間で2.1ユーロセント/kWh 上がっている。こうしてみると、確かに賦課金による電気料金上昇分は認められるものの、全体の上昇分の4割程度である。再エネ普及だけが電気料金の上昇の原因となっているわけではない。

　第3に、賦課金は2010年以降とくに上昇しているのは事実であるが、この上昇の要因は複雑な要因が絡み合っている。この要因について見ていく前に、賦課金の基本的な計算方法を確認しておく。賦課金は、（1）次年の再エネの買取費用の予測額から、（2）次年の再エネの卸電力市場における予測収入を差し引いて、これを（3）賦課金を負担する義務が課せられている消費者への電気の販売量で除することで、賦課金単価が算出される。

　賦課金増大の要因について見ていくと、次の3つが考えられる。

　第1に、2010年から2011年にかけて太陽光発電からの電気の買取費用が増大したことである。2010年の買取費用の見積額は約127億ユーロであったが、2011年の見積額は約171億ユーロと約44億ユーロ増加した。この増加分のうち、41億ユーロは太陽光の買取見積額の増加によるもので、費用増加分の大半を占める。その原因は、ちょうどこのころ毎年700〜800万kW 前後の太陽光発電が導入されていたことにあると考えられる。

図表 5-12　太陽光発電の固定価格での買取電力量と買取費用の推移

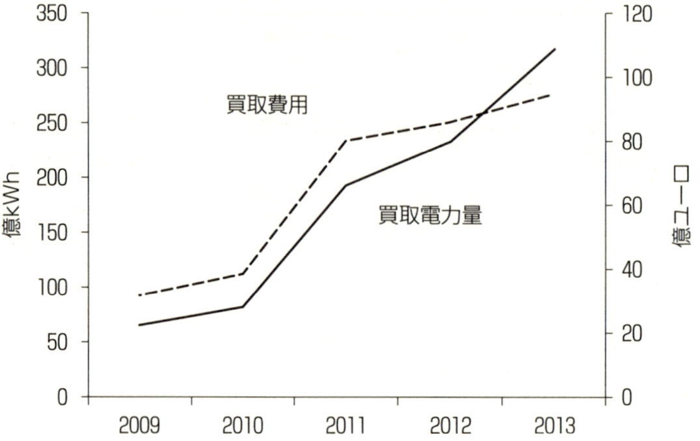

出所：50hertz, Amprion, Tennet, and Transnet BW,（2009, 2010, 2011, 2012）より作成。

　その後ドイツ政府は、再生可能エネルギー法の改正を通じて太陽光発電からの電力の買取価格を急速に下げる仕組みを導入した。これにより、太陽光発電からの買取費用の増大は抑制されてきている（図表 5-12）。
　第 2 に、卸電力市場価格が急速に低下していることが影響を与えている。2010年以降、送電会社は、買い取った再エネ電力を卸電力市場に直接販売することで収入を得ている。その収入と再エネ電力の買取費用との差額を賦課金として電力消費者から徴収することになった。これによって次の 2 つの影響が表れている。
　まず、先物電力価格に基づいて前年に予測した価格にくらべ、実際の卸電力市場での販売価格が安くなってしまうと、当初予想した再エネ電力の卸電力市場での販売収入が目減りする。そうすると、見込んでいた賦課金額では足りなくなる。そこで、次の年の賦課金算定時に前年の不足分を上乗せして徴収している。
　実際、卸電力市場価格が下落し続けたことによって、再エネ電力の販売収入の目減りが続いている。送電会社は、2011年の段階では先物電力価格にもとづき、2012年の再エネ電力の販売電力価格を5.32ユーロセント/kWh と予想していた。しかし、実際には卸電力市場価格が下落し4.23ユーロセント/kWh での販売となった（図表 5-13）。このため、2012年の賦課金算定の際に送電会社が見込んでいた再エネ電気の販売収入は49億ユーロであったのに対し、実際には29億ユーロに

図表5-13　再エネ賦課金算定時の卸電力価格と実際の価格との差

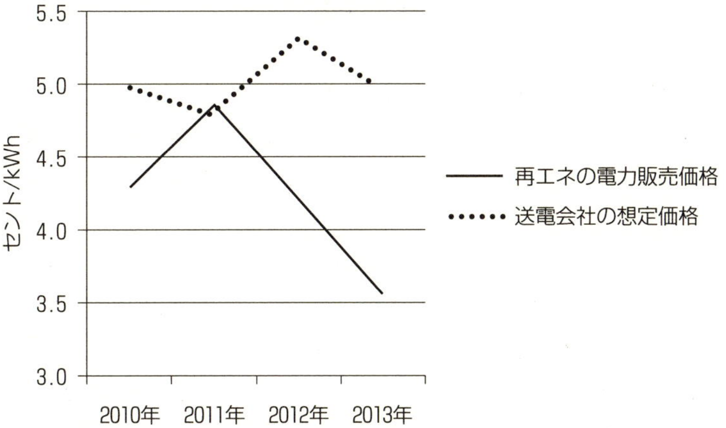

（縦軸：セント/kWh、横軸：2010年～2013年）
　――　再エネの電力販売価格
　……　送電会社の想定価格

出所：50hertz, Amprion, Tennet, and Transnet BW,（2009, 2010, 2011, 2012）及び BMU（2013）より作成。

しかならなかった。これが2012年の収入不足につながった。この不足分20億ユーロは2013年に回収しなければならなかったため、2013年の賦課金を0.51ユーロセント/kWh上げなくてはならなかったのである。

　もう一つの影響としては、2010年以降、送電会社が再エネ電力を卸電力市場で全量販売するために、卸電力価格が下がるという「メリットオーダー効果」が発生している可能性が指摘されている（Cludius, et al, 2013）。このメリットオーダー効果は、次のように発生すると考えられている。卸電力市場においては、入札価格が安い発電所から順に電力需要を満たしていき、最後の発電所（限界発電所）の入札価格が約定価格として決定される。送電会社は買い取った再エネ電力をすべて販売するために、ゼロ価格で入札するので、入札価格の高い他の発電所はその分だけ市場から押し出される。その結果、約定価格は、再エネ電力が市場で販売されればされるほど下がる。

　第3に、ドイツの再生可能エネルギー法では産業保護の観点から、電力多消費企業に対して賦課金の減免措置が導入されており、その減免範囲が徐々に拡大されていることが影響している。電力多消費企業の支払い減免分は、その他の電力消費者が肩代わりをする仕組みになっている。こうした産業保護的仕組みもあってドイツの産業用電力価格は他の欧州諸国と遜色ない水準を維持している。

おわりに

　これまで見てきたように、再エネは、市場の拡大とともに費用低減が進んでいる。水力発電、陸上風力発電については欧米ではすでに既存電源との競争力を有している。太陽光発電についても急速な発電単価の下落がみられている。特に住宅用太陽光発電については、その発電単価が、電気料金以下になれば、需要家にとって、太陽光発電を設置したほうが安価な電気を利用できる。このようなことは現におきつつある。このような条件下では、例えば余剰電力購入制度といった料金メニューさえあれば自動的に普及が進むだろう。

　日本は、いまだ欧米のレベルに達していない。日本の風力発電の累積設備容量は極めて小さく2015年末時点で300万kW程である。さらに年間の導入量は数十万kW程度にすぎない。その発電単価はいまだに20円/kWhを超えている。国内で既存の電源と対等に競争をしようとすれば、この半額以下の単価になる必要がある。そのためには、まずは国内市場を広げていき、産業育成を図っていくことが重要であると考えられる。固定価格買取制度のもとで風力発電への投資は拡大しつつあり、2016年3月末時点で環境アセスメントの手続き中の計画は758万kWと推計される[5]。これらの計画が順調に実現化していけば、開発プロセスの効率化や部材の量産効果、運転経験の蓄積による高効率化などを通じて、発電単価が低減する可能性がある。

　太陽光発電については、急速な普及にともなって相当の費用低下がみられるが、欧米と比較していまだ高価であることから、さらなる費用低減の余地がある。すでに、住宅用太陽光発電については、2015年末に25円/kWhにまで下落している。重要なのは、再エネの発電単価の低減を適切に誘導し、普及を拡大させていくことである。その際、民間資本が競争と技術開発に集中できるよう政府が長期安定的な市場を政策的に形成することが求められる。

　ドイツでは、固定価格買取制度を通じて再エネの効果的な普及促進を進めてきた。その一方で、普及が進むにつれて増大する費用をどのように制御するかが重要な課題になっている。たしかに最新の風力発電や太陽光発電は安価に発電でき

5）環境影響評価情報支援ネットワークウェブサイト「環境アセスメント事例」（2016年3月末）より集計した。

るので支援額は少ない。だが、かつて高価だったときに買取対象となった設備に対しても引き続き費用が必要であるため、毎年の賦課金は当面緩やかに増大するとみられる。ドイツの場合、この費用支払いが減少に転じるのは2020年以降になるであろう。そこまでくれば、CO_2の排出や国際的な化石燃料価格の変動に悩まされずに再エネを極めて安価に使える時代が来る。

　こうなると再エネそのものの発電単価は大きな問題ではなくなり、むしろ太陽光や風力といったVREをいかに電力システムに統合していくかに課題が移ってくるであろう。これまで見てきたようにVREの割合が20～30％程度であれば、系統に与える影響は大きくないと評価されているが、ドイツはすでにその水準に達しつつあり、2050年に向けてさらにVREの割合を増やしていかなければならない。そのための技術的な解決策やその費用についてはさらに議論が求められる。

参考文献

エネルギー・環境会議コスト等検証委員会（2011）「コスト等検証委員会報告書」国家戦略室．
大島堅一（2010）『再生可能エネルギーの政治経済学』東洋経済新報社．
勝田忠弘・鈴木利治（2005）「原子力発電の経済性に関する考察」公益事業学会第55回全国大会．
木村啓二（2015）「太陽光発電事業の現況とコスト2014」自然エネルギー財団．
経済産業省資源エネルギー庁（2011）「太陽光発電システム等の普及動向に関する調査」
経済産業省資源エネルギー庁（2016）「再生可能エネルギーの導入状況と固定価格買取制度見直しに関する検討状況について」第20回調達価格等算定委員会．
総合資源エネルギー調査会電気事業分科会コスト等検討小委員会（2004）「バックエンド事業全般にわたるコスト構造、原子力発電全体の収益性等の分析・評価」
信岡洋子・川原武裕（2014）「2014年下半期平準化発電コスト分析」Bloomberg New Energy Finance．
室田武（1991）「日本の電力独占料金制度の歴史と現況—1970～89年度の9電力会社の電源別発電単価の推計を含めて」『経済学研究』32号、75-159ページ。

Agora Energiewende (2015) Calculation of LCOE.
Briano, José Ignacio, Báez, María Jesús, and Rocio Moya Morales (2015) *PV Grid Parity Monitor; Residential Sector 3rd issue*. CREARA.

Bundesnetzagentur and Bundeskartellamt (2013) *Monitoring report 2012*, Bonn, Germany.

Bundesnetzagentur and Bundeskartellamt (2014) *Monitoring report 2013*, Bonn, Germany.

Cludius, Johanna, Hermann Hauke., and Felix. Chr. Matthes (2013) The Merit Order Effect of Wind and Photovoltaic Electricity Generation in Germany 2008-2012, CEEM Working Paper 3-2013.

Department of Energy & Climate Change (2013) Electricity Generation Costs (December 2013)

Federal Statistical Office (2014) *Prices Data on energy price trends - Long-time series from January 2000 to May 2014-*,

Federal Ministry for the Environment, Nature Conservation and Nuclear Safety: BMU (2013) Zeitreihen zur Entwicklung der Kosten des EEG.

Federal Ministry for Economic Affairs and Energy (2014) *Germany's new energy policy*, Berlin Germany.

Federal Ministry for Economic Affairs and Energy (2014) *Development ofrenewableenergysourcesin Germany 2013, Ver. Feb. 2014.*

Friedman, Barry, Margolis, Robert, and Joachim Seel (2014) Comparing Photovoltaic (PV) Costs and Deployment Drivers in the Japanese and U.S. Residential and Commercial Markets, National Renewable Energy Laboratory.

GE Energy Consulting (2014) *PJM Renewable Integration Study: Revision 05.*

Global Wind Energy Council (2016) *Global Wind Statistics 2015*, Brussels, Belgium.

IEA-PVPS (2016) 2015 Snapshot of Global Photovoltaic Markets.

IEA Wind Task 25 (2009) *Design and operation of power systems with large amount of wind power.*（近藤潤次・安田陽訳「風力発電が大量に導入された電力系統の設計と運用」産業技術総合研究所・日本電機工業会）

International Energy Agency (2014) *Energy Prices and Taxes, Quarterly Statistics*, OECD, Paris.

International Renewable Energy Agency (2015) *Renewable Power Generation Costs in 2014.*

International Renewable Energy Agency (2016) The Power to Change Solar & wind Cost Reduction Potential to 2025.

LAZARD (2015) Lazard's Levelized Cost of Energy Analysis – Version 9.0.

Mayer, D. (2014) Electricity Spot-Prices and Production Data in Germany 2013, Fraunhofer Institute for Solar Energy Systems ISE.

Lew, Debra and Greg Brinkman (2013) *The Western Wind and Solar Integration Study Phase 2*, National Renewable Energy Laboratory, Denver, U.S.A.

OECD/IEA-NEA (2010) *Projected Costs of Generating Electricity: 2010 Edition*, OECD.

PvXchange, "Price Index" (http://www.pvxchange.com/priceindex/Default.aspx?lang-Tag = en-GB)

World Energy Council (2013) *World Energy Perspective: Cost of Energy Technologies*.

50hertz, Amprion, Tennet, and Transnet BW (2009) Prognose der EEG-Umlage 2010 nach AusglMechV.

50hertz, Amprion, Tennet, and Transnet BW (2010) Prognose der EEG-Umlage 2011 nach AusglMechV.

50hertz, Amprion, Tennet, and Transnet BW (2011) Prognose der EEG-Umlage 2012 nach AusglMechV.

50hertz, Amprion, Tennet, and Transnet BW (2012) Prognose der EEG-Umlage 2013 nach AusglMechV.

第6章 再生可能エネルギー普及と電力系統の技術的課題

安田 陽

再生可能エネルギー（以下、再エネ）を大量に導入すると大停電が起こる可能性があるなど、日本ではあたかも再エネと電力の安定供給は二律背反であるかのような意見もある。再エネの特に技術的問題に関しては、その基礎理論や背景を理解するのが難しいこともあってか、健全で透明性の高い議論の障壁となっていることも多い。

本章では、再エネと系統技術に関して、国際的視野から最新動向を紹介する。特に、欧州および北米の研究者・実務者の間で議論されているホットなキーワード「変動性再エネ（Variable Renewable Energy: VRE、以下、VRE）」「等価需要」「集合化」「予備力」「柔軟性」などを紹介しながら、再エネの大量導入を支える電力技術について解説する。また、再エネの導入率と停電との関係についても述べ、最後に各論として特に風力発電の導入が進んでいる欧州各国の個別の事例および日本の状況についても紹介する。

1 再生可能エネルギーの大量導入と国際動向

再エネの「大量導入」という言葉は近年内外の文献よく聞かれるが、具体的にどれくらい再エネが入れば「大量導入」なのであろうか？ 例えばEWEA（2009）では、「風力発電は今日既に、大規模電力系統では深刻な技術的・実務的問題が発生することなく電力需要の20%までを占めることができると一般に見なされている」と明言されている。またInternational Energy Agency（2014a）では、「変動電源の導入率が低い（5〜10%）場合は、電力系統の運用に技術的に大きな課題はない」「変動電源の導入率を25〜40%とすることは、現在の電力系統の柔軟性のレベルでも、技術的に可能である」「長期的には、大きな系統連系

コストをかけずに大量の変動電源（45％まで）を導入することが可能である」（訳は筆者）と、より踏み込んではっきりと明記されている。このように、変動する電源を如何に大量に受け入れるかが、世界の最近の最も重要なトピックスとなっている。

　欧州の風力発電の高い導入率は、一朝一夕で達成できたものではない。欧州では、既に1990年代後半より、10年以上かけて風力発電の大量導入を見越した電力系統のあり方が議論され、研究者だけでなく欧州の系統運用者（TSO: Transmission System Operator、以下 TSO）や米国の独立系統運用機関（ISO: Independent System Operator、以下 ISO）など実務者も参加する国際ワークショップや国際会議が頻繁に開催されてきている。

　世界の再エネの系統連系問題がこれまでどのような場で議論されてきたかというと、第1に、Wind Integration Workshop（WIW）[1]を挙げることができる。この会議は主に欧州を中心とする国際会議で、2000年以来毎年開催され、世界各国の研究者・実務者が集う実績のある国際会議である。また、米国でも WIW に先立って同様の動きがあり、Utility Variable-Generation Integration Group（UVIG）[2]という協議会が1998年より活動している。WIW と UVIG はそれぞれ欧州と北米を中心に活動しており、参加者の層も若干異なるが、主要メンバーは共通しており、情報交換も密に行っているという点で、この分野の議論を世界でリードする車の両輪と位置づけることができる。

　このように、欧州や北米では2000年代後半以降、特に風力発電の分野で系統連系研究が著しい進展を見せている一方、日本はそれらの国際的議論の蚊帳の外に置かれ、情報収集や情報発信も必ずしも十分ではない状況が続いてきている[3]。

2　系統連系問題の国際的議論における技術トピックス

　では、再エネの連系問題に関して、ここ数年国際的に議論されている技術トピックスはどのようなものがあるだろうか？　本節では、特にこれまで日本にあまり紹介されてこなかった（電力の専門家の間ですらもまだ十分に認識されていな

---

1 ）http://www.windintegrationworkshop.org/
2 ）http://variablegen.org/newsroom/
3 ）欧州の系統連系研究の詳細に関しては、安田（2013）を参照のこと。

2.1 変動性再生可能エネルギー

風力発電や太陽光発電などの変動する再エネに関しては、英語圏ではVREという用語が確立している。これは再エネのうち、入力エネルギーによって変動する電源を指し、実質的には風力発電と太陽光発電の出力の和であると理解できる。

一方、日本でも「変動電源」あるいは「自然変動電源」という用語が専門分野で徐々に使われつつあるが、メディアをはじめ一般にはまだまだ認知度が高いとは言えない用語である。このような用語があるということを知らないということは、電源そのものが変動する場合もあり、それを許容しながら電力系統を運用するという概念がないことを意味する。逆にそのような用語や概念を正しく知り得ていれば、VREをいかに電力系統全体で管理するか、という技術的解決方法に合理的に取り組むことが可能となる。

2.2 等価需要

海外文献では"net load"もしくは"residual load"という使われ方をする概念は、日本語では「等価需要」もしくは「残余負荷」とも訳されている。この概念の意味するところは、負荷からVREの出力を差し引いたものである。すなわち、従来の電力系統が日間・週間・年間の負荷変動に追従する形でさまざまな電源を調整したところを、電源の一部が変動するため、その変動分も負荷変動と混ぜて全体で一緒に管理する、というコンセプトである。図表6-1に等価需要の実測例を示す。

日本語では多くの文献やメディア情報で「電源が変動したら大停電になる」という見解が多いが、そもそも電力系統においては、負荷需要自体が変動し、予測がしづらいものである。負荷需要は一般に昼に高く深夜は低いが、それも気温によって変化する。曜日によっても異なるしスポーツなどの国民的イベントの有無によっても大きく左右する。電力系統の運用者（日本では電力会社）は、長年にわたって蓄積されたノウハウを用いて、刻一刻と変動する負荷需要を予測しながら、かつ万一の停電事故などにも十分備えながら、電力の安定供給を維持している。したがって「変動するものは電力系統に悪影響を及ぼす」という発想であれば、そもそも変動負荷は電力系統につないではいけないことになり、電源のみに

図表6-1　等価需要の実測例（デンマーク、2005年）

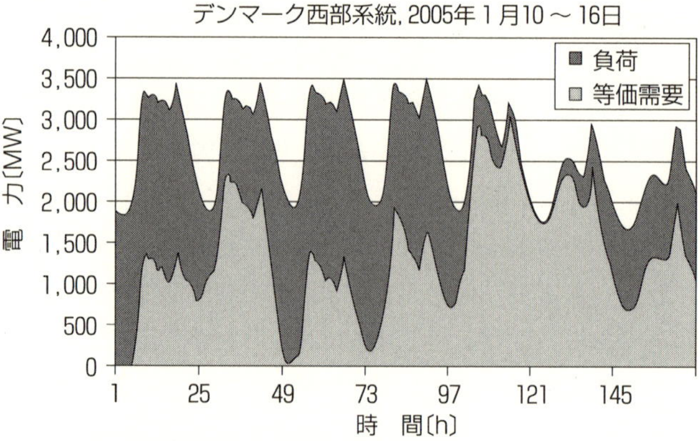

デンマーク西部系統, 2005年1月10〜16日

出所：Milligan et al.（2013），p.8.

変動することを禁止するのも技術的・制度的に公平とは言えない。電源の一部が変動したとしても、その変動成分は従来の負荷変動と混ぜて扱うことは技術的に可能であり、その場合の技術的な課題としては、変動負荷とVREを混ぜた「等価需要」の変動成分が電力系統の有する管理能力の範囲内にあるかどうか、という議論となる。この管理能力に関しては、2.4項の「予備力」で再度議論する。

2.3　集合化

前項で負荷需要の変動性について述べたが、電力系統の運用者から見ると、個々の家庭やオフィスの変動を正確に予測することは不可能である。例えば電子レンジやエアコンのスイッチの入り切りはスパイク状の急激な変動である。どの瞬間に特定の家の家電製品のスイッチが入るかを予測することは事実上不可能であり、電力系統の運用上は全く意味をなさない。同様に、特定の一台の風車や太陽光パネルの変動成分のみをみると非常に変動が激しいように見えるが、それのみを取り上げて「風力や太陽光は変動が激しい」と評しても、それは系統運用上あまり価値ある指摘ではない。

図表6-2に一般家庭の負荷変動の様子を示す。1〜2軒の負荷需要のみに着目するとスパイク上の予測不可能な急峻な負荷変動が発生しているのが見て取れるが、数百軒分をまとめるとその変動成分は平滑化され、集団としての人間行動

第6章　再生可能エネルギー普及と電力系統の技術的課題

図6-2　一般家庭の集合化の例

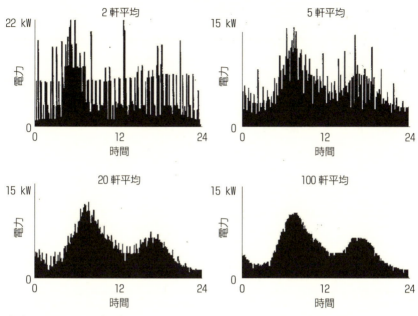

出所：T. Ackermann（2013）

の傾向が表れ予測がしやすくなる。このコンセプトは電力系統の運用コンセプトとして長年培われてきたもので、英語圏では"aggregation"と呼ばれている。日本でも当然ながら同様のコンセプトは存在するが、あたりまえすぎて特に専門用語としては認知されていなかったようである。近年は、特に風力発電の分野で「集合化」という訳語が定着しつつある。

この集合化の概念を用いると、VREの変動成分は電力系統全体で混ぜた方が合理的であることがわかる。図表6-3は風力発電の集合化の効果を表す概念図であり、図中挿入グラフの横軸は秒のオーダーである。この図からわかる通り、系統運用上問題になりやすい秒オーダーの変動は、個別の発電所で対策を取る必要は全くなく、数100 km四方の広域で数百～千単位で発電所を「集合化」すれば、十分平滑化されて系統運用に支障を来す変動成分は数分以下のタイムスケールではほとんど問題にならないことが欧州の実例から明らかになっている。

第2部　再生可能エネルギーをめぐる論点

図表6-3　風力発電の集合化の例

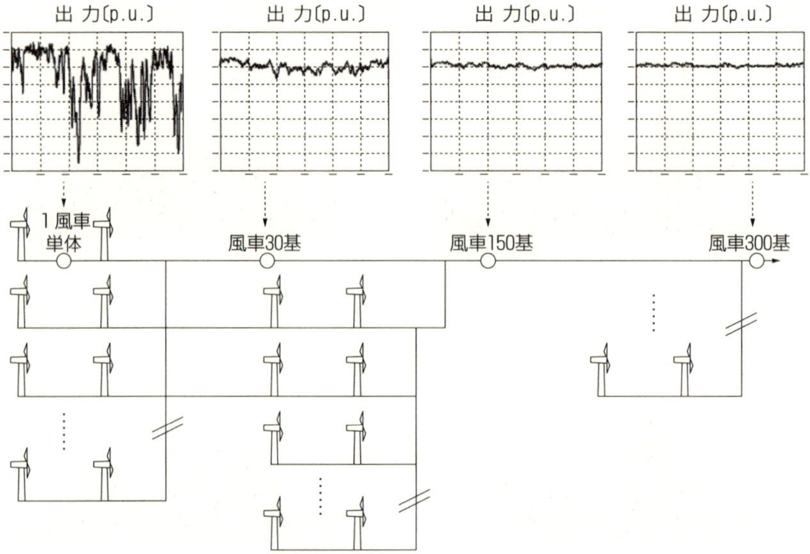

出所：Söder and Ackermann（2013），p.58.

2.4　予備力

「予備力（reserve）」もしくは「供給予備力」という用語は特に再エネ導入のための新しい用語ではなく、従来の電力系統の運用でも用いられてきた用語である。しかし、再エネ大量導入のためにはこの予備力がますます重要視されている。

予備力とは、大雑把に言えば「調整力」や「調整電源」、さらに「バックアップ電源」とほぼ同じと考えてよい。しかし言葉のイメージと違い、単に予備の電源（発電所）を用意しておくというだけではなく、どのような不測の事態にどのような種類の予備力を備えておくかという戦略的な設計や運用が必要となる。

この予備力は、時々刻々と変動する負荷や不測の系統事故に対応する形で需要と供給の「同時同量」を達成するためのものである。需給の同時同量が万一達成できない場合、電力系統の周波数変動が発生することになる。電力系統に接続されている全ての発電所の発電機は全て同じ周波数で回転しており（すなわち同期）、それによって電力系統の周波数が維持されている。発電機が供給するエネルギーと負荷が消費するエネルギーのバランスは、機械的な負荷を想定すると理

第6章　再生可能エネルギー普及と電力系統の技術的課題

図表6-4　需給バランスと周波数の関係

出所：筆者作成。

解しやすい。例えば、負荷が急に軽くなると「供給＞需要」の状態となり、発電機が若干早く回転するようになる。反対に、負荷が急に重くなると「供給＜需要」の状態となり発電機の回転が若干遅くなる。これは機械的負荷でも電気的負荷でも同様である。このように、需要と供給のバランスが崩れると、発電機の回転速度が変化するため、周波数が変化することになる。**図表6-4**に需給バランスの概念図を示す。

　需要と供給のバランスが崩れた場合（「インバランス」が発生した場合）、周波数がわずかに変動する。この場合、この周波数の変動がさらに大きくならないよう周波数を調整するために、いくつかの電源（発電所）が瞬時に出力を上下してバランスをとり、周波数を基準周波数に戻すような仕組みになっている。これは「周波数制御」と呼ばれる系統運用上の重要な制御である。

　この周波数制御は、変動の周期ごとに大きく次の3つに分けることができる。
① 発電機のガバナフリー制御（数秒～数分程度の周期に対応）
② 負荷周波数制御（LFC: Load Frequency Control）（数分～十数分程度の周期に対応）
③ 経済負荷配分制御（EDC: Economic Dispatch Control）（十数分～数時間程度の周期に対応）

　図表6-5に発電機の出力調整による周波数制御の概念図を示す。
　予備力とは、上記のようなさまざまな周波数制御を提供するための電源であると理解できる。予備力は一般に、瞬動予備力、運転予備力、待機予備力の3つに

図表6-5　発電機の出力調整による周波数制御の概念図

出所：筆者作成。

分けることができる。

　まず、瞬動予備力は、予期せぬ事故を検知したら通常10秒程度で出力を増加（あるいは減少）させることが可能な供給力のことで、通常、ガバナフリー制御を持つ発電機がこれを受け持つ。この発電機は不測の事態にいつでも出力を上昇させる態勢を取っておかなければならないので、定格運転（フル出力）ではなく部分負荷（出力を絞った状態）で運転することになる。

　次に、運転予備力は、約10分以内に起動できる発電機で、部分負荷運転中の発電機や停止待機中の水力発電やガスタービンなどがこれに当たる。水力発電やガスタービンは即応性に優れ、停止待機状態から比較的速く起動できる電源である。運転予備力が立ち上がると瞬動予備力は役割を終え、次に起こるかもしれない予期せぬ事故に備え元の部分負荷運転に戻る。

　最後に待機予備力は、通常、起動してから一定の負荷を出力するまでに数時間程度を要する予備力である。汽力発電機と呼ばれるボイラーでお湯を沸かして蒸気でタービンを回すタイプの発電機は、いったん完全に停止すると起動するためにボイラーの温度を上げるなどさまざまな予備動作が必要となり、非常に時間がかかる。待機予備力が立ち上がると、運転予備力は役目を終え、元の部分負荷運転や待機状態に戻る。

　なお、欧州や北米では上記のような日本の分類方法とは異なり、それぞれ、1次制御予備力、2次制御予備力、3次制御予備力（または長周期予備力）と分類

第6章 再生可能エネルギー普及と電力系統の技術的課題

図表6-6　系統事故後の予備力の起動と系統周波数の時間変化（欧州の例）

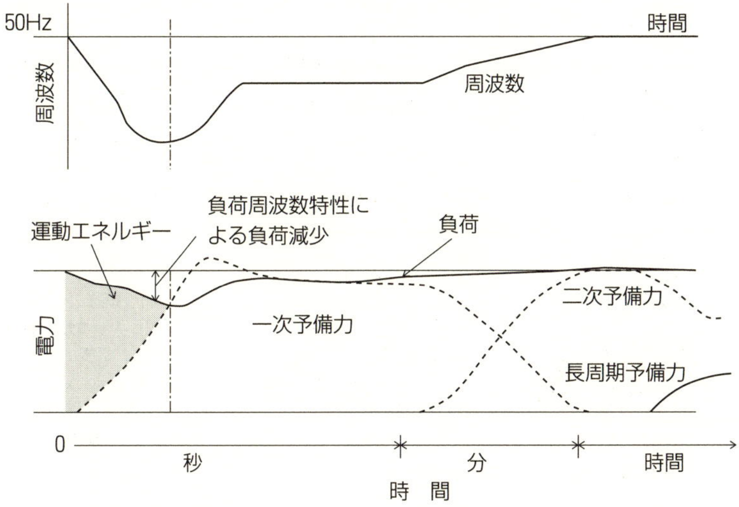

出所：Holttinen and Hirvonen（2013），p.107.

される。役割は上記の瞬動予備力、運転予備力、待機予備力とほぼ同じであるが、国や地域ごとに厳密な定義や運用方法が異なるので、完全に一対一には対応しておらず、「ほぼ」同じであることに留意すべきである。図表6-6に欧州における系統事故後の予備力の起動の様子を示す。

　このように予備力や周波数調整の原理を理解できると、「再エネ電源は変動するから問題」なのではなく、「電力系統がその変動を受け入れられる能力を有するか」という問題こそが本質となることが明らかになる。VREは変動するから直ちにアウトで電力系統に接続できないのではなく、電力系統が変動する再エネ電源を受け入れるためにどのように予備力を準備できるか、が問題である。欧州や北米ではその議論が進んでおり、電力系統の設計や運用を再エネ大量導入に併せて進化させるよう努力が払われている。

2.5　柔軟性

　「柔軟性（flexibility）」という用語および概念も、再エネの大量導入にあたっては無視できないホットなキーワードである。電力系統の柔軟性とはVREの変動成分をコントロールするための系統構成要素であり、IEAによると、制御可

123

図表６－７　欧州主要国および日本の柔軟性評価チャート

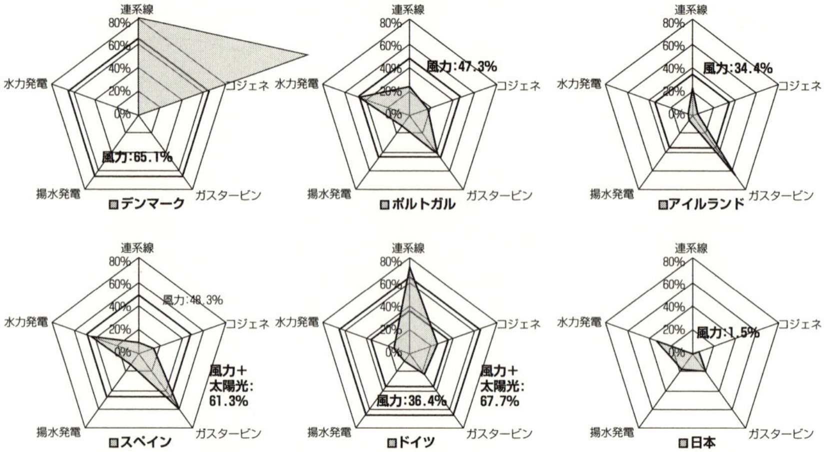
連系線
80%
60%
40%
20%
0%
コジェネ
ガスタービン
揚水発電
水力発電
風力:65.1%
デンマーク
風力:47.3%
ポルトガル
風力:34.4%
アイルランド
風力:48.3%
風力＋
太陽光:
61.3%
スペイン
風力:36.4%
風力＋
太陽光:
67.7%
ドイツ
風力:1.5%
日本

出所：Yasuda et al.（2013）を一部改変。

能な発電所（火力発電や水力発電。前節の予備力に相当）、エネルギー貯蔵装置（主に揚水発電）、連系線（外国もしくは他の系統エリアとの電力融通）、デマンド・レスポンス（需要側のインテリジェントな制御）の４つに分類される（International Energy Agency, 2011）。ここで重要なのは、風力発電などのVREを受け入れるための柔軟性は、予備力だけではない（しかも火力発電だけではない）、ということである。VREを調整するためには水力発電や揚水発電、連系線の利用など、本来さまざまなメニューが用意されているということに留意すべきである。

図表６－７は風力発電の導入率（ここでは設備容量ベース）および柔軟性を提供する５つの代表的な系統構成要素の導入率（同じく設備容量ベース）をレーダーチャートで示した柔軟性評価チャートである。ここで評価する柔軟性は、(i) 連系線、(ii) コージェネレーション（熱電併給、以下コジェネ）、(iii) コンバインドサイクルガスタービン（以下、CCGT）、(iv) 水力発電、(v) 揚水発電の設備容量である。図には風力および太陽光発電の設備容量を示しており、これらのVREの変動性を制御するために各国・各地域でどのような柔軟性が用意できるかを視覚的に把握できるのがこの柔軟性評価チャートの特徴である[4)]。この評価手法は現在、IEA Wind Task25（国際エネルギー機関　風力実施協定　第25分科

第6章　再生可能エネルギー普及と電力系統の技術的課題

会「風力発電大量導入時の電力系統の設計と運用」）の枠組みの中で議論され、さらに詳細な分析が現在継続中である（Yasuda et al., 2013）。

　興味深いことに、欧州でVREの導入が進んでいる各国を比較すると、各国がそれぞれ全く異なった形でVREの大量導入に努力を払ってきたことがわかる。例えばデンマークは豊富な国際連系線容量を持ち、風力発電の変動の一部を隣国に融通することにより柔軟性を提供していることがこの図から説明できる。また、デンマークでは、単に連系線だけでなく、コジェネも柔軟性のある電源として積極的に用いられていることは大変興味深い（4.1項で詳述）。

　次にポルトガルの柔軟性の構成を分析してみると、デンマークとは全く異なる特徴を読み取ることができる。ポルトガルの連系線容量の比率はデンマークに比較して少ないが、水力発電は比較的豊富である。事実ポルトガルでは、風況の良好な地域と降水量が豊富な地域がほぼ一致しており、風力発電の変動を水力発電によって吸収するという再エネの最適な組合せが実現しやすい国土環境を持つ（4.2項で詳述）。そもそも水力発電は火力発電よりも応答性がよく、柔軟性の供給に最適な電源であるということは日本ではしばしば見落とされがちである。しかも水力発電は燃料コストがゼロ（変動費がほぼゼロ）であるため、風力と水力の組合せは多くの点で便益が大きい。

　一方、アイルランドに目を転ずるとさらに状況は大きく異なる。アイルランドは平坦な島国であるが故に、連系線容量も水力発電の設備容量も非常に低く、風力発電の変動性を吸収する柔軟性はCCGTで主に供給している（4.4項で詳述）。タービン発電機は他の火力発電の方式（汽力、内燃）に比べ即応性に優れ、かつ効率もよくCO_2の排出も比較的少ないという利点を持つ。同国ではこれまで国策上、石炭から天然ガスへのシフトに取り組んできており、特にCCGTの導入に力を入れているが、これが結果的に再エネの導入にも効を奏した形となっている。

4）このチャートで用いられる5つのパラメータは、その容量のうちの全てが必ずしも柔軟性を提供するものではないことに留意すべきである。例えばCCGTの中でも燃焼温度が高く高効率なものはベース電源に用いられおり調整用電源としては使われていない場合がある（日本ではこのタイプのもが多い）。また、水力発電の中でも流れ込み式は調整力を持たない。コジェネは現在日本では調整力を持つとは考えられていない。また、デマンドサイドマネジメントは各国で統計データが得られるほど実用化していないため、ここでは評価対象に含まれていない。

また、スペインはポルトガルに、ドイツはデンマークにやや近い形となっており、それぞれ似たような傾向で柔軟性を用意していることが伺える。さらに、図にはないがイタリアはポルトガルやスペインと似た傾向にあり、米国テキサス州はアイルランドと極めて似た傾向を示すことが明らかになっている（Yasuda et al., 2013）。

3 再生可能エネルギーの導入と停電の懸念について

日本では、「再エネを大量に導入すると停電になりやすい」、「電力の安定供給を脅かし、大停電を引き起こす」という意見も多く聞かれる。確かに電力の安定供給は重要で、これは決して蔑ろにしてはならないが、一方、電力の安定供給を錦の御旗や金科玉条にすることも避けなければならない。本節では、このような言説が工学的に妥当であるかどうかを検証する。

3.1 停電の要因

そもそも、停電（特に需要家に対する供給支障）は望ましくないものではあるが、完全にゼロにすることはできない。なぜならば、ゼロリスクを目指そうとするとシステムコストが指数関数的に増大するからであり、ある一定の許容度を持ちながら合理的にリスク（停電）を減らすことがリスクマネジメントの上から重要だからである。

図表6-8は日本の電力統計上「供給支障事故」と呼ばれる電力設備の事故の発生率を表したグラフである。経済産業省（2014a）によると、2013年度は供給支障事故の総件数は13,438件報告されているが、そのうち圧倒的大多数が配電線で発生していることが図から読み取れる。これは配電設備（電柱等）の数が他の電力設備に比べ極めて多いためである。また、風力発電所および太陽光発電所の事故のうち供給支障に至った事故は2013年度にそれぞれ1件ずつ報告されている。

一般に、配電系統での供給支障事故は需要家の停電に直結しやすいという傾向がある。一方、電力系統の上流側（発電設備や送電線）で供給支障事故が発生しても、他のルートに瞬時に切り替えられるなど、需要家の停電には直接つながらない場合も多い。このことから、そもそも現在需発生している停電の多くが再エネとはほとんど全く関係ないことがわかる。また、仮に将来、風力や太陽光が爆

第6章 再生可能エネルギー普及と電力系統の技術的課題

図表6-8　日本の供給支障事故の設備別発生率（2013年度）

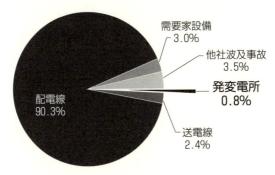

出所：経済産業省（2014a）より筆者作成。

発的に進展しても供給支障事故の全体の傾向に大きな影響は与えないものと考えることができる。

3.2　再生可能エネルギーの導入と停電の関係

次に、具体的に統計データから、各国の再エネの導入と停電の関係を検証する。図表6-9は、欧州で風力および太陽光発電の導入が進む5ヶ国（デンマーク、ポルトガル、スペイン、アイルランド、ドイツ）に対して、横軸にVRE（風力＋太陽光）の各年の発電電力量導入率、縦軸に各国の需要家1軒あたりの年間停電時間（災害・計画停電を含む）をプロットしたものである。また比較のため、日本の2009年度（震災前）の年間停電時間も載せている。

この図から、ドイツやデンマークはもともと日本と同程度に停電時間が短く、風力や太陽光の導入が進んでも大きく変化しない（むしろ微減している）ことがわかる。また、ポルトガル、スペイン、アイルランドはもともと停電時間が長かったが近年改善傾向にあり、VREの導入を進めつつも停電時間を低減させている、ということが読み取れる。各国で年間停電時間が大きく異なるのは、特に配電系統の保護システムの自動化や電力関係者の人材教育、停電に対する受容性などに大きく影響するためであると考えられ、必ずしもその国の風力や太陽光の導入率と相関性はない。しかしいずれにせよ、風力や太陽光の大量導入が進むと停電が増えるという傾向は、統計上全く見いだせないと結論づけることができる。

図表 6-9　主要国の VRE 導入率に対する停電時間の比較（2003～2012年）

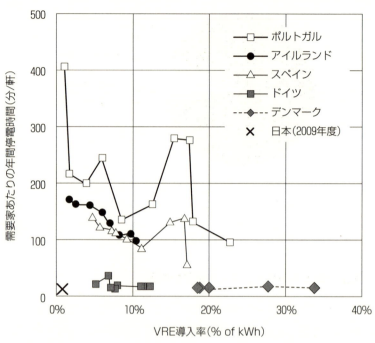

出所：CEER（2014），International Energy Agency（2014b），電気事業連合会（2012）より筆者作成。

3.3　再生可能エネルギーの大量導入とブラックアウトの関係

　停電の懸念は、配電線で多発する供給支障事故のほかに、「ブラックアウト」と呼ばれる大規模停電も挙げることができる。ブラックアウトとは、小さな系統事故が発端となって予備力による周波数制御の能力を越えた周波数逸脱が発生し、それが連鎖的に広域に広がり系統全域でほとんど全ての発電所が停止してしまうという深刻な停電である。

　一般に電力系統の運用では、系統内の最大設備（例えば原子力発電所や超高圧送電線）1つが何らかの原因で突然予期せぬ供給支障を起こした場合でも、電力系統全体で安定供給の維持が可能なように予備力が用意されている（このような設計思想は N-1 基準と呼ばれている）。したがって本質的には、風力や太陽光よ

第6章　再生可能エネルギー普及と電力系統の技術的課題

りも遥かに容量の大きな設備の急峻な変動を想定しているため、風力や太陽光の比較的緩やかな変動に対してはむしろ対応が容易な場合が多い。ただし、近年は風力や太陽光の出力予測の誤差によって、計画外潮流に起因するN-1基準違反や予備力不足の発生も報告されている（ENTSO-E, 2014）。これらの事故が直ちにブラックアウトに結びつく確率は低いが[5]、深刻な事態に発展する可能性も否定できず、なんらかの技術的対策を取らなければならないと指摘されていることは、慎重に注視しなければならない。

なお、ブラックアウトは2003年8月北米、2003年9月イタリア、2006年11月欧州など、数年に1度の割合で先進国でも発生している。このうち、2006年の欧州大停電は再エネの大量導入と関連づけて紹介される場合があるが（経済産業省、2014b）、確かに風力発電の一斉解列（系統から切り離され発電停止すること）が停電拡大に拍車をかけたことが指摘されているものの、大停電の直接の原因は送電会社のヒューマンエラー（N-1基準を確認せずに回路遮断したこと）であることが事故調査から明らかになっている（UCTE, 2007）。

従来、風力や太陽光などのパワーエレクトロニクス機器を介して系統に接続している発電装置は、落雷などの系統事故に際して電圧低下や周波数変動を検知して解列するように設定されており、2006年の欧州大停電でも多数台の風力発電が一斉に系統から解列して電力系統の安定度に悪影響を及ぼす結果となった。このため、一定の電圧低下や周波数変動に対しては運転を継続するように現在では要求され、各国で風力や太陽光に事故時運転継続（FRT: Fault Ride-through、以下、FRT）機能[6]を搭載することが義務づけられるようになり、この問題は現在では

5）欧州電力事業者ネットワーク（ENTSO-E）の規定によると、送電網の事故は一般的な異変を示す「スケール0」からブラックアウトを示す「スケール3」まで4つのレベルに分けられ、このうちN-1基準違反や予備力不足は下から2番目のレベルである「スケール1」（顕著な擾乱）に分類される（ENTSO-E, 2014）。ENTSO-E（2014）によると2013年はスケール0事故が666件、スケール1事故が133件、スケール2および3事故が0件と報告され、うち、N-1基準違反は73件、予備力不足は5件報告されている（ただしその全てが再エネに起因するものではない）。

6）系統事故時に発生する過酷な電圧変動、周波数変動に対しても系統から解列せずに運転を継続し、系統の安定度を確保する機能もしくは能力。従来は機器保全や作業員の保安のため系統事故時に機器を停止し単独運転を防止する設計思想が取られていたが、多数の風車や太陽光が一斉に解列すると却って系統に悪影響を及ぼしてしまうために、近年はこのような機能が義務づけられている。

技術的には既にほぼ解決済みであると言える。この要求は系統運用者が発電事業者に対して要求する民間規程である「グリッドコード」や国の法律等で義務づけられているが、大抵はプログラムを書き換えるだけの問題であるため、技術的には高い障壁ではない。そもそもFRT問題はこの大停電の前から指摘されており、技術的には解決容易なものの、どうルールを統一して徹底させるか、あるいは既設の風車にどのように遡及して対策を施すか、という法規制面の要素が多い問題であったということは十分留意すべきである。

以上のように、そもそも停電の原因は再エネ以外のものが圧倒的に多く、従来の電力系統でできるだけ停電を防ぐ努力が行われているのと同様、再エネが大量導入された欧米の国や地域では、再エネ電源の変動性をうまく管理しながら電力の安定供給を維持する方法を取っている。事実、多くの国では再エネの大量導入と電力の安定供給は二律背反ではなく両立させている。再エネの大量導入は、むしろ系統運用者に取って電力託送を増やすためのビジネスチャンスであり、より多くのVREを受け入れることができる能力を示すことによって、市場から信頼されているという状況にあると言える。

4　欧州主要国の再生可能エネルギー系統連系の状況

本節では、欧州で風力および太陽光発電の導入が進む5ヶ国(デンマーク、ポルトガル、スペイン、アイルランド、ドイツ)を取り上げ、各国の風力および太陽光発電の系統連系の状況を紹介する。

4.1　デンマーク

第3章図表3-6で見た通り、デンマークは他国に比べ風力発電の導入率の値が飛び抜けており、すでに一国の年間発電電力量(エネルギー)の実に4割を風力発電によってまかなっていることがわかる。この風力発電の大量導入は、デンマークの隣接各国を結ぶ国際連系線によって可能となっている。すなわち、デンマークは風力発電の変動成分も含めた一部を隣国に「輸出」することにより系統の安定性を維持していると言える。

図表6-10にデンマークの系統構成図を示す。図に示すとおり、デンマークは隣国であるドイツ、スウェーデン、ノルウェーの全ての国と国際連系線で接続さ

第6章 再生可能エネルギー普及と電力系統の技術的課題

図表6-10 デンマークの系統構成

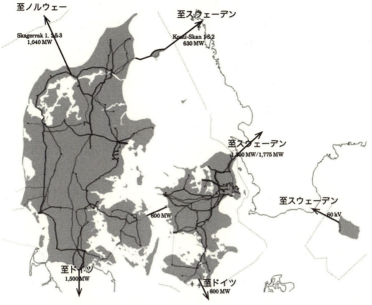

注:Orths (2013), p.512より筆者改変

れている。この連系線の建設は、風力発電の導入が始まる1970年代から着々と進められており、もともと風力発電のために建設されたものではないことに留意が必要である。デンマークは従来めぼしいエネルギー資源がなく、発電のほぼ全てを石炭火力に頼っていたため、外国から電力を直接輸入する戦略を取っていたが、現在では風力発電が盛んになり、電力を輸出するためにも利用されていることは興味深い。

　国際連系線を利用して電力の国際取引が欧州で活発な理由は、欧州の中で現在進行形で行われている「系統運用の一元化」と「電力市場の域内統合」という2つのキーワードから読み解くことができる。まず、需給調整は一つの系統運用者のエリア内で単独で完結させるものではなく、複数の隣接する系統運用者が協調しながら予備力を動的に融通する方法が現在の欧州で取られており、この方法の方が多くの点で便益があることがこれまでの実績や研究から明らかになっている（IEA Wind Task25, 2012）。また、電力市場のEU域内での統合が進められてい

るため、国をまたいだ電力取引も活発で、その価格は市場メカニズムに基づいて決められている。したがって、隣国のスウェーデンやノルウェーの側から見ると、風力が余って安い時間帯にデンマークから電力を輸入することもでき、また自国の豊富な水力発電に付加価値を付けて有効に輸出するチャンスが生まれることになる。このような国際電力取引が可能な限り障壁なくスムーズに行えるように、ヨーロッパでは法規制の整備・改善が行われている（TradeWind, 2013）。

　また、デンマークは豊富な国際連系線だけでなく、分散型のコジェネも非常に多いという特徴も持つ。コジェネは一般に、発電プラントの排熱を利用して地域冷暖房などのために熱供給を行うシステムにより、エネルギー利用の総合効率を大きく向上させるという特徴を持つことが知られている。熱供給は長距離を輸送することができないため、多くの場合、住宅地や工場などに隣接して設置される。このため、従来型の大規模発電所ではなく、主に中・小形のガスタービンなどを用いた分散型の電源になるのが特徴である。欧州（特にドイツ以北の北欧州）ではこのコジェネは、電気と熱の二つのエネルギーを供給する高効率のプラントとして積極的用いられているだけでなく、調整力を供給する電源（予備力）としても認識されている。コジェネも調整力をもつ電源として積極的に系統運用に参加できることは、日本ではあまり十分知られていないが、これは再エネの変動対策として注目すべき方法と言える。なぜコジェネが調整力を供給できるかというと、その鍵は系統運用者との双方向通信である。

　デンマークでは、小規模分散型のコジェネにも固定価格買取制（FIT: Feed-in Tariff、以下、FIT）が適用される。この際のFIT認定条件として、系統運用者との間に通信を確立し、必要なときに遠隔制御ができることが条件となっている（Orths, 2013）。従来、分散型電源は系統運用者にとって予測もできず制御もできず電力の安定供給に支障を来す厄介な電源と見なされてきた。しかし、デンマークのコジェネのFIT認定には「通信要件」課せられるため、発電所と系統運用者の給電指令所との双方向通信が確立されており、遠隔監視による出力の把握や緊急時の解列指令をすることができるようになっている。このことにより、分散型電源は電力の安定供給の維持にも積極的に参加できる有力なツールとなり、発電事業者にとっても系統運用者にとってもウィン＝ウィンの関係が構築できている。

　このような理由により、コジェネは従来型の大規模火力発電所にとってかわる

第6章　再生可能エネルギー普及と電力系統の技術的課題

図表6-11　デンマークの電源構成の変遷

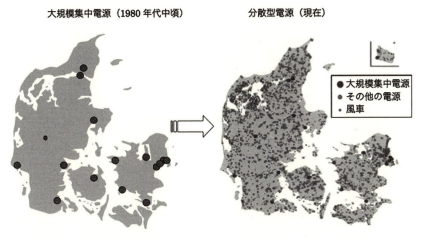

出所：Orths（2013），p.514．

デンマークの重要な電源として、ここ10年で急速に発展することとなった。デンマークは1990年代までは大規模石炭火力発電が主流であったが、徐々にその割合を減らし、**図表6-11**に見る通り、風力発電とコジェネという分散型電源を主体とした電源構成にシフトしてきている。さらに、コジェネの燃料についても、バイオマス由来の燃料の比率を徐々に増やしている。このようにデンマークは20年かけて自国の電源構成を劇的に変化させており、さらに意欲的な目標（例えば2025年までに電源構成に占める再エネの比率を50％）を掲げている（Orths, 2013）。

系統構成や電源構成を20～30年かけてダイナミックに変化させることは原理的に十分可能であり、デンマークはさらに高い目標に向かって現在進行形で変化を続けているということは、日本も学ぶべきところが多い。デンマークの再エネの導入と電源構成の変化を取り上げる場合、豊富な国際連系線だけでなく、制御可能な分散型電源としてのコジェネの方こそ注目すべきであり、森林資源が多く、地方経済の活性化が叫ばれている日本にとっても参考となるものと言える。

4.2　ポルトガル

VRE導入率第2位（図表3-6参照）のポルトガルは、変動する再エネ（主

第2部 再生可能エネルギーをめぐる論点

図表6-12 ポルトガルの電源および系統構成

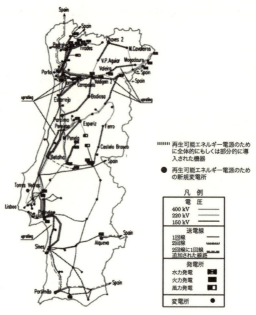

出所：Estanqueiro（2013），p.568.

に風力）を主に水力発電で調整している。これは導入率第3位のスペインでも同様の傾向がある。ポルトガルでは風況の良好な地域と降水量が豊富な地域が北部にあり、両者はほぼ一致しているので、風力発電の変動を水力発電によって吸収するという、再エネ同士の最適な組み合わせが実現しやすい国土環境を有している（図表6-12参照）。

　水力発電は季節や年によって渇水時や豊水時など制御が困難な時期もある。またポルトガルでは冬期に雨期があり、しかも冬期には風力発電の風況もよくなるため、需要が最も低くなる冬期クリスマス休暇の夜間に風力発電が最大となり、しかもダムの水位が上がって揚水発電所の汲み上げ用動力も使えないなど過酷な状況も考慮しなければならない。過去には、消費電力に対する風力発電出力の瞬間的比率が93％を記録した日もあるが、このような過酷な状況でもポルトガルの系統運用者REN（Redes Energéticas Nacionaais）社は適切に運用計画を立て、系統のセキュリティを損ねずに大量のVREを導入することに成功している。ポ

第6章　再生可能エネルギー普及と電力系統の技術的課題

図表6-13　スペインの再生可能エネルギー制御センター（CECRE）

出所：Rodrígues, et al.（2013）, p.599.

ルトガルではさらに水力発電を新規開発したり、通常水力を揚水発電にリプレースする計画もあり、再エネを受け入れるための調整力をさらに向上させる計画を立てている。

4.3　スペイン

スペインは2013年に年間発電電力量に占める風力発電の割合（21%）が原子力と肩を並べ（REE, 2014）、文字通り基幹電源の一部となっている。スペインの再エネを受け入れるための系統運用の最大の特徴は、風力発電および太陽光発電の予測技術を系統運用の一部に盛り込んだ再生可能エネルギー制御センター（CECRE: Centro de Control de Régimen Especia、以下CECRE）であると言える（図表6-13）。

CECREはスペインの系統運用者REE（Red Eléctrica de España、以下REE）社が運用する中央給電司令所の一部として作られた再エネ専用の中央給電指令センターで、2006年に世界に先駆け開設された。CECREは全国28ヶ所に分散して配置された再エネ地域制御センター（RESCC）を通じて、スペイン全土の10 MW以上の全ての風力発電所と通信回線で結ばれており、各風力発電所の出

135

図表6-14 風力発電出力予測ツールの予測誤差の低減

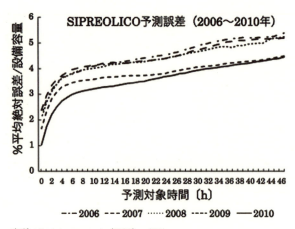

出所:Rodrigues, et al. (2013), p.602.

力がリアルタイム(おおむ概ね12秒ごと)で把握できる。また、各風力発電所の風向、風速、温度などの情報に基づき、風力発電の出力予測がCECREで行われており、この予測には、REEが開発したSIPREOLICOという予測ツールが用いられ、48時間後までの1時間ごとの予測が20分ごとに計算されている。さらに、風力発電の出力予測に応じて他の電源(揚水発電やCCGTなど)の5時間先の調整力を計算する。これはGEMASという電力系統解析プログラムを用いており、スペイン系統上の70ヶ所の変電所ごとの系統事故のシミュレーションが20分ごとに行われる。なお、万一の場合、各地の風力発電所に指令信号を送り、風力発電所を停止または出力抑制させる権限を持っている(Rodoríguez, et al., 2013)。

さらに、REEで用いているSIPREOLICOという予測ツールは、予測技術の開発の進歩により、精度が年々向上している。図表6-14にSIPREOLICOツールを用いたスペイン全土の風力発電の予測誤差を示す。図の各曲線を見ると明らかな通り、2006年から2010年まで年々曲線が下方に下がっており、誤差が小さくなっていることがわかる。このように観測技術や数値計算手法の進化によりさまざまな予測ツールが開発され、年々精度が向上しているのもこの技術の特徴である。欧州では、風力発電や太陽光発電の出力予測を専門に行う会社やコンサルタントも登場し、この分野の一つの大きな市場を形成しつつある。

風力発電の予測をするにあたって、系統運用者がほとんど全ての風車の情報を

第6章　再生可能エネルギー普及と電力系統の技術的課題

リアルタイムで把握できること、系統運用者が風力発電の出力予測を行い、系統運用プログラムに組み込んでいること、系統運用者が風力発電所を制御する手段と権限を持つこと、の3点は非常に重要である。

このうち、風車と制御センターとの通信は、技術的にはそれほど難しい課題ではないが、ほとんど全ての（スペインでは10 MW以上の全ての）風力発電所に対してそれを実現するためには、やはり国あるいは規制機関の強い権限を持った法規制が必要であり、現にスペインでは2005年の王令1454/2005によってそれが義務づけられている。

また、系統運用との組合せも極めて重要である。予測誤差を減らすということは、調整力（予備力）を減らすことにほかならず、予備力を減らすということは、過度な設備投資が不要ということにもなり、系統運用者にとっても国民全体にとっても便益が生まれることになる。

さらに、系統セキュリティを維持するために非常に重要になる。図表6－14に見られるように年々予測誤差は低減しているが、万一の場合は、系統セキュリティを維持する義務があるため、系統運用者は再エネを解列したり出力抑制をする権利を持つ。ただし、スペインでは風力発電の出力抑制の実績は2010年で0.8%（風力発電の年間発電電力量に対する逸失電力量の割合）となっており、実際に系統セキュリティ上、やむを得ず捨てなければならないエネルギーはわずかである。したがって、系統運用者と発電所との双方向通信の具備は極めて重要であり、デンマークのコジェネで見た通り、系統運用者にとっても発電事業者にとっても双方にメリットのあるシステムとなる。

4.4　アイルランド

アイルランドは隣接するグレートブリテン島との間に500 MWの直流送電が2系統存在するのみ（そのうち1系統は2012年に運用開始）であり、連系線容量が少ない「孤立系統」である（**図表6-15参照**）。にもかかわらずアイルランドは、発電電力量導入率で19.6%という高い数値を既に達成している。すなわち、再エネの高い導入率を達成するためには、必ずしも連系線の活用だけが唯一の解決策ではないということがここから明らかとなる。

周囲を海で囲まれた完全な島国で連系線も乏しく、また高い山があまりないため水力発電も開発できないアイルランドがこれほどまでに風力発電を導入できた

第2部　再生可能エネルギーをめぐる論点

図表6-15　アイルランドの系統構成

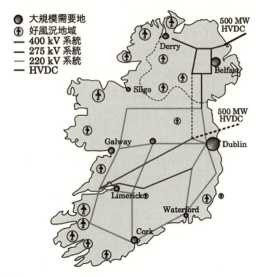

出所：O'Sullivan (2013), p.617.

理由は、即応性が高いCCGTの存在にあると言える。アイルランド島（アイルランド共和国および英国北アイルランド）は日本の北海道と面積も人口も電力系統の規模もほぼ同じで、連系線容量が小さいという点でも非常に似た環境にあるが、それでも約20％もの高い導入率を達成していることは注目に値する。

　タービン発電機は他の火力発電の方式（汽力発電、内燃発電）に比べ即応性に優れ、かつ効率もよく、CO_2の排出も比較的少ないという利点を持つ。タービン発電機の原理は基本的に飛行機のジェットエンジンと同じで、飛行機のジェットエンジンが後方にガス流体を高速で噴射して推進力を得るのに対し、タービン発電機はそのガス流体でタービンを回すことによりエネルギーを取り出す発電方式である。このような形態のため、ボイラーでお湯を沸かしてその蒸気でタービンを回す汽力発電と比較して、効率が高く起動も速いという優れた性能を有している。アイルランドはこれまで国策上、石炭から天然ガスへのシフトに取り組んできており、特にCCGTの導入に力を入れてきたが、これが結果的に再エネの導入にも効を奏した形となっている。

第6章　再生可能エネルギー普及と電力系統の技術的課題

4.5　ドイツ

　VRE導入率5位のドイツは、上位の他国と比べ、再エネを受け入れるための系統技術という点では、むしろ地理的にも電力系統的にも不利な点は多く、技術的にも解決すべき課題が山積している国であるとも評価できる。

　ドイツが再エネを導入するにあたって不利な状況としては、まず、好風況地域が北部に、大需要地域が南部に存在し、需要と供給の中心に地理的隔たりがあることが挙げられる。また、南北に電力を輸送するための送電線が不足しており、国民の大多数が再エネを支持するものの、反面、新規送電線建設に対する理解は極めて厳しいという社会的な問題も有している。

　さらに、TSOが国内で4つに分割されているのもドイツ特有の事情である。TSO間での系統運用の協議機関は存在するが、スペインのCECREのような全国レベルの再エネの監視・制御をするシステムは存在しない。また、配電会社（DSO: Distribution System Operator、以下DSO）が国内に約800社も存在するのも他国にはないドイツ固有の特徴であり、このような会社間およびTSOとの系統情報の正確で遅滞のないやり取りを行うことは極めて困難を伴い、欧州の他国にはない問題を発生させる要因の一つであると言える。特に太陽光発電と風力発電の多くがDSOの管理する中圧系統に接続されており、DSOからTSOの逆潮流が発生するが、これは日本の高圧から特別高圧へのバンク逆潮流とは若干異なり、単に技術的問題だけでなく会社間での電力情報の正確な授受などに困難性をもたらす要因となる。

　なお、ドイツでは隣接国との連系線が存在しており、通常この特徴は再エネの導入に取って有利に働く場合が多いが（デンマークの項を参照のこと）、ドイツの場合は前述の通り南北送電線の容量不足・建設遅延の問題を抱えているため、隣接国（オランダ・ベルギー、あるいはポーランド・チェコ）へのループ潮流が発生する（**図表6-16**参照）。ループ潮流は系統状態（発電所の運転状況、負荷、送電網の計画・計画外停止など）によって時々刻々と変化するため、特に風力や太陽光の出力予測の誤差が大きくなると計画外潮流が増え、3.3項で指摘したN-1基準違反が発生しやすい。事実、ポーランドやチェコでN-1基準違反がたびたび観測されており、ドイツの風力発電に起因することが指摘されている（CEPS et al., 2012）。特に国際連系線を通じたループ潮流に関しては、EU内で

図表6-16　ドイツおよび周辺国の電力潮流パターン

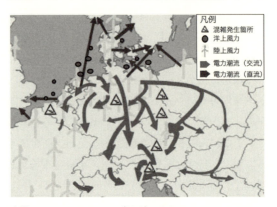

出所：Luther and Winter（2013），p.546.

も国を超えた制御の枠組みが未熟であるため、政治的な問題に発展しやすいことも特筆すべき点である。

　このような困難性が存在するにもかかわらず、欧州2位の電力消費国でこれだけのシェアの再エネを導入することは並々ならぬ努力の賜物であり、将来に向かって強い意志で邁進する姿は日本でもさまざまな形で参考になるものと考えられる（ドイツの再エネ導入政策に関しては第7章も参照）。

5　日本における再エネ導入の現状と問題点

　前節までに、風力発電や太陽光発電などのVREを大量に受け入れるための系統技術に関して、国際的な観点から最新動向を紹介した。一方、日本の風力および太陽光発電の導入率は2014年末でそれぞれ2.9%と欧米諸国に対して極めて低い値に留まっており、前節までに議論した国際的な文脈で日本を顧みると、日本の再エネへの対応は消極的であると言わざるを得ない。本章を締めくくる前に、日本の再エネ導入の現状について、短く概観する。

5.1　接続保留問題と接続可能量

　現在日本では、図表6-17に示すようなVRE（風力発電および太陽光発電）の「接続可能量」[7]が設けられている。接続可能量とは、電力会社が自身の系統管内

第6章 再生可能エネルギー普及と電力系統の技術的課題

図表6-17 日本の風力・太陽光発電の接続可能量（単位：万kW）

		北海道	東北	北陸	中国	四国	九州	沖縄
風力発電	既設容量 （2014年3月現在）	31.6	56.6	14.6	29.9	16.6	36.5	1.4
	接続可能量 （2014年3月時点）	56	200	45	100	60	100	2.5
太陽光発電	既設容量 （2014年9月現在）	31.0	66.0	18.0	91.2	56.5	240.6	13.9
	接続可能量 （2014年12月時点）	117	552	70	558	219	817	35.6
	FIT認定容量 （2014年9月現在）	292.9	1,087.3	93.3	511.0	234.6	1,791.7	59.9

出所：電気事業連合会（2014）、経済産業省（2014c）、経済産業省（2014d）より筆者作成。

で受け入れてもよいと考えるVREの設備容量であり、事実上の導入上限キャップとなっている。

　この「接続可能量」という概念が導入された一連の経緯は、いわゆる「接続保留問題」として知られている。これは経産省によりFIT認定を受けた太陽光発電事業者の接続申込に対して回答を保留するという、九州電力が2014年9月24日に発表したプレスリリースにより端を発したものである。この発表は、再エネ事業者だけでなくマスコミをはじめ日本全体で大きな議論を巻き起こし、経済産業省でも、総合資源エネルギー調査会省エネルギー・新エネルギー分科会新エネルギー小委員会の下に、「系統ワーキンググループ」（以下、系統WG）という専門家会合を設置することが決定された。系統WGの議論の中で、複数の電力会社が自身の系統管内に太陽光発電を受け入れられる「接続可能量」を独自に設定し、それが経済産業省により追認されている（経済産業省、2014d）。

7）風力発電の場合は「連系可能量」とも呼ばれることがあるが、本章では全て「接続可能量」という名称で統一する。

5.2 「接続可能量」の問題点

　この「接続可能量」の議論に先立ち、まず国民の間で共有しなければならないことは、接続可能量のような形で再エネの技術的接続上限を設けている国は事実上日本以外にない、ということである[8]。接続可能量という概念自体、国際的議論とは乖離した日本独自の発想であることは留意すべきである。そもそも接続可能量の算出方法も、再エネの変動性を過剰に見積りすぎていたり[9]、3節で紹介した「柔軟性」のような新しい技術に対応するための方策はほとんど考慮せず従来の系統運用や設計をそのまま踏襲しているなど、国際的手法との乖離が見られている。

　日本では、接続可能量を設定しないと電力の安定供給が脅かされるという懸念も根強いが（経済産業省、2014b）、前節までに議論したように適切な方策を用いれば20〜40％のVRE導入率を達成することも技術的には十分解決可能である（IEA, 2014a）。このような世界的状況の中で、あたかも技術的原因を理由として再エネの接続上限を公表するということは、「日本は技術力がない」と世界に向けてメッセージを発してしまうことになりかねない。また低い接続可能量が設定されてしまうと、技術革新や法規制の改善などのインセンティブが萎む可能性があり、再エネ導入に大きくブレーキがかかることが懸念される。

　なお、系統WGの資料を注意深く読むと、この「接続可能量」なる再エネ導入の上限ギャップは技術的な導入可能限界というより、制度上の線引きに過ぎないことがわかる。もともと、改正前のFIT省令では第六条に「当該抑制により生じた損害（年間30日を超えない範囲内で行われる当該抑制により生じた損害に限る。）の補償を求めないこと」と規定されている。本来このFIT省令に従えば、

8）例えばドイツでは2015年8月に再生可能エネルギー法（EEG）が改正され、現在32 GWの太陽光発電に対して50 GWのキャップが設定されたが、これはあくまで政策的な上限であり、技術的上限ではない（FIPのスキームを用いない再エネ電源であれば、接続は可能）。

9）系統WGの資料によると、太陽光発電の接続可能量算出にあたっては「2σ手法」と呼ばれる確率論的な手法を用いて風力・太陽光発電の時系列波形を合成しているが（経済産業省、2014d）、これに対し、前節で紹介したIEA Wind Task25（2012）などの国際的な議論では、風力発電の出力をシミュレーション上で模擬する場合には、より広域での集合化による変動成分の緩和を考慮したり、使用データの時系列の同時性を考慮しなければならないとされている。

第6章　再生可能エネルギー普及と電力系統の技術的課題

年間30日を超えて出力抑制を要請された発電事業者には出力抑制による逸失電力量が発電事業者に補償されることになるが、系統WGで複数の電力会社が提示した資料では、年間30日を超える出力抑制により発電事業者への補償が発生してしまう状況をできるだけ避けるために、年間30日を超える出力抑制が発生すると予想される太陽光の導入量を「接続可能量」と定めているに過ぎない。

日単位で出力抑制を議論している背景には、電力会社の中央給電指令所と発電事業者を結ぶ通信設備を義務づけていないために、出力抑制の要請をオンラインで制御する設備を法令で義務づけていないことが挙げられる。仮に通信設備が具備されていれば一日のうち発電超過が起こりそうな数時間だけ、しかも部分負荷運転などの抑制も可能であり、その分出力抑制による逸失電力量も低く抑えることが可能である。このようなきめ細かな制御ができる通信要件は、6.4節で見たとおりスペインやデンマークでは既に2006年の段階で法制化されているものである。日本ではこの「回答保留問題」が問題視されてからようやく議論が始まったという状況であり、せっかくの諸外国の先行事例を見過ごしてしまったという不作為を指摘されても仕方がない結果となっている。

このように、日本の再エネの系統連系問題は、現在さまざまな問題に直面しており、日本の再エネ導入に対する障壁の一つとも数えられている。この分野は、諸外国の先行事例を十分に研究しながら、今後継続して議論しなければならない最優先課題であると言える。

参考文献

経済産業省（2014a）「電気保安統計　平成25年度版（平成26年12月）」,商務流通保安グループ電力安全課

　http://www.meti.go.jp/policy/safety_security/industrial_safety/sangyo/electric/files/25hoan-tokei.pdf

経済産業省（2014b）「再生エネルギー導入への取り組み及び課題と当面の対応について」、9月30日（総合資源エネルギー調査会　省エネルギー・新エネルギー分科会　新エネルギー小委員会：第4回配布資料3）

　http://www.meti.go.jp/committee/sougouenergy/shoene_shinene/shin_ene/pdf/004_03_00.pdf

経済産業省（2014c）「直近の認定料が全て運転開始した場合の賦課金等について」9月

30日（総合資源エネルギー調査会　省エネルギー・新エネルギー分科会　新エネルギー小委員会　第4回配布資料8）

http://www.meti.go.jp/committee/sougouenergy/shoene_shinene/shin_ene/pdf/004_08_00.pdf

経済産業省（2014d）「各社接続可能量の算定結果（暫定）」12月16日（総合資源エネルギー調査会　省エネルギー・新エネルギー分科会　新エネルギー小委員会　系統ワーキンググループ：第3回配布資料9）

http://www.meti.go.jp/committee/sougouenergy/shoene_shinene/shin_ene/keitou_wg/pdf/003_09_00.pdf

電気事業連合会（2012）*FEPC INFORBASE 2012*

http://www.fepc.or.jp/library/data/infobase/pdf/infobase2012.pdf

電気事業連合会（2014）「太陽光・風力発電の連系可能量」

http://www.fepc.or.jp/environment/new_energy/renkei/

電力系統利用協議会（2012）「風力発電連系可能量確認ワーキンググループとりまとめ報告書」

http://www.escj.or.jp/energy/wg/pdf/report_windpower_wg.pdf

安田陽（2013）「風力発電系統連系研究の系譜」日本風力発電協会誌、第9号、33-40頁

http://jwpa.jp/2013_pdf/88-29tokushu.pdf

安田陽（2014）「ベースロード電源は21世紀にふさわしいか？　～工学・経済学・政策学からの考察～」環境経済・政策学会2014年大会。

Ackermann, T.（2013）"Wind Power Development in Europe-Experiences and Lessons Learned", WWFジャパンセミナー「風力発電大量導入へ向けての挑戦」講演資料

http://www.wwf.or.jp/activities/files/20140131_0103Ackermann.pdf

CEER（2014）*CEER Benchmark Report 5.1 on Continuity of Electricity Supply Data Update, Revised version: 11 February*, Council of European Energy Regulators.

CEPS, MAVIR, PSE Operator and SEPS（2012）*Bidding Zones Definition*

https://www.ceps.cz/ENG/Media/Tiskove-zpravy/Documents/120326_Position_of_CEPS_MAVIR_PSEO_SEPS-Bidding_Zones_Definition.pdf

EirGrid and SONI（2014）*Annual Wind Constraint and Curtailment Report 2013*

http://www.eirgrid.com/media/Annual_Wind_Constraint_and_Curtailment_Report_2013.pdf

ENTSO-E（2014）*Incident Classification Scale 2013 Annual Report*, System Operations

第6章 再生可能エネルギー普及と電力系統の技術的課題

Committee of European Network of Transmission System Operators for Electricity
https://www.entsoe.eu/Documents/SOC%20documents/Incident_Classification_Scale/141209_ICS_Report.pdf

Eestanqueiro, A.（2013）「ポルトガルにおける風力発電の系統連系」T. アッカーマン編著『風力発電導入のための電力系統工学』オーム社、第25章。

EWEA（2012）風力発電の系統連系～欧州の最前線～、欧州風力エネルギー協会
http://www.jwea.or.jp/publication/PoweringEuropeJP.pdf

Holttinen, H. and Hirvonen, R.（2013）「風力発電が電力系統に与える影響」T. アッカーマン編著『風力発電導入のための電力系統工学』オーム社、第6章。

International Energy Agency（2011）*Harnessing Variable Renewables-A Guide to the Balancing Challenge*, International Energy Agency
http://www.iea.org/publications/freepublications/publication/Harnessing_Variable_Renewables2011.pdf

International Energy Agency（2014a）*The Power Transformation*, International Energy Agency

International Energy Agency（2014b）*Electrical Information 2014*（web version）

IEA Wind Task25（2012）『風力発電が大量に導入された電力系統の設計と運用, 国際エネルギー機関 風力実施協定第25分科会　第1期最終報告書』日本電機工業会
http://jema-net.or.jp/Japanese/res/wind/shiryo.html

Luther M. and Winter W.（2013）「ドイツの電力系統における風力発電 T. アッカーマン編著『風力発電導入のための電力系統工学』オーム社、第24章。

Milligan, M., Porter, K., DeMeo, E., Denholm, P., Holttinen, H., Kirby, B., Miller, N., Mills. A., O'Malley, M., Scherger. M. and Söder, L.（2013）「風力発電の神話と誤解」T. アッカーマン編著『風力発電導入のための電力系統工学』オーム社、第2章。

Orths, A.（2013）「デンマークの電力系統における風力発電」T. アッカーマン編著『風力発電導入のための電力系統工学』オーム社、第23章。

O'Sallivan, J.（2013）「アイルランドの電力系統における風力発電」T. アッカーマン編著『風力発電導入のための電力系統工学』オーム社、第27章。

REE（2014）*The Spanish Electricity System 2013*, Red Eléctrica de España.

Rodríguez, J. M., Garcia, O. A and Rodríguez, M. T（2013）「スペインの系統連系に関する知見」T. アッカーマン編著『風力発電導入のための電力系統工学』オーム社、第26章。

Söder, L. and Ackermann, T.（2013）「電力系統における風力発電」T. アッカーマン編

著『風力発電導入のための電力系統工学』オーム社、第4章。

TradeWind (2013)『風力発電の市場統合と系統連系 ～風力発電の大規模系統連系のための欧州電力市場の発展 TradeWind 最終報告書』日本電機工業会
http://jema-net.or.jp/Japanese/res/wind/shiryo.html

UCTE (2007) *Final Report on System Disturbance on 4 November 2006*, Union for the Coordination of Transmission of Electricity
https://www.entsoe.eu/fileadmin/user_upload/_library/publications/ce/otherreports/Final-Report-20070130.pdf

Yasuda, Y., Årdal, A. R., Carlini, E. M., Estanqueiro, A., Flynn D., Gómez-Lázaro, E., Hernand, D. H., Holttinen, H., Van Hulle, F., Kiviluoma, J., Kondoh, J., Lange, B., Menemenlis, N., Milligan, M., Orths, A., Smith, C., and Söder, L. (2013) "Flexibility Chart-Evaluation on Diversity of Flexibility in Various Areas", Proc. of *13th Wind Integration Workshop*, WIW13-1029.

第 7 章 ｜ **下方一方向潮流から双方向潮流の電力システムへ**
風力・太陽光の系統連系制度

竹濱朝美

はじめに

　風力発電システム（以下、風力）・太陽光発電システム（以下、太陽光）の電力は気象条件によって出力が変化すること、加えて、大型火力や原子力などの在来電源よりも低い電圧階級の電力網（以下、電力系統）に連系されるため、風力・太陽光を大量に電力系統に連系する（以下、系統連系）には、それに応じた制度が必要になる。この章では、風力・太陽光を大量に電力系統に接続、給電、送電するための行政規則について解説する。
　第1に、風力・太陽光を大量連系するドイツの電力網運用の特徴を紹介する。第2に、ドイツにおける再生可能エネルギー電力（以下、再エネ電力）の系統連系に関する規則を要約する。第3に、ドイツと比較して、日本の系統連系の規則について改善すべき点を述べる。

1　ドイツにおける風力・太陽光の系統連系の現状

1.1　再エネ電力の導入量

　図表 7-1 のとおり、ドイツは2014年末で、風力39GW、太陽光38GW、バイオマス7GW を電力系統に連系し（1GW ＝100万 kW）、再エネ発電量でドイツの年間電力消費量の27.4%を供給した（2014年）[1]。図表 7-2 に示すように、2014年5月11日には、風力と太陽光の合計出力（37GW）は電力需要（51GW）の72%を供給した。輸出（9GW）を考慮しても、ドイツの国内需要が風力・太陽光電

1）BMWi: Erneuerbare Energien in Zahlen 2014.

第2部　再生可能エネルギーをめぐる論点

図表7-1　ドイツの発電設備容量、電源別の推移

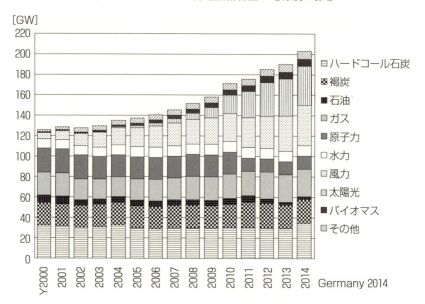

出所：BMWi: Bruttostromerzeugungskapazitäten, in Gesamtausgabe der Energiedaten-Datensammlung des BMWi,（2015）より作成。

図表7-2　ドイツの太陽光出力、風力出力、需要、輸出

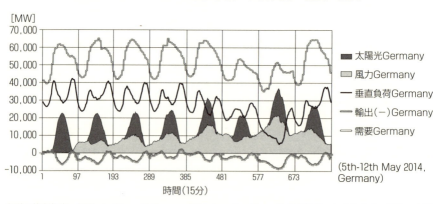

出所：筆者作成。50Hertz, TenneT, TransnetBW, Amprion, Entso-E の実績データより作成。風力、太陽光、輸出入、垂直負荷は、50Hertz, TenneT, TransnetBW, Amprion のデータ。需要は Entso-E のデータより算出。

注：風力・太陽光出力が年間最大であった5月11日。輸出をマイナス表示。太陽光と風力は積上グラフ、2014年5月5日～12日。

力の大部分を吸収したといえる。

1.2　ドイツの電力網システムと再エネの電圧階級

最初に、ドイツの電力網の構造を説明しておく。ドイツの主な電力網は、380kV（特別高圧）、110kV（高圧）、20kV（中圧）、230Vと400V（低圧）の電圧階級で構成されている。380kVは送電網で4つの送電会社が運用し、110kV以下は配電網で配電会社が運営する。EU電力指令により、送電会社と発電会社は分離されている。送電と発電を分離する理由は、発電会社が送電網を所有する限り、再エネ電源の接続や電力網増強に際して、発電会社は、自己が所有する発電所を優遇し、再エネ電源や競合他社の発電所に差別的な取り扱いを行うリスクが残るからである[2]。

ドイツでは、褐炭、ハードコール石炭[3]、原子力の発電所は主に、380kV送電網に連系し、ガス発電は110kVと20kVに連系する。これに対して、再エネ電源の大部分は110kV以下の電圧系統に連系する。風力は主に20kVと110kVに連系し、太陽光は主に20kVと低圧0.4kV、一部の大型太陽光が110kVに連系している。

1.3　再エネ電力の上位電圧系統への逆潮流

図表7-3に、電力網の中の再エネ電力の流れを示した。大規模在来電源（褐炭、ハードコール石炭、原子力）の電力は380kV系統に給電し、110kV、20kV、400Vへ順次降圧して配電される。つまり在来電源の電力は、下方一方向潮流で消費者に届く。他方、太陽光は主に低圧、20kV系統に給電され、20kV系統の需要を上回る余剰電力は、110kV系統に昇圧・逆潮流される。風力は主に110kV系統に給電され、110kV系統の需要を上回る余剰電力は380kV送電網に逆潮流される。このような電力の流れを、ここでは、逆潮流（reverse power flow）と呼んでおく。

図表7-4、図表7-5は、50Hertz管区とTenneT管区の逆潮流の様子である。これら管内では、風力・太陽光出力が110kV配電網の需要を上回る時、余剰分

2） EU: Directive 2009/72/EC, Concerning common rules for the internal market in electricity and repealing Directive 2003/54/EC, 2009.
3） ハードコール（hard coal）石炭は、褐炭より石炭化度の高い石炭の総称。

図表7-3　再エネ電力と上位電圧系統への逆潮流の関係

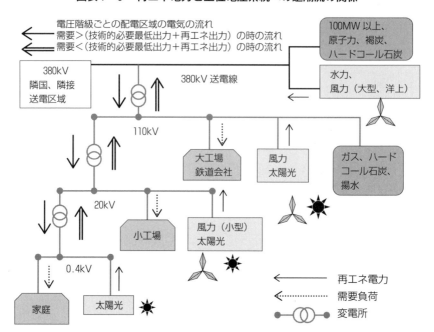

出所：送・配電会社へのヒアリングに基づき、筆者作成。

を380kV系統に逆潮流させる。垂直負荷が380kVから110kV系統に降圧する下方潮流であるのに対して、垂直負荷のマイナス値は、380kV系統への昇圧・逆潮流を示す。380kV系統に逆潮流された再エネ電力は、地域間連系線を通じて、隣の送電区域と隣国へ送電される。

図表7-6は、過去4年間の50Hertz管内の110kV系統と380kV系統との間の電力の流れ（垂直負荷）で、負の値は110kVから380kVへの逆潮流を示す。50Hertz管区では風力電力によって逆潮流が増加し、380kV送電網は最大で4GWもの逆潮流を受け入れた（2013年）[4]。風力発電が多いドイツ北部や太陽光発電が多い南部の配電網では、逆潮流は今では日常的な系統運用になっている[5][6]。

電力需要のうち風力・太陽光出力が充足しきれない需要は、他の再エネと在来

---

4) 竹濱朝美「ドイツにおける風力・太陽光電力の上流送電、系統連系の制度」、日本風力エネルギー学会「風力エネルギー」Vol.39, No.114, 2015, pp.164-173.

第 7 章　下方一方向潮流から双方向潮流の電力システムへ

図表 7 - 4　風力出力が多い日の逆潮流

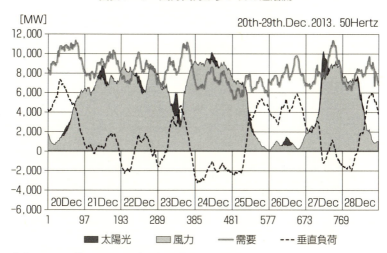

出所：50Hertz 社のデータより筆者作成［MW、15分値］。
　　　50Hertz: Vertical grid load, Actual control area load, Actual wind feed-in, Actual PV feed-in.
注：垂直負荷のマイナス値は110kV から380kV への逆潮流。風力・太陽光は積み上げグラフ。50Hertz 管区、2013年12月20日〜28日。

図表 7 - 5　風力と太陽光出力の多い日の逆潮流

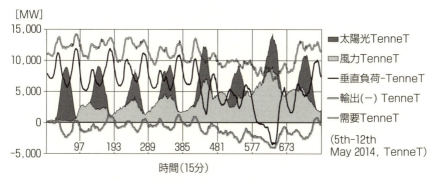

出所：TenneT 社の給電データより筆者作成［MW、15分値］。
　　　TenneT: Vertical grid load, Network load curve, Actual wind feed-in, Actual photovoltaic feed-in のデータより算出。
注：垂直負荷のマイナス値は110kV から380kV への逆潮流。風力と太陽光は積み上げグラフ。TenneT 管区、2014年5月5日〜12日。

---

5) Stetz,T., Kraiczy,M., Diwold, K.: Country-specific analysis, Germany. IEA-PVPS task 14: High penetration of PV in local distribution grids, subtask 2, case study collection, 2014. pp.73-90.

図表 7-6　110kV から380kV への逆潮流、50Hertz 区域

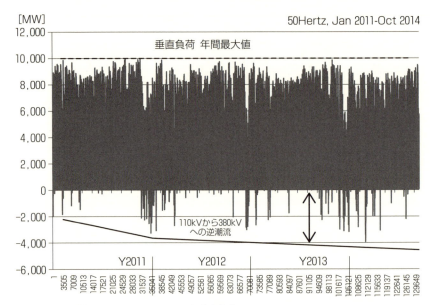

出所：50Hertz 社,Vertical load のデータより筆者作成。
注：110kV から380kV への逆潮流、50Hertz 区域（マイナス値の部分が逆潮流、2011年〜2014年10月）

電源で充足する。風力・太陽光出力が多い時、ドイツでは、天然ガス発電のみならずハードコール石炭発電も、運転停止を含む調整運転を行っている。

1.4　逆潮流に対応する送電・配電網の増強

風力・太陽光出力が多い時、余剰電力を上位電圧系統に逆潮流させると変電所変圧器では電圧上昇リスクが発生する。電圧上昇は、特に低圧と20kV 系統の変圧器で問題になる。このためドイツの配電会社では、低圧系統の変圧器に負荷時タップ切換器付変圧器[7]の導入、20kV 系統の変圧器には負荷時タップ切換器の自動化と変圧器容量の増強、20kV および110kV 配電線の新設を実施してい

---

6) Stetz, T., M. Kraiczy, K. Diwold, et al.: Transition from uni-directional to bi-directional distribution grids（IEA-PVPS, task 14）, 2014.
7) 負荷時タップ切換器付変圧器とは、変圧器運転中（負荷時）に、停電させずにタップを切り替えて、送り出し電圧を変えることができる装置のついた変圧器のこと。

る[8)9)]。380kV送電網では、送電線容量が限界に達しているため、ドイツ北部から南部へ4本の直流高圧送電線を建設する系統拡張計画を進めている[10)]。

1.5 再エネ電力の地域間送電

地域間送電の最大活用

ドイツにおける地域間送電の状況を確認しよう。図表7-7は、50Hertz管区からTenneT管区向けの送電に使用する地域間連系線（a）No.449、No.450、（b）No.413、No.414の1回線ごとの回線負荷で、50％と70％の線は、回線容量に対する送電電力の割合を示している。地域間連系線の送電電力はしばしば回線容量の50％以上に達している。送電線の運用は、2回線のうち1回線に故障が発生した場合でも、残りの1回線で必要な電力を送電できるように、回線容量の半分までを使って送電するのが通常である。したがって、図表7-7は50Hetz送電会社が回線容量の限界近くまで地域間送電していることを示している。

しかも、50Hertz管区とTenneT管区の地域間送電電力（図表7-7a、7-7b）は、風力・太陽光の出力変動（図表7-7c）に応じて機敏に調整されている。これらのデータは出力変動する風力・太陽光電力でも、地域間送電線に送電できることを示している。

風力・太陽光による双方向潮流の系統運用

以上に見てきたように、ドイツでは、風力・太陽光電力は主に110kV以下の電圧系統に連系・給電され、再エネ電力の余剰分は上位電圧系統に逆潮流され、地域間送電によってドイツ全域に送電されている。このような電力網運用は、双方向潮流対応の系統運用と呼ぶことができる。

---

8) Bundesnetzagentur: Monitoringbericht 2013, p.54.
9) Thomas Stetz, Markus Kraiczy, Martin Braun, and Sebastian Schmidt: Technical and economical assessment of voltage control strategies in distribution grids. Progress in Photovoltaics Research and Applications. 2013, DOI: 10.1002/pip.2331.
10) Übertragungsnetzbetreiber: Netzentwicklungsplans Strom, 2014.

第2部　再生可能エネルギーをめぐる論点

図表 7-7　50Herz—TenneT 間の地域間連系線の送電電力

（a）No.449, No.450 回線の送電電力

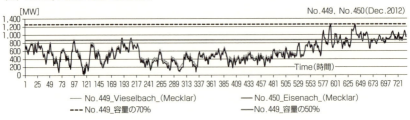

（b）No.413, No.414回線の送電電力

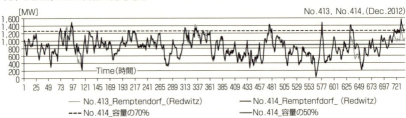

（c）風力・太陽光出力と出力抑制（エネルギー事業法 EnWG13条（2）項と EEG法11条（2012年版））による出力抑制

出所：50Hertz 社の給電データより、筆者算出。
　　　50Hertz: Netzbelastung in der regelzone, Dec. 2012より算出。
注：2012年12月、50Hertz 送電区域。

2　再生可能エネルギー法（EEG）の系統連系の規則

2.1　優先給電、上流送電、系統増強の義務

　ドイツの再エネ電力の接続、送電、系統増強の規則を要約しよう。再生可能エネルギー法（EEG, 2014年版)[11]の要点を図表7-8にまとめた。

154

第7章 下方一方向潮流から双方向潮流の電力システムへ

図表7-8 再エネ電源の系統連系にかかるドイツ再生可能エネルギー法の要点(EEG、2014年版)

項目	内容	条項
接続義務、接続点の決定	系統運用者は、再エネと坑内ガス発電を、直ちに遅滞なく、優先的に、電力網に接続せねばならない。適切な電圧階級に、直線距離・最短距離で接続する。 系統を最適化・強化・拡張して初めて再エネ電力の購入が可能になる場合でも、系統運用者は再エネ電源の接続義務がある。	EEG 8条
接続の費用	再エネ電源から接続ポイントまでの連結費用は、再エネ業者が負担する	16条
購入、送電、配電の義務	系統運用者は、再エネと坑内ガス電力の全量を、直ちに優先的に物理的に、購入し送電し配電しなければならない。 再エネ電力を購入する系統運用者が送電業者でない場合、優先的に購入、送電、配電する義務は、上流の送電業者にある。	11条
系統容量の拡張・増強の義務	再エネと坑内ガス電気の購入・送電・配電のために、系統運用者は直ちに、適切な技術で、電力系統を最適化し増強し拡張しなければならない。 110kVまでの上流の系統運用者、および、再エネを直接連系していない系統運用者に対しても、再エネ業者は電力網の最適化・増強・拡張を請求できる。 経済的に合理的でない場合、系統運用者は系統の最適化・増強・拡張義務を免れる。	12条
系統拡張・増強の費用	系統運用者は、系統の最適化・強化・拡張の費用を負担する。	17条
接続の技術要件	系統が過負荷の時に出力抑制できるよう、100kW超の再エネとCHP発電、30kW超から100kWまでの太陽光はリモートコントロール抑制器を装備する。太陽光30kW以下はリモートコントロール抑制器または定格出力の70%に制限。	9条
出力抑制(給電管理)	系統運用者は、系統の過負荷の場合、リモートコントロール付き再エネ設備を出力抑制できる。 上位電圧系統も含めて、系統の隘路リスクがある場合、出力抑制を認める	14条
出力抑制における再エネの優先権	出力抑制においても、再エネ・CHP・坑内ガスの電気は優先権がある。ただし、電力網の安全と信頼性の保障のため、非再エネ電源の給電を維持する必要がある場合はこの限りでない。 系統運用者は総量で最大量の発電量を再エネとCHPから購入する。	14条
出力抑制の情報開示、証明	再エネ(100kW超)に対して、前日または遅滞なく、出力抑制の予測日、規模、継続時間を告知する。 系統運用者は、遅滞なく、出力抑制の実施時間、1回毎の抑制規模、継続時間、抑制理由を告知せねばならない。要請があれば、4週間以内に、出力抑制の必要性の証拠を提出する。	14条
出力抑制に対する補償	系統過負荷に対する出力抑制の場合、系統運用者は損失収入の95%と追加費用を補償する。損失収入が年収入の1%を超える場合、損失収入の100%を補償する。	15条
補償金費用を送配電料金へ算入	系統の過負荷の場合、出力抑制が必要で、かつ系統運用者に出力抑制の責任が無い場合は、補償金費用を、送配電料金の計算に含めてよい。しかし、系統運用者が電力系統の最適化・増強・拡張の全ての対策を尽くしていない場合、系統運用者が補償金支払費用を負担する。	15条

出所:Gesetz für den Ausbau erneuerbarer Energien (Erneuerbare-Energien-Gesetz - EEG 2014), issued on 21.July 2014. available from: http://www.gesetze-im-internet.de/bundesrecht/eeg_2014/gesamt.pdf
注:系統連系にかかる規定の要約であって、EEG条文の翻訳ではない。下線は訳者記入。

第 1 に、ドイツの送電・配電業者は、再エネ電力の接続の際に電力系統の増強・拡張工事が必要な場合であっても、再エネ電源を他の電源よりも優先して接続しなければならない。送電・配電業者は系統容量の不足を理由にした接続拒否はできず、遅滞なく系統容量を増強・拡張工事をしなければならない。

第 2 に、重要な点として、「上流の送電業者」も再エネ電気を「物理的」にも優先的に購入・送電する義務を負う。再エネ電力が配電網の需要を上回る時、余剰分は物理的にも上位電圧系統に逆潮流する。EEG 法は、上流送電業者に「物理的」にも優先送電を義務づけることで、低圧から中圧、110kV、380kV 系統へ再エネ電力を逆潮流させ、ドイツ全域に送電させる設計になっている。

上位電圧系統の増強・拡張義務

第 3 に、ドイツで再エネ電源が順調に電力網に連系されるのは、送電・配電業者に電力網容量の増強・拡張を義務づけているからである。これについては、再エネ電源を直接に連系しない上位電圧系統の送電業者にも、遅滞なく系統増強・拡張する義務を負わせている点が重要である。

再エネ電源の連系が増大すると、①電力網各所での電圧上昇、②上位電圧系統への逆潮流による変電所変圧器の電圧上昇、③送配電網の容量不足のリスクが生じる。このため、（ a ）系統電圧の調整、（ b ）変電所変圧器の電圧調整、（ c ）変電設備容量の増強、（ d ）上位電圧系統も含む電力網の拡張・増強が必要になる。したがって、再エネ電源を直接に連系する系統だけでなく、上流の電圧系統も適切に容量増強することが重要である。上位電圧系統の増強を送配電業者に義務づける EEG の規則を日本も参考にすべきである。

第 4 に、ドイツの送電・配電業者に対する系統増強の義務は厳格で、送電・配電業者が系統増強の義務を免れるのは、系統増強の費用が「経済的に非合理的な場合」に限られる。「系統拡張費用が再エネ電源の新規建設費用の25％を超えない」場合は、「経済合理性の範囲」内と位置付けられており[12]、ドイツ最高裁判所判例もこの25％基準を採用している[13]。

---

11) Erneuerbare-Energien-Gesetz –EEG, Gesetz für den Vorrang Erneuerbarer Energien, 2012. Gesetz für den Ausbau erneuerbarer Energien 2014. EEG 条文番号は、2014年版の番号を示す。
12) Deutscher Bundestag Drucksache 15/2864, 15. Wahlperiode 01. 04. 2004, p.34.
13) Bundesgerichtshof, VIII ZR 288/05,（連邦最高裁判所判決）。

第7章　下方一方向潮流から双方向潮流の電力システムへ

送配電業者が増強費用を負担

　第5に、ドイツでは、電力網の増強費用は送電・配電業者が負担し、最終的には、送配電料金によって回収される。再エネ発電者は電源から接続点までの接続費用を負担するが、接続点から電力網内の設備の増強・拡張費用（電力網の変圧器容量の増強や電圧調整対策、回線新設）は送電・配電業者が負担する。

　この点は、日本の「電気事業者による再生可能エネルギー電気の調達に関する特別措置法」（以下、再エネ特措法）と大きく異なる。再エネ特措法は一般電気事業者[14]に系統増強・拡張の義務を課していないため、日本の再エネ業者は、電力網の容量増強やバンク逆潮流の電圧調整工事の費用までも、負担しなければならない。

双方向潮流に対応する電力網への投資

　EEG法が上流の送電会社にも再エネ電力の優先送電と系統増強を義務付けて以降、ドイツの送電・配電会社は双方向潮流に対応する保護システムを導入し、現在ではドイツの殆ど全ての変電所は、中圧／低圧の変圧器に至るまで、双方向潮流対応の保護システムを完備している[15]。さらにドイツの送電配電会社は、高圧／中圧系統の変圧器の負荷時タップ切替器の自動化、中圧／低圧の変圧器に負荷時タップ切替器の標準装備、直流送電網の新設を進めている。

2.2　再エネ優先と出力抑制の順序

　ドイツの出力抑制の規則を要約しよう（前述の図表7-8参照）。

　第1に、再エネ電力に対するドイツの出力抑制は、次の2つの場合に実施される。①電線路の一部の回線の混雑により隘路や過負荷が発生する場合（EEG、14条）[16]と、②電力網の安全性に危険がある場合（エネルギー事業法 EnWG,13条）[17]の2つである。ドイツ全域での周波数調整や需要と供給の調整は、②の場

---

[14] 一般電気事業者とは、北海道電力、東北電力、東京電力、中部電力、北陸電力、関西電力、中国電力、四国電力、九州電力、沖縄電力の10社。

[15] Fraunhofer IWES、および Hamburg Netz（110kV 系統）の技術担当執行役員へのヒアリング（2014年9月）。

[16] 出力抑制規定は、2012年版 EEG では11条、2014年 EEG では14条。

[17] Gesetz über die Elektrizitäts- und Gasversorgung（Energiewirtschaftsgesetz - EnWG）（電気およびガス供給に関する法律：エネルギー事業法）

合に該当する。

　ドイツにおける出力抑制の大部分は、①の電線路の一部の混雑（隘路・過負荷）によるものである。隘路・過負荷による出力抑制には、送電・配電会社が再エネ側に損失収入の95～100％を補償する（図表7-8参照）。この理由は、送電・配電会社は、隘路を解消すべく電力網の拡張・増強をおこなうことを義務付けられているからである。

　第2に、ドイツの出力抑制は次の順序で行う[18]。①電力網運用による調整。例えば、火力発電について給電発電所の変更（redispatch）[19]（EnWG, 13条（1）-1）。②市場的措置。例えば、予備力（周波数調整用出力）の投入、切離・接続可能な負荷の投入（EnWG, 13条（1）-2）。③電力網の安定性に必要な「技術上必要最低限の在来電源出力」を維持したうえで、他の在来電源の抑制（EnWG, 13条（2））。④再エネ電源の抑制（EnWG, 13条（2）とEEG, 14条（1）の連結）。系統安定性のための技術的必要最低限の出力を維持したうえで、総量で最大量の再エネ発電量を給電することが原則である。

　図表7-9は出力抑制の電力量と時間を示している（50Hertz管内）。EnWG13条（1）による調整は、主に火力電源に対する給電発電所変更（redispatch）である。EnWG 13条（2）とEEG法11条（2014年以降はEEG法14条）の連結による調整は、主に再エネ電力の抑制である。再エネ電力の抑制量は、風力・太陽光発電量の0.6％に過ぎず、再エネ電力の優先給電を実証している。

2.3　系統増強の義務と出力抑制は表裏一体

　ドイツの電力網の増強義務と出力抑制の関係を説明しよう。

　第1に、送電・配電会社は、電線路に隘路が発生しないように、系統容量を遅滞なく増強する義務を負う。しかし、電力網の拡張・増強工事は時間を要するため、拡張・増強工事が完了するまで出力抑制が実施される。

---

18) Bundesnetzagentur: 2011, Leitfaden zum EEG-Einspeisemanagement. Abschaltrangfolge, Berechnung von Entschädigungszahlungen und Auswirkungen auf die Netzentgelte.（Version 1.0）、および50Hertz系統運用担当者へのヒアリング（2013年6月）。

19) redispatch（給電発電所の変更）とは、電力網の一部に隘路リスクがある場合に、その電線路の負荷を軽減するために、一方で、ある発電所から投入する有効電力の出力を抑制し、同時に、別の発電所から投入する有効電力の出力を増大させることにより、系統全体の有効電力の水準を維持したまま、隘路リスクを解消する系統運用のこと。

第7章 下方一方向潮流から双方向潮流の電力システムへ

図表7-9 50Hertz送電会社による調整および出力抑制（2013年）

13（1）EnWG、調整された電力量	2,051	[GWh]
域内発電量に対する割合	1.9	[% of GWh]
（風力＋PV）合計発電量に対する割合	8.3	[% of GWh]
調整を実施した日数	177	[day]
調整を実施した時間数	1,938	[時間]
13（2）EnWGおよび11EEG、調整された電力量	138	[GWh]
域内発電量に対する割合	0.13	[% of GWh]
（風力＋PV）合計発電量に対する割合	0.56	[% of GWh]
調整を実施した日数	142	[day]
調整を実施した時間数	984	[時間]

出所：50Hertz、Maßnahmen nach §13.1 EnWG, Maßnahmen nach §13.2 EnWG（2013年）のデータより筆者算出。条文番号は2012年版EEG。

　第2に、EEG法においては、送電・配電会社の系統増強の義務と出力抑制は表裏一体のもので、系統容量の増強・拡張を怠慢にしたまま、電力網の容量不足を理由に出力抑制を行うことは許されない。系統拡張・増強を十分に講じている場合に限って、送電・配電会社は補償金費用を送電・配電料金の計算に含めることができる。しかしEEG法では、系統増強に怠慢がある場合は、送電・配電会社は、補償金費用を送電料金に転嫁することは許されていない。

3　日本における系統連系の規則

3.1　再エネ電源の電圧階級

　日本の電力網の電圧階級を説明しておく。代表的な電圧階級は、500kV、275kV、154kV、66kV、22kV、6.6kV、低圧（100V、200V）である。6.6kV以下の電力網を配電網、66kVから6.6kVへの変電所を配電用変電所と呼ぶ。原子力と大型火力は500kVと275kVに連系し、中規模火力・水力は154kVに連系する。原子力と大型火力の電力は、500kV、275kVから下位電圧系統に降圧され、下方一方向潮流で配電される。

これに対して、太陽光は低圧、6.6kV、66kVに連系し、風力は66kVと154kVに連系する。風力・太陽光の大量連系では、6.6kV〜66kV、154kV系統の増強が決定的に重要になる。

3.2 系統増強、上流送電の規定の欠落

日本における再エネ電源の接続、送電、系統増強をめぐる規則を、**図表7-10**に要約した。日本の規則には次の問題点がある。

第1に、再エネ特措法は、一般電気事業者に電力網の増強・拡張を義務づけていない。そのため、電力網の増強が不十分なまま、送電・配電線の空き容量不足を理由に、再エネ電源の連系を制約する事態（事実上の接続拒否）が多発している。

一般電気事業者は、再エネの接続申込を制約する理由として、①太陽光電力による配電網（6.6kV）の電圧上昇リスク、②配電用変電所（66kV／6.6kV変圧器）から上位電圧系統へのバンク逆潮流による変圧器の電圧上昇リスク、③6.6kV配電網の容量不足、④上位電圧系統（22kV、66kV、154kV）の送電線と変電設備の容量不足を挙げている[20]。これらの問題は、電力網容量の増強・拡張が不十分なために生じているのであるから、一般電気事業者に系統容量の増強・拡張を義務づける規則が必要である。

第2に、再エネ特措法には、一般電気事業者に対する再エネ電力の上流送電の義務づけがなく、上位電圧系統の拡張増強の義務づけもない。太陽光電力を6.6kVから66kV系統に逆潮流させるためには、上位電圧系統の容量増強が必要であり、風力連系では、66kVと154kV系統の増強が必要である。上流送電と上位電圧系統の増強の義務づけ規定が無ければ、再エネ電力の連系量を拡大することはできない。

第3に、日本では電力ネットワーク側の電力網についても、再エネ側が増強・拡張の費用を負担させられる。再エネ発電者は、接続点における電圧調整、バンク逆潮流に対応する電圧調整に加えて、上位電圧系統の増強費用までも負担しなければならない（図表7-10の事例を参照）。

風力の接続は、多くの場合、66kVまたは154kVの送電線路から分岐して電源

---

20) 電気事業連合会「再生可能エネルギー導入拡大に伴う技術的課題と対応策について」新エネルギー小委員会、2回、2014

第 7 章　下方一方向潮流から双方向潮流の電力システムへ

表 7-10　日本における再エネ電源の接続、系統容量の増強の規則

風力連系可能量	北海道560MW、東北2,000MW、北陸450MW、中国1,000MW、四国600MW、九州1,000MW、沖縄25MW。（注 1）
太陽光接続可能量	北海道1,170MW、東北5,520MW、北陸700MW、中国5,580MW、四国2,190MW、九州8,170MW、沖縄356MW。（注 2）
接続と拒否	電気事業者は再エネ設備の接続を拒んではならない。ただし、電気事業者の電気の円滑な供給確保に支障が生ずる恐れがある時、接続拒否できる。（注 3）
給電	出力抑制の前に回避措置をとる。再エネ電力を優先的に給電・送電する義務について規定は無い。
系統容量の拡張・増強	電気事業者が系統容量を拡張する義務は規定されていない。
接続の費用	再エネ発電者が接続費用（電源線費用）を負担する。（注 4）
系統容量の拡張・増強費用	接続費用とは、電源線の設置、電圧調整装置、保護設備、通信設備の設置費用など。系統運用者の系統増強・拡張の義務について規定は無い。（注 5） （事例）　太陽光を電力網に接続する工事（電源線、電圧調整装置、監視・保護設備、通信設備の設置・変更の工事）の費用全額、系統増強に必要な工事費用の全額を再エネ側が支払う。（注 6） （事例）　太陽光を電力系統に連系することにより、電力会社の供給設備を新たに施設・変更する場合、工事費全額を再エネ側が支払う。（注 7）

（注 1 ）電気事業連合会（2014）。（注 2 ）系統ワーキンググループ「各社接続可能量の算定結果」、第 3 回資料（2014）。（注 3 ）再エネ特措法、5 条 1 項 2 。（注 4 ）再エネ特措法、5 条 1 項 1 。（注 5 ）再エネ特措法、5 条 1 項 1 号。再エネ特措法施行規則、第 5 条 1 項。電源線にかかる費用に関する省令、1 条 2 項。（注 6 ）九州電力「太陽光発電からの電力受給に関する契約要綱〔高圧・特別高圧〕の解説」（2014）。（注 7 ）東北電力「太陽光発電設備の系統連系および電力購入に関する契約要綱」8 項。

線を引いて、電力網に接続する（電源線とは、再エネ発電設備から最初の変電所・開閉所までの電力網設備で、電力会社の電力網設備の一部を指す）。高圧配電線・特別高圧送電網への接続では、図表 7 -11のように、送電線路から分岐して電源線を引く場合、分岐点から最初の変電所までの既存送電線路の増強分（電力網の増強）の費用までも、再エネ側が負担しなければならない。これら系統増強の費用が再エネ業者の大きな負担になっている[21]。

21）東北電力「接続供給および振替供給のご案内、発電設備の連系に伴う電源線の工事費負担金について」

第2部　再生可能エネルギーをめぐる論点

図表7-11　電源線にかかる工事負担金

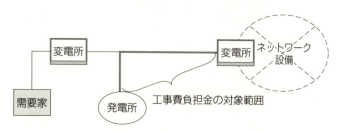

出所：東北電力、「発電設備の連系に伴う電源線の工事費負担金について」、
　　　http://www.tohoku-epco.co.jp/jiyuka/setsuzoku/setsumei02.htm
注：送電線路から分岐する場合の電源線の工事費負担金の対象範囲（高圧配電
　　線（6.6kV）、特別高圧送電線（22kV以上）に再エネが連系する場合）

図表7-12　再エネ電源の連系に伴い電力網増強が必要になる部分のうち、再エネ側が費用を負担する部分（「電源線」部分と「電力網増強を要する部分」が、再エネ側が費用負担する部分）

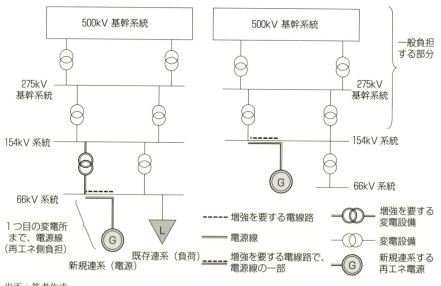

出所：筆者作成

　第4に、再エネ電源の連系に伴って、既存電力網の増強が必要になるが、電力網増強の費用は、日本では、上位電圧系統の増強も含めて、実質的に、再エネ側が負担する規則になっている。これについて、説明する。

第7章 下方一方向潮流から双方向潮流の電力システムへ

　図表7-12は、再エネ電源が連系した場合に、電力網の増強が必要になる部分で、かつ、再エネ電源側が費用負担する部分を示している。再エネ電源が電力網に連系すると、電線路に流入する電流量が増加するため、電線や変電所変圧器で電流や電圧が上限基準値を超過するリスクがある。このため、電源線から電力網側の送配電設備についても、連系電圧階級の電線路だけでなく、上位電圧階級の変電設備や電線路についても、増強が必要になる。

　電力網のうち、電圧階級の高い順に、第1位と第2位の電圧系統を基幹系統と呼ぶ。基幹系統は、東北電力や東京電力管内では500kVと275kV、北海道電力管内では、275kVと187kVの電圧階級で、原子力発電や大型石炭火力、大型水力発電が連系されている。資源エネルギー庁の指針[22]によれば、第1位と第2位の基幹系統については、増強費用は「一般負担」として、一般電気事業者が負担し、最終的には電力消費者の電気料金で負担する。

　他方、資源エネルギー庁の指針では、第3位以下の電圧階級の送配電網（東北電力および北陸電力管区では154kV以下、北海道および九州電力管区では110kV以下）については、増強費用を再エネ発電側が負担しなければならない（ただし、増強費用のうち、設備更新によって一般電気事業者も受益する部分の費用は、再エネ側の負担額から差し引いて計算する）。

　風力発電の系統連系には、154kVおよび110kVの送電網増強が不可欠である。太陽光には66kVと22kV、6.6kV系統の増強が必要である。しかし現行制度では、再エネ電源にとって最も重要な154kV以下の電力網の増強費用を、再エネ発電者が自己負担せよという仕組みになっている。しかも、再エネ電源から1番目の変電所までは「電源線」であるので、電源線の敷設費用は再エネ側の負担である（図7-12参照）。

　154kVおよび110kVの送電線の建設費用は、1kmあたり3.5～4億円、変圧器の増設費用は、容量450MVA（メガボルトアンペア）で1台に10.3億円もの費用がかかる（伊藤忠テクノソリューションズ、「再生可能エネルギー導入拡大に向けた系統整備等調査事業委託業務報告書」、2013）。これらの費用負担が、風力発電の投資拡大にとって、大きな障害となっている。

---

22) 資源エネルギー庁、電気・ガス事業部「発電設備の設置に伴う電力系統の増強及び事業者の費用負担等の在り方に関する指針」2015年11月)

第2部　再生可能エネルギーをめぐる論点

図表7-13　日本における再エネ電源に対する出力抑制、地域間送電線の利用

出力抑制の条件	回避措置をとっても、電気事業者の供給が需要を上回る場合、出力抑制。(注1)
回避措置	回避措置の後、出力抑制。回避措置とは、一般電気事業者が所有・調達した火力の抑制、揚水発電の揚水運転。[筆者注：回避措置には原子力の抑制は含まれない。] (注2)
出力抑制の順序、地域間連系線の抑制順序	①一般電気事業者が調達した火力抑制、②揚水発電の揚水運転、③バイオマス専焼の抑制、④地域資源バイオマスの抑制、⑤卸取引所取引での販売、⑥風力・太陽光の抑制、⑦電力広域的運営推進機関による全国融通、⑧特定規模電気事業者の抑制、⑨長期固定電源（原子力、水力、地熱）の抑制　(注3)
無償の出力抑制	太陽光は年間360時間、風力は720時間まで無補償抑制。バイオマスも無償出力抑制。指定電気事業者は、太陽光360時間、風力720時間を超えて出力抑制できる。(注4)
指定電気事業者	太陽光：北海道電力、東北電力、北陸電力、中国電力、四国電力、九州電力、沖縄電力。風力：北海道電力、東北電力。(注5)
出力抑制に関する情報開示	書面により、回避措置を講じても再エネ電力が需要を上回ると見込んだ理由を遅滞なく示す。翌月に、抑制日、時間帯、時間帯ごとの抑制出力合計を公表。(注6)
地域間連系線の利用	地域連系線は先着優先。出力変動によって計画量より実績が低い場合は空おさえと判断する。(注7)　風力・太陽光電力は蓄電池等を組合せて、確実性の高い利用計画にする。(注8)

（注1）経済産業省「新たな出力制御システムの活用によるバランスの取れた再生可能エネルギーの導入について」、新エネルギー小委員会、第8回（2014年）。（注2）再エネ特措法施行規則、6条1項三号。（注3）新エネルギー小委員会（第15回）、「再生可能エネルギーの導入促進に係る制度改革の検討状況について」（2015年12月）。電力広域的運営推進機関「送配電等業務指針」173条、174条、（2016年4月変更）。（注4）再エネ特措法施行規則、6条1項三号。（注5）経済産業省告示、第263号（2015年12月）。（注6）再エネ特措法施行規則、6条1項三号、七号。（注7）資源エネルギー庁「地域間連系線の運用ルール等の現状について」、系統WG、第1回資料（2014）。（注8）電力広域的運営推進機関「送配電等業務指針」202条3（2016年4月変更）。

3.3　接続可能量と地域連系線の利用における制約

　日本の出力抑制と地域連系線の利用規則には、次の問題がある。
　第1に、6章に述べられているとおり、風力・太陽光に対して「連系可能量」「接続可能量」という上限枠により、導入が制約されている（図表7-13参照）。再エネ特措法と同施行規則には、再エネ電源を電力網に「優先的に接続する」規定は無く、接続申込みが接続可能量を超過した場合、指定電気事業者7社は上限

第7章　下方一方向潮流から双方向潮流の電力システムへ

図表7-14　日本とドイツの系統連系、系統運用の規則比較

	日本 長期固定電源優先、下方一方向潮流の運用	ドイツ 再エネ優先、双方向潮流の運用
電力網の融合	9個の電力網は融合していない。	4つの送電網は緊密に融合
地域間連系線利用	原子力、長期固定電源の優先 先着優先、計画潮流（蓄電池等、組合せ）	再エネを優先送電 地域間送電を高度に活用
地域内送電網利用	長期固定電源を優先、原発優先	再エネを優先送電
出力抑制の順序	原子力は、全電源に対して優先 再エネは、火力に対しては優先	再エネを最優先給電 可能な限り最大量の再エネを給電
上流送電における優先、逆潮流	上流送電の規定は無い	物理的にも、上流に優先送電
	電圧調整対策の場合、バンク逆潮流を許可 電圧調整費用は再エネ側が負担	全電圧階級で、逆潮流を認める 送電・配電会社が系統増強費用を負担
系統増強・拡張	電気事業者には系統増強義務は無い 再エネ発電者が拡張増強の費用負担	送電・配電業者に系統増強・拡張の義務 上流の送電業者も、系統増強の義務
接続における優先	接続可能量に上限あり	再エネ優先接続
	電気事業者の円滑供給に支障の恐れある時、接続拒否できる。	系統増強が必要な場合も接続義務

無しに無補償で出力抑制できる。これでは再エネ発電者は損失収入リスクを計算できず、銀行融資を得ることは困難になる。

　第2に、出力抑制の順序において、再エネ電源は火力より優先であるが、原子力に対しては劣位である。原子力は事実上、出力抑制の対象外で、原子力の電気が最優先で給電される規則になっている。

　第3に、地域間連系線の利用では、原子力を最優先で給電し、風力・太陽光電力を原子力よりも劣位に位置付けている（図表7-13）。地域間連系線の利用では、先着優先かつ計画潮流を原則とするため、後発でかつ出力変動する風力・太陽光電力は、蓄電池等を組合せて蓋然性の高い利用計画にすることを要求される[23]。これらの規定は、風力・太陽光電力が地域連系線を利用することを困難にしてい

---

23) 電力広域的運営推進機関「送配電等業務指針」202条3（2016年4月変更）

る。

双方向潮流対応の運用と下方一方向潮流の運用、日本の課題

図表7-14に日本とドイツの系統連系をまとめた。要約すれば、ドイツは、再エネ最優先による双方向潮流対応の系統運用であり、日本は、原子力を最優先する下方一方向潮流の系統運用である。

ドイツは、①上位電圧系統も含めて送電・配電会社に系統増強を義務づけ、②再エネ電力を物理的にも上流に優先送電させ逆潮流させる。③地域間連系線を最大活用して、再エネ電力をドイツ全域に地域間送電する。④再エネ出力に応じた双方向潮流の系統運用である。

日本は、①一般電気事業者に系統増強の義務づけが無く、②上流送電の義務づけも無い。③原子力電力を送電網と地域間連系線に優先給電する。④再エネ電力に対する優遇は、出力抑制時の回避措置のみである。⑤事実上、原子力優先の下方一方向潮流の運用である。

日本が双方向潮流に対応する電力システムを構築するには、次の改革が必要である。第1に、低圧から154kVまでの電圧系統の拡張・増強を一般電気事業者に義務づける必要がある。第2に、再エネ電力を上位電圧階級へ、物理的にも優先送電する義務づけが必要である。第3に、地域間連系線の利用について、再エネ電力の送電を最優先する規定が必須である。第4に、送電網の所有と運用を一般電気事業者の発電事業から分離すること（発電・送電の分離）が必要である。

第3部

省エネルギーと地域分散型エネルギーシステム

第8章 省エネの可能性

歌川 学

はじめに

　地域分散型エネルギーシステムへの転換の鍵はエネルギー利用効率（以下、省エネ）の向上にある。省エネには、供給側のロスの削減と分散化・低炭素化、需要側のエネルギー効率向上がある。エネルギー供給施設からエネルギーロスを覚悟し大容量のエネルギーを常時「一方的」に送る集中型大量エネルギー生産消費システムと比較すると、分散型エネルギーシステムは、需要に応じて供給、かつ供給を考慮して需要を抑え変化させ（デマンドレスポンス）、全体のエネルギー効率をより向上させる「双方向」ネットワークでもある。

　エネルギー消費削減は、省エネ設備投資により、生産やサービス、生活の快適さを損なわずに可能である。気候変動に関する政府間パネル（IPCC: Intergovernmental Panel on Climate Change）の第五次評価報告書では、世界のエネルギー需要は、産業、運輸、民生それぞれについて、2030年でベースラインに比較し中央値で約20%、最大で40～60%削減できるとしている（IPCC, 2014）。日本では、一次エネルギー供給が2030年に2010年比約30～60%削減、最終エネルギー消費が2010年比30～50%削減できるという試算もある（槌屋、2011；歌川ら、2014；地球環境市民会議、2014）。

　この章では、分散型システム移行への省エネの役割、省エネ技術の可能性を示し、電気・熱利用・運輸燃料を通じた日本での削減試算例を示す。また、具体的事例について次章で紹介する。

1　地域分散型エネルギーシステム転換における省エネの役割

　大規模電源を中心とした集中型エネルギーシステムは、大量のエネルギーを外

図表8-1　地域分散型&省エネの相乗効果と意義

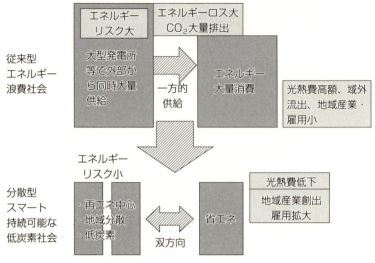

出所：筆者作成。

から輸入・移入し、大口需要家を中心に安定的にエネルギーを供給してきた。熱利用を除き電気だけ考えれば、大規模電源は、規模の経済により、理論的には小規模発電所よりも発電効率が高くできた。

　しかし環境制約や資源制約という条件の下で、これらの課題を解決するために、再生可能エネルギー（以下、再エネ）という低炭素の地域資源を最大限活用する分散型エネルギーシステムへの転換が求められるようになった。集中型エネルギーシステムの下では最大需要にあわせて過大な発電所が用意され、変動需要にいつでも応えられるよう火力発電所が負荷をあまり落とさずスタンバイしておく。そのため、理論上は効率が高くなるものの、実際には設備利用率も低くエネルギーロスも大きくなる。排熱利用を進めようとしても、そもそも大規模発電所のコジェネレーションは難しい。熱は遠くへ運ぶのが困難である。再エネを使いエネルギー消費も抑えるには、小規模分散型の柔軟性の高い電源・エネルギー供給施設のほうがのぞましい。需要全体を抑え、ピーク需要を抑え、供給が少ない時間は需要も抑えるような双方向の柔軟なシステムであれば、需要側のロスだけでなく、システム全体のエネルギーロスを抑えることができる（図表8-1）。

第8章 省エネの可能性

図表8-2 日本のエネルギー需給概要（2014年度）

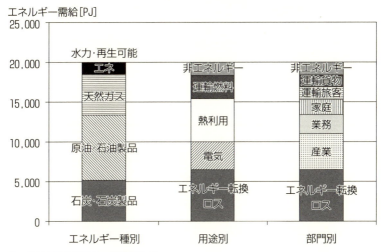

注：2014年度は原子力の供給量はゼロ。
出所：資源エネルギー庁（2016）より作成。

2 日本におけるエネルギー消費実態

2.1 エネルギー構造とエネルギーロス

日本のエネルギー利用の構造を図表8-2に示す。エネルギー種別に見ると、日本ではエネルギーの約9割を化石燃料や原子力という環境負荷やリスクの大きいエネルギーに依存してきた。エネルギー利用を用途別でみると、電気、熱利用、運輸燃料に分けられる。エネルギーには電気の消費以外に、熱利用や運輸燃料もあるのでこちらもあわせて考える必要がある。部門別にはエネルギー転換ロス（多くが発電ロス）、産業部門、業務部門、家庭部門、運輸旅客部門、運輸貨物部門があり、エネルギー転換ロスと産業部門の消費量で日本のエネルギー消費の約半分を占める。

日本では、大まかにエネルギーの有効利用分は約3分の1のみで、3分の2は排熱として捨てられている（平田、2002）。一次エネルギー供給の3分の1が発電所などのエネルギー転換部門ロスとして失われ、最終消費部門（工場、業務施

図表8-3　日本のエネルギーロスの概要（2014年度）

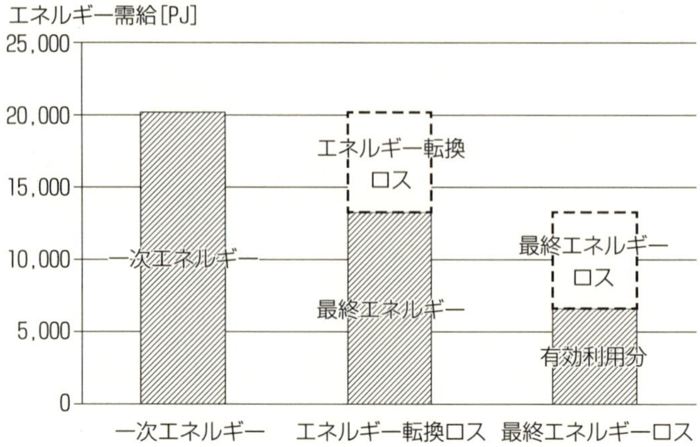

（縦軸：エネルギー需給[PJ]、横軸：一次エネルギー、エネルギー転換ロス、最終エネルギーロス）

一次エネルギー：約20,000／エネルギー転換ロス（最終エネルギー約13,000）／最終エネルギーロス（有効利用分約6,500）

出所：資源エネルギー庁（2016）、平田賢（1998）をもとに筆者作成。

設（オフィス・サービス施設）、家庭、運輸）でも、3分の1が失われている（図表8-3）。エネルギー転換ロスや最終エネルギーロスである排熱はすぐにゼロにはできないものの、こうしたロスを削減すれば大きく省エネできる。

2.2　エネルギー原単位の違い

　同じ業種・用途の施設でもエネルギー原単位（活動量あたりエネルギー消費量）やCO_2排出量には違いがある。**図表8-4**に火力発電所、**図表8-5**に高炉製鉄所のエネルギー原単位（生産量あたりエネルギー消費量）、**図表8-6**に東京都の民間オフィスのCO_2原単位（床面積あたりCO_2排出量）の分布を示す。同じ用途でもエネルギー原単位に違いがあるのは設備のエネルギー効率の違いによるものである。東京電力川崎火力や関西電力姫路第二火力の発電効率は、かつて40％未満だったが、建替後は53〜54％と他を超えてトップ水準になり、燃料費が減ったことにより投資回収可能との見通しがある。設備更新時に最新省エネ設備を導入すればエネルギー原単位もトップレベルになる。同じ業種で効率に差があり、かつ設備更新で効率がトップレベルになる事例が見られることは、全事業所が現在のトップ水準原単位かそれ以上に収斂する可能性を示唆している。

第 8 章　省エネの可能性

図表 8 - 4　火力発電所の発電効率（2003年度）

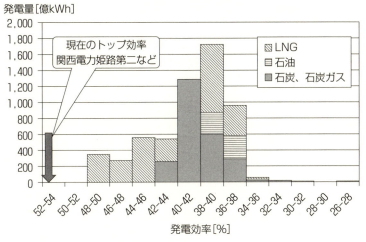

出所：資源エネルギー庁（2005）より作成。

図表 8 - 5　日本の製鉄所のエネルギー原単位（2008年度）

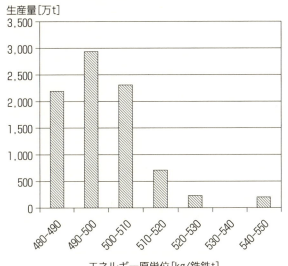

第3部　省エネルギーと地域分散型エネルギーシステム

図表 8-6　民間オフィスの床面積比 CO_2 排出量（2013年度）

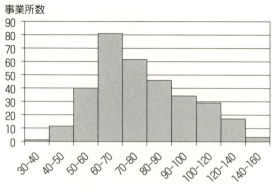

出所：東京都（2016a）より作成

図表 8-7　部門別エネルギー消費総量の推移

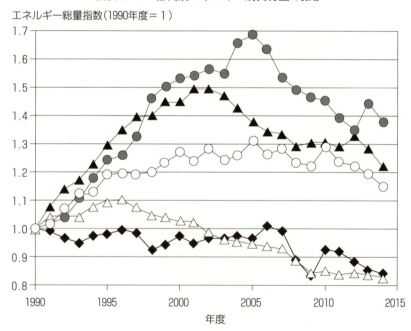

出所：資源エネルギー庁（2016）より作成。

図表 8-8　部門別活動量の推移

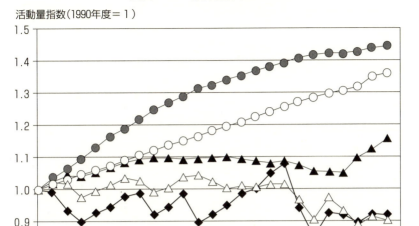

出所：経済産業省（2016）、総務省統計局（2016）、日本エネルギー経済研究所（2016）より作成。

2.3　部門ごとのエネルギー原単位とエネルギー消費総量・活動量

　部門ごとのエネルギー消費総量を図表8-7、活動量[1]の推移を図表8-8に示す。エネルギー消費総量は、対策などによる原単位の向上・悪化でも、活動量の増減でも変化するので、原因を解明する必要がある。エネルギー消費総量では業務部門と家庭部門、運輸旅客部門が1990年以降増加、産業部門と運輸貨物部門で減少しているが、それだけで、産業部門（そのエネルギー消費の大半が製造業）と運輸貨物が省エネ対策を進め、他で対策が遅れていると見るのは間違いである。

　部門ごとに、エネルギー総量と、それに影響する活動量、エネルギー原単位をみると、業務部門、家庭部門はエネルギー消費総量も活動量（床面積、世帯数）も増加、産業部門と運輸貨物部門はエネルギー消費総量も活動量（生産指数、貨物輸送量）も減少している。それゆえ、対策についてはエネルギー原単位（活動

---

1) 産業部門は鉱工業生産指数、業務部門は業務床面積、家庭部門は世帯数、運輸旅客部門は旅客輸送量、運輸貨物部門は貨物輸送量。

第3部　省エネルギーと地域分散型エネルギーシステム

図表8-9　各部門のエネルギー効率の推移

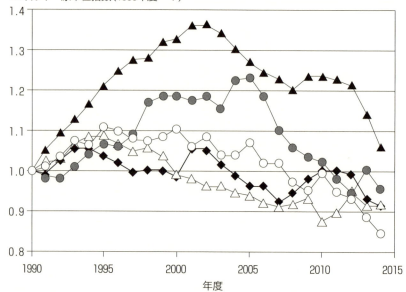

出所：資源エネルギー庁（2016）などより作成。

量あたりのエネルギー消費量）を比較しなければならない。

1990年以降のエネルギー原単位（活動量あたりエネルギー消費量）を図表8-9に示す。業務部門、家庭部門、製造業、運輸貨物部門は1990年以降、家庭がエネルギー原単位を15％改善、他は5〜10％改善にとどまった。運輸旅客部門は2001年以降は改善しているものの、1990年代の悪化が影響し。輸送量あたりエネルギー消費量が1990年以降6％悪化した（図表8-9）。原因に1990年頃からの車の大型化・浪費化があり、背景に大型の車への減税（物品税廃止）がある。

省エネ技術自体は向上したが1990年以降は普及が十分に進まず、大型化・過剰機能・オーバースペック等、かえってエネルギー消費を増やす要因もあり、システム全体としては省エネが進まなかった。逆に言えば、現在のエネルギー消費には大きな省エネの余地がある。

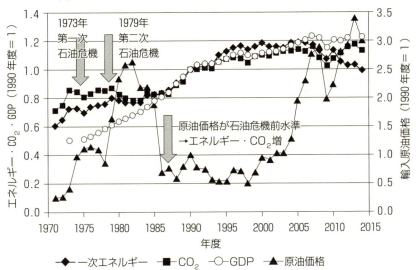

図表8-10 日本の輸入原油価格とGDP・エネルギー・CO_2

出所：IEA（2015）、日本エネルギー経済研究所（2016）より作成。

2.4 国全体のエネルギー効率推移と他国との比較

日本では石油危機後に省エネ対策が進み、1973～1986年には経済成長しながらも、エネルギー消費やCO_2排出量はほぼ一定に保たれた。しかし1986年頃から輸入原油価格が石油危機前まで下がると省エネは停滞した（**図表8-10**）。

GDPあたりの一次エネルギー供給量やCO_2排出量は、産業構造の違いなどに留意し、国別改善率を比較できる（**図表8-11**）。石油危機後に各国は省エネ対策や産業構造転換等でGDPあたりの一次エネルギー供給量を減少させた。1990年以降も他国は同指標を改善したが、日本は他国ほどではない。図表8-11の継続的改善からわかるようにGDPが増えれば同じ率で温室効果ガス排出量やCO_2排出量、エネルギー消費量が増えるとは限らない。

日本とドイツのGDPと温室効果ガス排出量の1990年以降の推移を**図表8-12**に示す。これをみると、ドイツは、1990年から2014年の間に実質GDPを1.4倍にしながら、温室効果ガス排出量を28％削減している。ドイツのように経済成長と温室効果ガス排出削減を両立する例は珍しくない。EU（欧州連合）28カ国全体、EU15カ国（西欧）全体、および英国、フランス、ベルギー、スウェーデン

第3部　省エネルギーと地域分散型エネルギーシステム

図表8-11　GDPあたり一次エネルギー消費量の推移

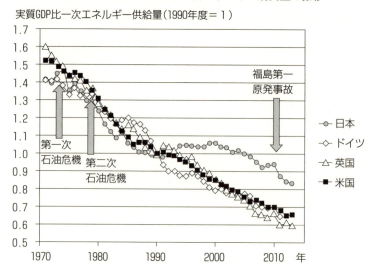

出所：IEA（2015）より作成。

図表8-12　実質GDPと温室効果ガスの推移

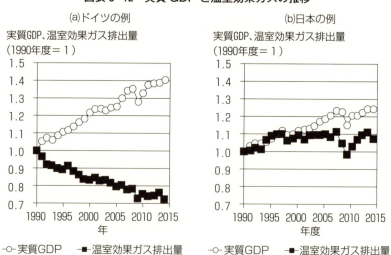

出所：IEA（2015）、気候変動枠組条約への各国インベントリ通報より作成。

図表 8-13　GDP 比エネルギーと人口比エネルギー（2013年、日本は年度）

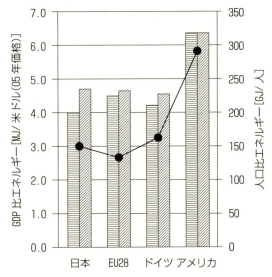

出所：IEA（2015）より作成。

など約20カ国が日本より高い経済成長をしながら温室効果ガス排出量を削減（「デカップリング」という）し、低炭素・省エネ社会へ進んでいる。

　なお、実質 GDP あたり一次エネルギー供給量、実質 GDP あたり CO_2 排出量、実質 GDP あたり温室効果ガス排出量という指標を使った国別比較は、改善率の比較をするのには好都合だが、同じ年の値を複数国で比較する場合（**図表 8-13**）は注意が必要である[2]。為替変動の影響を除いて考えるには、先進国間を比較す

2）GDP には各国通貨をドル換算する際に為替換算する場合と、購買力平価で換算する場合がある。2013年の値を見る限り、実質 GDP あたりエネルギー消費量の値の日欧比較で、GDP のドル換算に際し為替換算をした場合と、購買力平価で換算した場合の違いは約1割である。しかし、2000年の物価や為替を基準にした2010年の日本の実質 GDP は、為替換算で計算した場合は購買力平価で計算した場合の1.5倍になった。この違いにより、2008年の中期目標検討の際に例えば経済界から、実質 GDP あたり CO_2 排出量が日本0.24、EU27ヶ国0.42、アメリカ0.51（単位 $kg\text{-}CO_2$/米ドル、2000年基準為替レート）で「日本は世界トップレベルの低炭素社会」（日本経団連）と説明されたが、購買力平価でドル換算した場合は実質 GDP では日本と EU に差はなかった。

る場合も実質 GDP を購買力平価でドル換算して使用するほうが望ましい[3]。先進国と途上国の特定産業の効率比較をするなら、生産量比など物量あたりのエネルギー消費量や CO_2 排出量の比較が必要である[4]。

3　省エネ対策とは何か

　省エネは、経済活動縮小や我慢によってではなく、経済活動、労働環境・学習環境・生活環境を維持しながら可能である。

　日本全体としてのエネルギー効率向上つまり一次エネルギー供給あたりの有効エネルギーの割合向上には、まずエネルギーロスの大きな部分を占める発電所の発電効率向上が欠かせない。図表 8-3 のように、日本のエネルギーロスの約半分がエネルギー転換部門で生じ、発電ロスはその多くを占める。発電ロスの削減には、発電所の対策として後述のように多くの技術手段がある。これらを実施すれば、電力消費量削減[5]との相乗効果で大きな省エネ可能性がある。

　次に、図表 8-3 でエネルギーロスの約半分がある最終消費部門における対策として、設備や建物の更新・改修、運用改善、エネルギー消費を減らす商品・サービス・活動の選択（3.3参照）、社会的にエネルギー消費を減らす活動の選択（3.4参照）、電気を中心に需要ピーク時間帯（夏の午後や冬の夕方）あるいは火力発電が多用される時間帯（太陽光出力が下がった夏の夕方など）の需要を減らすこと（3.5参照）などがある。

　機器更新改修や運用は、機器自体の効率向上と、エネルギーの「質」を考えたエネルギーや機器の選び方がある。日本の設備や機器のうち、耐用年数の長い発電所や工場、業務施設の中の大型機器などに旧型で効率が悪いものが多数残り、

3）先進国と途上国を比較する場合は、特に注意が必要である。実質 GDP を為替換算した値を用いると、一般に途上国の実質 GDP あたり一次エネルギー供給量、実質 GDP あたり CO_2 排出量、実質 GDP あたり温室効果ガス排出量は、先進国よりも大きい。極端な例として為替換算でドル換算した実質 GDP あたり一次エネルギー供給量は、後発途上国のエチオピアがアメリカの10倍以上になる。人口比一次エネルギー供給量はアメリカがエチオピアの11倍である。

4）実質 GDP あたり一次エネルギー供給量は、GDP のドル換算を為替換算で行った場合には日本と中国で7倍のひらきがあるが、分母となる金額ベースの国の付加価値の差が大きく、発電所や製造業の業種におけるエネルギー効率にはこれほど極端な差は無い。

5）電力消費を削減すれば、単純化して考えれば削減率に比例して発電ロスも減る。

設備更新の時期をむかえ、大きな省エネ余地がある。

エネルギーの「質」とは、エネルギーには電気や高温熱利用のようにエネルギー種が限定されてしまうもの（「質が高い」もの）と、低温熱利用のようにエネルギー種にとらわれないものがあり、エネルギー種の最適化、「質」を考慮した選択で、省エネ化を図ることができる。例えば、モーターやヒートポンプには電気、材料生産による高温熱利用には化石燃料あるいはバイオマスが必要だが、冷房・暖房・給湯のような低温熱利用では、化石燃料や電気ヒーターを使わず、太陽熱、排熱などを用い、省エネに寄与できる。

3.1 機器類や設備のエネルギー効率化

発電所、工場、業務施設（オフィスやサービス施設）、家庭、運輸機関などで、設備を省エネ型に更新・改修、生産やサービス水準を維持しながらエネルギー消費量を削減することが可能である。

・火力発電所の対策

発電所の省エネ対策は発電側と消費側にある。発電所でのエネルギーロスが6割、つまり電力消費よりロスの方が大きい実態から[6]、発電側で高効率化する対策が重要である。発電側の対策（高効率化）は、電気を得る割合の向上、排熱利用があり（表8-14）、20～50％の省エネが可能になり、消費側の対策とあわせ、50％以上の削減が可能になる。

・工場の対策

次に、電気や熱を消費する側の対策を、工場、業務（オフィス・サービス施設）、家庭、運輸に分けて紹介する。

工場は、鉄鋼、セメント、化学工業（有機素材、無機素材）、製紙の「素材製造業」（4業種）と、食品、繊維、機械などの「非素材製造業」に分けられ、工場のエネルギーの約7割が素材製造業4業種で消費される。

素材系製造業は、鉄鉱石から鉄をつくる高炉製鉄所の「高炉」、セメント工場

6）大型火力発電所のうち、蒸気タービンのみの旧型は発電効率（発電用燃料のエネルギーの何％が電気になるかで表す）が37～40％、残り60％以上は排熱で、日本では多くが有効利用されずに捨てられる。

図表8-14　火力発電所の省エネ対策典型例

対策	具体的技術	削減率	備考
電気を得る割合を高くする	・コンバインドサイクルへの転換。 ・ガスタービンと蒸気タービンの2段階で発電、発電効率を約40%から54%に向上 [1]	▲25〜30%	LNG火発で商業化。石炭火発では難しい点が多く54%は困難。kWhあたりCO_2は「新型石炭火発」でも石油火力なみ
排熱利用（コジェネレーション）	・発電所排熱を近隣の工場、オフィスやサービス施設、家庭の熱需要（低温熱需要）に送り、熱利用における化石燃料消費を削減。 ・電気と排熱利用をあわせた総合効率を70〜80%に向上	▲30〜40% [2]	熱は遠くへ運ぶのは困難。小規模分散型とし、消費に近い所で発電所立地を考える必要

注1：コンバインドサイクル化は東京電力川崎火力、関西電力姫路第二火力の対策事例。
　2：発電所自体の燃料は減らないが、発電所周辺の工場、オフィス、家庭などの暖房給湯などのエネルギーを削減。

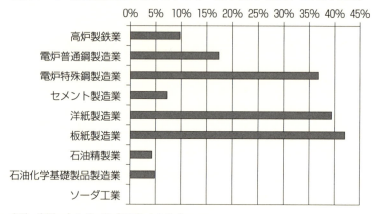

図表8-15　素材製造業工場のエネルギー効率改善可能性（2013年度比）

出所：資源エネルギー庁（2015）より作成。

の「キルン」など、エネルギーを大量に消費する工程・施設設備があり、多様な手段により省エネが実現できる。省エネの可能性として、省エネ法「ベンチマーク」として優良工場と平均のエネルギー効率が公表され、平均的工場が優良工場レベルになると、図表8-15のような省エネが可能である [7]。

非素材系では、電気設備、熱利用設備それぞれで省エネが可能である。この際、

図表 8-16　非素材製造業工場の省エネ対策典型例

種類	主な技術	削減率	備考
電気	特殊空調設備の高効率化	▲約30～60%	クリーンルーム、恒温室などで空調設備を1年中使用し、旧型設備も多い
	特殊空調設備の温度湿度条件緩和	▲約20～40%	人を相手にする空調は「28度冷房20度暖房」などの設定が進むのに対し、マシンルーム、クリーンルーム、恒温室などの特殊空調は過剰設定多数
	ポンプなどのインバータ化	▲約20～30%	常時最大出力でなく、需要にあわせた出力に
	コンプレッサー等の小口化と台数制御	▲約20～30%	
熱利用	排熱利用。高温工程の排熱を低温工程で使用(「熱の使い回し」)	▲約10～50%	エネルギーの「質」を考えた利用法。理論的には100%以上の削減が可能
	蒸気漏洩防止、熱配管やバルブの断熱	▲約10～50%	
	ボイラーの小口化と台数制御	▲約10～30%	常時最大出力でなく、需要にあわせた出力
	ボイラーのコジェネ化やヒートポンプ化	▲約10～50%	
ユーティリティ	従業員向けなどの照明空調の省エネ化	▲約30～60%	対策範囲が小さければ削減率も小さい 内容は業務部門と同じ 特殊空調は本表の電気の項参照

出所：旧型設備と優良技術との比較。事業者ヒアリングなどより作成。

エネルギーの質を考え、高温工程の排熱をより低い温度の工程で「使い回し」する「熱のカスケード利用」も省エネ対策の一つである。主な対策を図表8-16に示す。こうした対策により、非素材工場でエネルギー消費を約20%削減、事例によっては40%削減を実現している。

---

7) 優良工場はトップ工場ではなく、またトップ工場も全ての省エネ対策を実施しているわけではないので、もっと大きな省エネが可能と考えられる。

第3部 省エネルギーと地域分散型エネルギーシステム

図表8-17　業務・家庭の省エネ対策典型例

エネルギー種	主な技術	削減率	備考
電気	空調設備の高効率化	▲約30〜70%	・冷凍倉庫、クリーンルーム、恒温室などで空調設備を1年中使用。旧型設備も多い。 ・小部屋を集中型装置で冷暖房すると無駄が多く、高効率化&小型化で5割を超える削減も。
	特殊空調設備の温度湿度条件緩和	▲約20〜40%	人を相手にする空調は「28度冷房」などが進むが、マシンルーム、クリーンルーム、恒温室など機械相手の特殊空調は過剰設定多数。
	送風機・ポンプなどのインバータ化	▲約20〜30%	常時最大出力でなく、需要にあわせた出力にする。
	照明（白熱灯、水銀灯→LED）	▲約80〜90%	
	照明（蛍光灯→LED）	▲約20〜50%	他に、スイッチ小口化や人感センサーによる無駄の排除、明るさの無理のない低下も可能。
	ヒーター式給湯器→ガス給湯器	▲約50%	発電用燃料との比較で計算[1]。
熱利用	排熱利用	▲約10〜50%	
	蒸気漏洩防止、熱配管やバルブの断熱	▲約10〜50%	
	風呂の蓋掛けなど	▲約10〜30%	宿泊施設など。
	ボイラー小口化と台数制御	▲約10〜30%	常時最大出力でなく、需要にあわせた出力
	ボイラーのコジェネ化やヒートポンプ化	▲約10〜50%	
共通（暖房）	断熱建築（1980年基準制定以前→1999年基準）	▲約60%	欧米寒冷地の対策を参考にするとさらに大きな断熱強化可能

出所：旧型設備と優良技術との比較。カタログ値、事業者ヒアリング等より作成。
注1：コジェネのない旧型火力発電では発電時にエネルギーを6割ロス、この電気をヒーターで熱利用（効率約90%）に使用すると、発電用燃料の60〜70%のロスになる。これに対しガス機器を使えば、旧型で約2割のロス、省エネ型で5〜6%のロスに留まる。

第8章　省エネの可能性

図表8-18　運輸の省エネ対策技術の例

対策技術	削減率	備考
乗用車の省エネ車への更新	▲約20〜40%	ハイブリッド車や電気自動車は更に削減。但し大型化すれば効果減退。
小型化	▲約10〜70%	
トラックの省エネ車への更新	▲約10〜20%	
アイドリングストップ装置	▲約10%	
エコドライブ	▲約10%	運輸業や企業利用車で威力

出所：国土交通省燃費統計等より作成。
注：旧型設備と優良技術との比較。

・業務部門[8]と家庭部門

　業務部門の施設も、電気設備、熱利用設備それぞれで省エネが可能である。
　この際、エネルギーの質を考慮、冷房・暖房・給湯の「低温熱利用」で、むやみに電気ヒーターや化石燃料を使用せず、太陽熱や排熱をスマートに使用することも省エネ対策のひとつである。主な対策を図表8-17に示す。これらの対策により、業務施設では50%以上の省エネ可能性がある。
　家庭の対策も基本的に同じである。こうした対策により、浪費型家庭に比べると省エネ機器、断熱住宅（日本の断熱基準程度）を導入した家庭は、同じ効用でエネルギー消費量を6割削減できるとの試算がある（JST、2012）。また、平均的家庭でも機器の省エネ対策、建物の断熱対策により、50%以上の省エネ可能性がある。

・運輸部門

　運輸には様々な省エネ対策手法がある。この節では、機器の省エネ化を中心に紹介する（図表8-18）。旅客、貨物とも、車がエネルギーの9割を占め（輸送量では約6割）、対策の重点である。これらの対策により、自家用乗用車はエネルギーの約50%削減、トラックは約30%削減が可能である。

---

[8] オフィス、商業施設、宿泊施設、病院・福祉施設、学校、公民館・文化施設等。

3.2 交通体系の変革（モーダルシフト、脱自動車社会）

運輸では、機器（乗用車やトラック単体など）の省エネ化の他、旅客では自家用車から公共交通への転換（輸送量あたりエネルギー消費量が自家用車から鉄道で約10の1、自家用車からバスで約3分の1）、貨物ではトラックから鉄道や船舶への転換（トラックから船舶で10分の1以下）がある。さらに、貨物ではトラックを積載率の低いまま使わず、都市部や都市間で共同輸配送して積載率を上げると大きな省エネ可能性がある。

人の移動はまちづくりに依存し、移動距離自体が変化する。郊外に役所、病院、商業施設などを建設すると人の移動距離が長くなる。コンパクトシティ化は、移動距離自体を利便性を損なわずに短縮できる。加えてまちづくりにより車に依存せずに公共交通に転換できる。中心市街地で公共交通のみが乗入れられる徒歩中心の空間を充実させること、公共交通を運賃を抑えて利用しやすくすること、スプロール的な宅地開発を規制しニュータウンに計画的に公共交通を通すことなど、これまでも様々な政策が提案されてきている。

これらにより自動車単体などの削減に加えて大きな削減が可能になる。なお、インフラ整備が必要な対策は実現に時間がかかるので、計画的に取り組むことが必要である。

3.3 エネルギー消費の小さい消費手段の選択

社会でエネルギー消費の小さな手段を選択することも省エネ対策の効果が大きい。この節では材料の選択、建築物の長寿命化をとりあげる。

材料製造では大量のエネルギーを使用し、CO_2を排出する。鉄鋼でみると、鉄鉱石から鉄をつくる高炉製鉄は、リサイクル鉄、電炉の3～4倍のエネルギーを消費する[9]。リサイクル鉄の利用割合を増やすことで、鉄鋼生産用のエネルギーを大幅に減らすことが可能である。

もうひとつは建築物寿命延長である。欧州では建築物の寿命が50～75年である[10]のに対し、日本の建築物は25～30年で建替え、材料消費を増やしている。建築物を長寿命化し、社会的な需要・効用を何ら減らすことなく材料のフローの

---

9) リサイクル鉄は建設用が多く、機械用は限られていたが、最近は技術的には機械用途とりわけ材料管理が厳しい自動車鋼板でもリサイクル鉄を使用可能である。

生産量を減らし、エネルギー消費量を削減できる。

こうした対策は当該事業者のみでは実現せず、制度の支えが必要である。

3.4　社会の少エネ化

日本のエネルギー需要の歴史を振り返ると、高度成長期に重化学工業の拡大に伴い産業部門でのエネルギー消費が激増し、1970年代以降に国民生活において電化製品や自家用車の普及に伴い運輸部門と民生部門でのエネルギー消費が増加した。このようにエネルギー利用の拡大は、工場生産の規模拡大や効率化、自動車社会、日常生活の物的な豊かさをもたらした。しかし今や、資源や環境制約を受けるようになり、エネルギー消費の大幅な削減が求められている。省エネや節電というと、我慢を強いる個人努力に委ねられた感があるが、それほど大きな削減効果は持続的に得られない。また、これまでエネルギー需要に対しては省エネ対策などの技術導入が重視されてきたが、今後は経済活動の量や規模を制御する構造的な変革が求められている。

1970年代以降の家庭でのエネルギー消費増加の要因について、産業界は「国民生活が贅沢になった」と消費者責任を強調する。しかし実際には、モノを過剰に生産し、多機能性・大型化などの付加価値の高い製品を販売する生産者の経営戦略に原因がある。高品質の製品は、技術進歩による省エネ効果を相殺し、むしろエネルギー消費を増やす傾向にある。ガルブレイスは、現代社会の消費構造の特徴として、生産者による広告宣伝が消費者の欲望を喚起して消費を創出させる「依存効果」を指摘したが、利便性と様々な制約との関係を問い直す必要があるだろう。

それでは、社会的な過剰消費の問題をどのように是正すべきだろうか。代表例として、「24時間社会」の問題があげられる。1970年代まで、商店やスーパーは夕方に閉店となっていたが、今やコンビニやファミリーレストラン、自動販売機などが年中無休で営業し、いつでも買い物や飲食ができる。営業時間が長くなれば、必要となる電気などのエネルギーが大幅に増えるため、環境制約と対立することになる。また、季節物の野菜などの食材はハウス栽培や外国からの輸入で年中購入できる状況にある。これは、フードマイレージ（物流の長距離化）や

---

10) 背景に、中古建築の価値を評価しない日本の市場と異なり、中古建築物が市場で高く評価されるしくみが長寿命を支えていると見られる。

CO_2マイレージ（製品単位当たりのエネルギー投入量の増加）としても知られるが、その代案として農産物や食料品の地産地消が提唱されている。

いつでもモノが溢れる社会は便利ではあるが、必ずしも生活の質を向上させることにはつながらない。社会の省エネ化のためには、生活の質や幸福度を向上させながら、いかにエネルギー投入量を引き下げることができるのか社会的な価値観の転換が求められている。

3.5　エネルギー需要の時間シフトと最適化

年間エネルギー消費量の削減に加え、特に電力の時間的な需要シフトが大きな役割を担う。電力需要と再生可能エネルギーの「変動電源」の供給の差が大きくなる時間帯（例えば夏期の昼間、冬期の夕方など）の電力需要の中には、その時間帯に使用する必然性に乏しく削減できるもの、他の時間帯にシフト可能なものも沢山あり、これらの効果的な削減・シフトにより、火力発電所の発電量および燃料消費量、環境負荷の削減を図ることができる。

現状では市場が育たずに需要側対策のインセンティブが乏しいが、「デマンド・レスポンス」、電力会社（主に送電会社）と、需要家をつなぐアグリゲーターが仲介し、対応した需要家がボーナスを得るようなしくみ・市場を形成、電力需要の大きな時間帯、あるいは電力需要と再生可能エネルギー需要の差の大きい時間帯の電力需要を減らすことができる。

このことは、電力価格システム、例えば予め時間帯別価格差をつけることや、卸電力市場を整備し、価格が電力需要の大きな時間帯あるいは電力需要と再生可能エネルギー需要の差の大きい時間帯に上下することなども間接的に寄与すると予想される。

4　省エネ対策の試算例

前節で述べた技術対策のうち、3.1の対策を中心に大きな省エネが得られる。2020年度、2030年度のエネルギー消費量の推計結果を**図表8-19**に示す。いずれの試算も新技術ではなく商業化された省エネ技術の導入を想定している。活動量は政府の試算にあわせている。省エネ設備投資対策などを計画的に行えば、最終エネルギー消費は2020年度に2010年度比で約20％、2030年度に約30％削減の可能

図表8-19　削減可能性試算の例

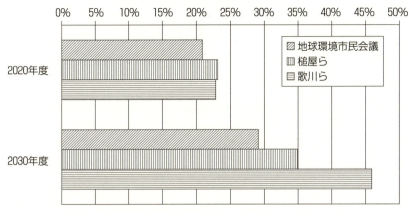

出所：槌屋（2011）、地球環境市民会議（2015）、歌川ら（2015）より作成。

性がある。発電所の省エネ対策をあわせて行うことで、一次エネルギーは2020年に約20％、2030年に約30％削減の可能性がある。

5　日本で省エネが進まない理由

　日本では省エネが、実質原油価格の低下した1985～86年度以降停滞し、「省エネバリア」などと言われる。この原因と考えられる情報不足、政策課題の2点について述べる。

(1) 情報の構造的な不足

　費用効果的な省エネ、とりわけ投資回収年が3年以下の対策も十分進んでいない実態があり、理由のひとつに情報不足がある。

　各部門・業種で自社設備と優良省エネ技術を横並びで比較し、自社の対策立ち位置を把握し、対策効果と費用対効果をもとに、アドバイスと診断を受けるしくみがなく、企業も市民も手探りの状況にある。

　従来の政策による情報開示・共有は不十分で、企業・国民に対し、エネルギーやCO_2排出の全体像と効果的対策・費用対効果情報を示せなかった。自治体の情報提供も少ない。

対策の定量的情報・コスト情報は少ない。例えば事業者の取り組みで業種トップ事業所の原単位、原単位分布などは一部自治体を除き非公開[11]であった。個別の家電製品の小売価格自体は探せば得られるとしても、技術のプロでない市民がエネルギー削減効果や光熱費削減、投資回収年情報を得て意思決定するのはハードルが高い。産業用・業務用になると、価格・対策情報は個別見積もりに依存、利害関係者以外による複数対策の比較も乏しい。

日本では「省エネ先進国」と言われ安心したことも災いし、自社のエネルギー実態や設備更新対策調査、光熱費の他社との比較などが不十分なままである。

今後、国や自治体がエネルギー構造の現状・実態把握、費用対効果を含む対策情報の提供を行い、診断や相談窓口の設置などを進め、対策を促す政策を導入することが課題である。

(2)政策について

投資回収年が3年を超えるような中期の対策は、政策がなく対策調査の機会に乏しい場合には、取り組まれないことも多い。そうした対策も、各種政策が存在すれば、義務の履行や経済的インセンティブのため、事業者により積極的に取り組まれることが考えられる。

日本ではこれまで国・自治体とも自主的取組を尊重、結果的に対策調査が遅れ、投資回収年が短期の対策の発見も遅れたと考えられる[12]。

技術的には省エネ可能性が大きく、効果的政策で後押しすれば対策を進展できる。他国で気候変動政策とエネルギー政策の統合により、キャップ&トレード型排出量取引制度などで省エネ対策も進めている所がある。日本で政策が対策を掘り起こした例として、東京都の排出量取引制度では2014年に基準年比で削減義務6～8％を大きく超える25％の温室効果ガス排出削減が得られた（東京都、2016b）。

省エネ対策の経済効果は、国・地域全体から見ると事業者の投資回収だけでなく、国や地域からの光熱費流出を抑え、地場産業に需要と雇用をもたらす。中小

[11) 省エネ法ベンチマークで優良レベル（偏差値70でなく60レベル。母集団も事業所単位でなく企業単位）のみ
[12) 排出量取引制度を導入した東京都は、「自主目標」の計画書制度の時には大半の事業所が低い数値目標しかたてなかったとしている。

企業や低所得者の浪費型機器を更新することで経済的支援を行う産業・福祉政策もある。省エネと経済・雇用・福祉などの政策統合として政策を導入し、対策を促すことも考えられる。

6　省エネ対策を進める施策

対策推進には様々な制度がある。省エネに関係する政策には、(1)目標設定、(2)規制的手法、(3)経済的手法、(4)情報的手法、などがある。省エネ独自の政策と気候変動政策は共通性が高い。

6.1　日本の政策

日本では主に省エネ法で、発電所・工場・事業所（大口むけ）、建築物、機器に分けて対策を促してきた。

工場むけの政策は大口を中心に、自主管理を実施、エネルギー消費量等を報告させ、目安として毎年1％エネルギー効率向上などを求めた。定期報告後の点検はトップ水準に引き上げるようなフィードバックに乏しい。また年1％効率向上に満たない所も多い。

建築物は業務建築と住宅に分けて新築や大規模改築時の断熱基準が定められ、大規模建築には新築時の点検もあるが、小規模建築を含めた規制化はまだ先である。基準は欧米の寒冷地より緩い。優良建築表示制度はあるが、断熱基準未達成の建築物について、技術のプロではない中小企業や市民にわかるように明示する制度、しくみに乏しい。

機器については、製造輸入業者にエネルギー効率達成義務が定められ、1998年から大きさや機能ごとに省エネトップランナー規制が導入された。大型で多機能のものは相対的に甘い値である。効率の表示制度もあるが、大きさや機能で規制値に差があり、大きさ別など規制区分を超えた比較には工夫が必要である。

6.2　対策強化の課題

(1) 目標設定

政府の目標明示は、政府自体に目標遂行のための各種政策措置の策定を促し、事業者・市場に政策の方向性の明確なシグナルを与えることができる。

GDP あたりの一次エネルギーや最終エネルギー改善率、部門ごとやエネルギー多消費業種の優良原単位や改善率目標なども考えられる。

(2) 規制的手法

日本では家庭用汎用機を中心に機器の効率規制が行われてきた。対象を産業や業務の汎用のものに拡大すること、大型多機能のものの規制値設定や強化などが課題である。

日本でも建築物断熱基準値の規制化が準備されている。建築物は寿命が長いので前倒しして早く良好なストック形成が行われることが期待される。

今後は、新設事業所について原単位の規制値を定め、排出量取引のベンチマーク（規制値より高い水準の原単位）などと併用することも考えられる。

(3) 経済的手法

地球温暖化対策推進に用いられるキャップ＆トレード型排出量取引制度や炭素税は、省エネ対策の推進にも寄与する。効果をあげるには一定以上の税率でかつ大口に免税しないことが重要である。

補助金は「呼び水」に有効な場合もあるが、費用対効果の事業性評価が甘くならないよう、また対策効果と費用対効果の把握より補助金の有無で案件を探すことにならないよう注意が必要である。中小企業などで初期投資が障壁になる際には、低利で、投資回収期間より長い融資を行い、企業は光熱費削減分で返済する、「持ち出しなし」の設備投資を行うことができる。

政策導入で、ESCO、省エネコンサルティング、アグリゲーターなど助言や仲介を行う事業者の活躍の場も広がると考えられる。

(4) 情報バリアを防ぐ情報提供政策

エネルギー原単位、CO_2 原単位情報、対策や費用対効果などの情報を開示、特に省エネ設備投資権限をもつ経営層に、自社の位置を「見える化」、有力対策・優良事例・費用対効果情報を提供、事業者に対策を促す制度が求められる。国や自治体は相談窓口を設け、専門家を配置することが必要である。

ラベルは、リース品や既存建築物にも示し、優良レベルとの差異、規制基準を満たしていない物件などを技術のプロでない企業や市民がわかるようにすること

が必要である。

　事業者単位・事業所単位の情報開示ないし情報提供、試算ツールの提供なども考えられる。業種別・用途別の優良レベルと当該事業者・事業所との違いや、優良レベルに達していないことによる光熱費増加額などの計算ツールが提供され、施設に表示されたり予算案・決算報告や有価証券報告書など各種書面で公開されると、省エネと経営の関係をより深く認識し、具体的対策の促進になるだろう。

　これらは、再生可能エネルギー普及、とりわけ再生可能熱利用普及などの分散型エネルギーシステム転換の他の要素と共通に取り組むことができる。

(5)政策統合

　類似の対策を促す気候変動政策への統合、省エネと経済・雇用・福祉などの政策統合は、今後の対策推進のため、また様々なベネフィットをもたらしながら円滑に対策を推進、縦割が多かった日本の課題でもある。

まとめ

　日本では多くの旧型設備が残り、その更新改修で多くの省エネ余地がある。それら対策を実施することで2030年にむけて大きな省エネが実現する。こうした年間エネルギー消費削減と、負荷平準化により、分散型エネルギー供給設備への負荷は大きく低減し、そのシステムの安定化や移行の迅速化に寄与する。

　地域分散型エネルギーシステムは省エネ対策と、3～7章で紹介した再生可能エネルギー普及をあわせて行うことで、無理なくスマートに、飛躍的に進めることができる。また、このシフトは国内・地域に光熱費の国外・地域外流出を止め、産業発展、雇用創出、地域経済発展と自立化など様々な利得をもたらすことが予想される。これについては13章で紹介する。

参考文献

IEA（2015）：CO_2 Emissions from Fuel Combustion 2015.
IPCC（2014）：Climate Change 2014 Mitigation of Climate Change Working Group III Contribution to the Fifth Assessment Report of the Intergovernmental Panel on Climate Change.

第 3 部　省エネルギーと地域分散型エネルギーシステム

JST（2012）「エネルギー・環境に関する選択肢ごとに国民生活への経済影響を解析」

歌川学・外岡弘・平田賢（2015）「ボトムアップモデルによる2050年までの中長期省エネ温暖化対策と費用対効果」、『第31回エネルギーシステム・経済・環境コンファレンス講演論文要旨集』、p.74。

経済産業省（2016）「鉱工業生産指数」

システム技術研究所（2011）『脱炭素社会に向けたエネルギーシナリオ提案〈中間報告　省エネルギー〉』

資源エネルギー庁（2005）『電力需給の概要2004』

資源エネルギー庁（2015）「エネルギーの使用の合理化等に関する法律に基づくベンチマーク指標の報告結果について（平成26年度定期報告分）」

資源エネルギー庁（2016）「総合エネルギー統計」

総務省統計局（2016）「人口統計」

地球環境市民会議（2014）「原発ゼロで CO_2 排出40％削減は十分可能～『CASA2030モデル』の試算結果」.

槌屋（2011）「ＷＷＦ脱炭素社会に向けたエネルギーシナリオ提案　＜省エネルギー編＞」

東京都（2016a）「東京都排出量取引制度、事業所ごとの削減実績」

東京都（2016b）「キャップ＆トレード制度　第一計画期間の削減実績報告、5年間で約1400万トンの排出削減（基準年度比）」

日本エネルギー経済研究所（2016）「エネルギー経済統計要覧2016」

平田賢（2002）「21世紀：水素の時代を担う分散型エネルギーシステム」、『機械の研究』第54巻第4号、423頁。

第9章 エネルギー利用の効率化を進めるにはどうすればよいか

上園昌武

はじめに

　日本では、省エネルギー（以下、省エネ）対策は我慢を強いられる節電や省エネ行動を促すための意識啓発が重視されてきたが、それらは一過性で大きな効果を期待できない。また、日本は「省エネ先進国」や「乾いた雑巾」のように省エネ余地が少ないと言われるが、第8章で指摘されているとおり、工場、交通、サービス業、家庭などでは、新技術の開発を待たなくても、既存の技術や対策を最大限導入・普及することで、エネルギー消費量を大幅に削減可能である。さらに、電力不足を緩和するためにも熱供給事業に力点を置いて「減電」に取り組む必要がある。地域のエネルギー需要管理は、地理・気象条件や産業構造などの地域特性に制約を受けるため、必然的に地域分散型のエネルギーシステムづくりが求められる。今求められる省エネ対策は、設備投資による機器類などのエネルギー効率の改善や、地域特性を踏まえた社会インフラの変革を伴う都市計画や地域づくりである。

　本章では、大きな省エネ余地が見込める住宅・建築物のゼロエネルギー化、コジェネ（熱電併給）、節電や減電、モーダルシフトを中心に、省エネ対策の効果と事例を検討する。これらの事例は、省エネ対策によって様々な副次効果が得られており、広義の省エネ対策の意義と実現可能性を考えてみたい。

1　住宅・建築物のゼロエネルギー化

1.1　欧州で進展する断熱化

　欧州では、気候変動対策として建築物の断熱化が進められている。北欧諸国や

第 3 部　省エネルギーと地域分散型エネルギーシステム

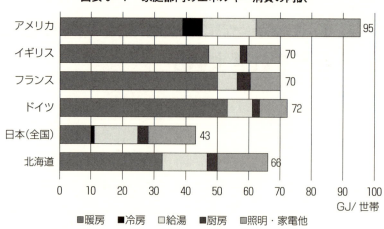

図表 9 - 1　家庭部門のエネルギー消費の内訳

出所：住環境計画研究所（2014）より作成。
注：データは、アメリカ2009年、イギリス・フランス・ドイツ2010年、日本2011年である。
　　アメリカは照明・家電他に厨房が含まれる。

ドイツなどは地理的特性から寒い冬の時期が長いため、建築物の暖房用エネルギー消費量が多くなる。欧米諸国の家庭部門では、暖房がエネルギー消費量全体の5〜7割を占めている（**図表 9 -1**）。しかも、欧州では築100年以上の古い建築物が多く利用されており、暖房用エネルギーが浪費されてきた。そこで、劣悪な断熱性能を改善するために既存建築物の断熱改修が積極的に取り組まれている。

EUは、公共・住宅・商業用建築物の省エネ化を進めるために、建築物のエネルギー効率に関する指令（2002年）を採択し、建築主は2008年にエネルギー証明書（エネルギーパス）を提示することが義務づけられた。エネルギーパスには、年間の住宅の暖房消費量、最終エネルギー消費量、二酸化炭素排出量について性能のランクが明示されており、借り主や購入者の物件選択への判断材料となる。

また、EUは2007年に「20-20-20」政策と呼ばれるエネルギー・気候変動政策を策定した。同政策では、気候変動対策及びエネルギーの安定供給確保のために、2020年までに、温室効果ガス排出量を1990年比で20％削減し、総エネルギー消費量に占める再生可能エネルギー（以下、再エネ）の割合を20％に引き上げるとともに、エネルギー効率性を20％改善させる3つの20％目標が掲げられた。この目標を達成するために、建築物のエネルギー効率に関する指令が改正され、加盟国

第9章　エネルギー利用の効率化を進めるにはどうすればよいか

図表9-2　ゼロエネルギー住宅の概念図

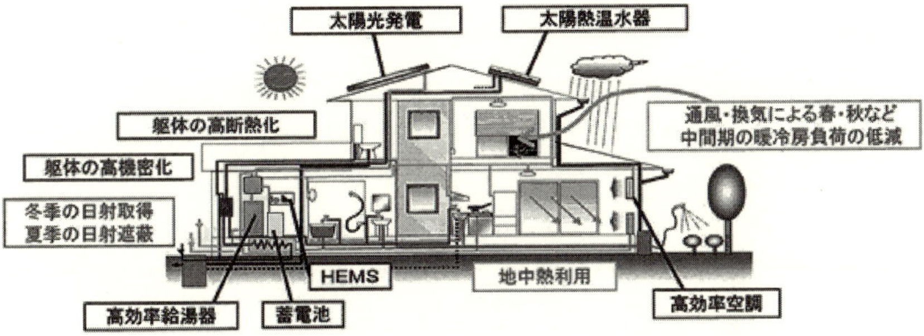

出所：国土交通省（2012）

は、2020年までに新築の建築物のニアリー・ゼロ・エネルギーの達成と大幅な再エネの導入が求められた（公共建築物は2018年までが目標）。加盟国は、「概ねゼロエネルギー」の水準について国内事情を勘案して設定できるが、2030年までにゼロエネルギー化を目指している。ゼロエネルギーとは、電力などのエネルギーを全く使わないという意味ではなく、断熱化や自然採光などで建築物が必要とするエネルギー消費量を大きく削減して、再エネを供給することで差し引きがゼロになることを指している（図表9-2）。これをさらに進化させたプラスエネルギーハウスは、再エネの供給量が建築物のエネルギー消費量を上回る。

1.2　ドイツの省エネリフォーム

ドイツ政府は、2010年にエネルギーコンセプトを策定し、2050年までに国全体の一次エネルギー消費量を50％削減する目標を設定した。建築物のエネルギー消費量は2020年に暖房用エネルギー消費量を20％削減し、2050年に一次エネルギー消費量を80％削減する目標が設定されている。

ドイツでは、石油ショックを契機に建築物の暖房用エネルギー消費量を削減するために、断熱化を促進してきた。1984年に外断熱、1995年に断熱性の高い窓ガラスが義務化された。2002年に省エネルギー政令が制定され、建築主に対して新築及び大規模改修時に断熱工事を義務づけて、低エネルギー住宅やパッシブハウス（低燃費住宅）の普及を目指してきた。パッシブハウスとは、年間の暖房用エネルギー消費量が建築物1㎡当り15kWh以下（灯油換算で1.5L/㎡以下）、照明

図表 9-3　ドイツ住宅の省エネ基準の推移

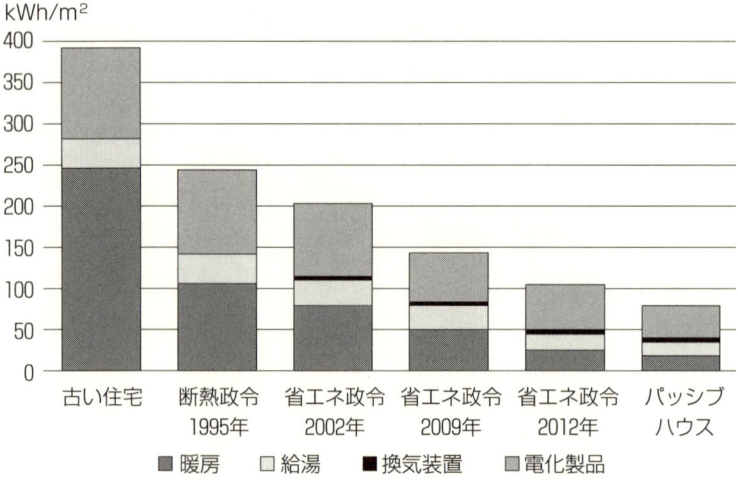

(kWh/m²)

古い住宅／断熱政令1995年／省エネ政令2002年／省エネ政令2009年／省エネ政令2012年／パッシブハウス

■暖房　□給湯　■換気装置　■電化製品

出所：Darup（2009），p.17を一部修正。

他の一次エネルギー消費量が建築物1m²当り120kWh以下の建築物である。古い住宅では暖房用エネルギー消費量が家庭の消費量全体で7割を占めていたが、2002年の基準では断熱化により暖房の消費量が2/3減少し、パッシブハウスになると、エネルギー消費量が1995年基準比で3/4減少する（図表9-3）。

また、スーパーなどの商業施設でも省エネ化が進められている。ドイツのREWE社は、2012年にハノーファーのゼロエミッション住宅街に国内初のパッシブハウス・スーパーを開店させた（店舗面積1300m²）。一般スーパーのエネルギー消費は冷蔵・冷凍に6割、照明に2割を占める。REWE社は建築物の高断熱化、三重ガラスの冷蔵庫、水蒸気で冷却する野菜売り場を設置し、自然採光やLED照明を導入し、エネルギー消費量を通常よりも3割削減した（Wohlfahrt，2014；田口、2015）。断熱性能が高いため、外気温が氷点下7度まで暖房が不要である。また、この店舗は、解体時に廃棄物を発生させないために、建築物の壁は木材でつくられ、再利用可能な資材で建設され、雨水を再利用するなど環境負荷を極力低減させた持続可能性も追求されている。

ドイツでは、国内の住宅ストック4020万戸のうち約1％に当たる40万戸で毎年省エネリフォームが行われ、建設業総工事額の1/4を占めている（村上、2012）。リフォームは省エネ性能が上がるほど補助金や優遇利子などの支援策が充実する。

2007〜11年の5カ年で、政府や自治体は助成金・補助金として68億ユーロを拠出して工事発注を誘発し、約100万戸の施工に総額900億ユーロが投資された。この事業拡大によって、年間30〜34万人の雇用が創出されて高い経済効果が得られた。また、付加価値税19％が投資額に単純にかかると仮定すると、144億ユーロが税収となり、助成金・補助金を上回る税収増加となった。さらに、省エネ効果により年間500万トンのCO_2排出削減が見込まれた。ドイツ政府は省エネリフォーム市場を毎年120万戸へ3倍拡大し、2050年までにすべての住宅を高断熱化する計画である。省エネリフォームは2000億ユーロ規模の市場をつくりだし、今後30年以上継続する国の基幹産業と期待されている。そして、「海外に流出していた20年分の光熱費が職人の給料に代わる」といわれるように、高い内需をうみだす優れた経済政策とされる。

このようにドイツの省エネリフォームは、環境改善、事業と雇用創出、税収増加という幾重もの効果をもたらす成功した環境・経済政策と評価されている。

1.3 遅れている日本の建築物断熱規制

日本の断熱規制は大きく遅れてきた。ドイツなどでは三重窓が標準化されているのに対し、日本ではようやく二重窓が普及しつつある段階である。これまで日本の夏は高温多湿であり、高断熱・高気密が向いていないと言われてきた。北海道などの寒冷地以外では家庭での暖房用消費量が欧米諸国に比べると少なく（図表9－1）、断熱性能があまり重視されてこなかった。

日本では、住宅・建築物の省エネ基準が1980年に省エネ法に基づいて制定された。しかし、北海道などの寒冷地でもドイツやデンマークなどよりも断熱基準が低く設定され、本州の基準は無断熱に近いため、エアコンなどの普及とともに家庭部門や業務部門での冷暖房用のエネルギー消費量が増加してきた。とくに業務部門では、コンビニやスーパー、事務所の営業時間が増加したことに伴い、空調の使用量が増加し、夏と冬の最大電力需要時の約50％を占めていると推計されている。

国は省エネ基準を強化し、2009年に住宅トップランナー制度を導入して省エネ性能の底上げを目指している。2000年に住宅性能表示制度、2001年に建築環境総合性能評価システム（CASBEE）、2009年に住宅省エネラベルが策定され、住宅・建築物業者に省エネ性能の評価を表示させてきた。あわせて、低金利融資、

住宅エコポイントなどの補助金、省エネリフォーム促進税制などのインセンティブを付与することで、断熱化、通風、採光を組み合わせた快適な住宅・建築物づくりが進められている。2013年の省エネ基準改正では、断熱性に加えて、設備性能（冷暖房、換気、給湯、照明など）や太陽光発電などの再エネ利用量を総合的に評価する方法に変更された。その理由は、省エネ性能の評価が屋根や外壁などの断熱性能のみとされ、エネルギー消費量の大きな給湯や照明などの設備が含まれていないことや、再エネ利用が評価外とされていたことに対応するためであった。

1.4 東京都の建築物熱エネルギー政策

東京都は、2000年に環境確保条例を公布して以来、事業活動や市民生活での気候変動対策として様々な施策を実施してきた。都が気候変動対策へ積極的に取り組む理由として、気候変動問題は人類の直面する最も深刻な環境危機であり、東京のような大都市の存亡に関わる問題という認識に基づいている。2007年に発表された「カーボンマイナス東京10年プロジェクト」では、これからの10年の取り組み次第で、次の世代に今の環境を残せるのか分岐点に立っており、直ちに大幅な温室効果ガスの排出削減に取り組むべきとしている。そこで、2020年の温室効果ガス排出量を2000年比で25％削減する目標を掲げた。また、低炭素型の新たな都市モデルの提示や先駆的な施策を打ち出すことで国の政策をリードすることも謳われている。

東京都のCO_2排出量が最も大きいのは業務部門であり、オフィスビルやマンションなどの高層建築物の省エネ化が気候変動対策の最大の課題である。東京都は、延床面積1万m^2以上の大型建築物（現行は5000m^2以上）の省エネ化を促進させるために、建築主に「建築物環境計画書」の提出を義務付けている。光熱費は居住人が負担するために、建築主に建築物の省エネ化へのインセンティブが働かない。そこで、東京都は提出された計画書を省エネ、資源の適正利用、自然環境の保全、ヒートアイランド対策の環境分野につき3段階で評価された結果を公表するラベリング制度を実施して、省エネ住宅の普及を目指している。さらに延床面積1万m^2以上の大型マンションに対して「マンション環境性能表示」が義務づけられ、建築物の断熱性、設備の省エネ性、太陽光発電・太陽熱、建築物の長寿命化、みどりの5項目を3段階で環境性能を評価し、その結果を広告などに

掲載することが義務づけられている。この環境ラベルが導入された結果、2010年には新築マンションの省エネ性は最も高い3つ星が大半を占め、5年間で平均性能が大きく引き上げられた。

また、省エネ型住宅は環境性能だけではなく、居住性や健康維持などの効果も生み出している。古い住宅では、冬の寒さが高齢者の健康へ悪影響を与えていたが、断熱化が進むと「温度のバリアフリー」となるため、健康維持や高福祉につながる。日本はさらなる高齢化社会が見越されており、省エネ住宅を健康住宅として普及促進する政策が求められる。

2 「減電」という省エネ

2.1 「減電」とは何か

福島第一原発事故以降、日本では原発稼働停止による電力不足に対する危機感が高まった。この電力不足に対処するために、電気の消費量そのものを減らす「減電」が重要である（図表9-4）。その手法の一つは、省エネ型機器や設備を導入し、給湯や暖房などの熱利用には熱供給することで消費電力を恒常的に減らす省電力である。もう一つは、最大需要時の電力消費を抑えるピークカットとピークシフトである。

政府は、2011年夏に首都圏と東北地方で電力供給量が不足するという見通しを発表した。そこで、真夏の最大消費電力カットの方策として、2011年5月に電気事業法第27条に基づく電力使用制限令が発動された。対象は、大口需要家（契約電力500kW以上）であり、東京電力と東北電力管内では7月1日から9月9日までの9時から20時に「昨年の同じ期間・時間帯の使用最大電力から15％減らした値」を上限に制限された。

夏場の最大の電力消費源は冷房使用と工場などの設備運転である。冷房使用を節約するために、建築物の壁や窓の遮熱化、クールビズの強化、冷房温度の引き上げが行われた。最大電力の時間帯を分散させるために、工場では土日曜を操業日とし、サービス業では営業時間帯をサマータイムで分散させ、在宅勤務を拡大させた。また、電車の運転本数や車両数を減少させ、飲料水用自動販売機の運転時間の短縮なども行われた。家庭では、エアコンの温度設定の変更や使用時間の

図表9-4　「減電」の概念図

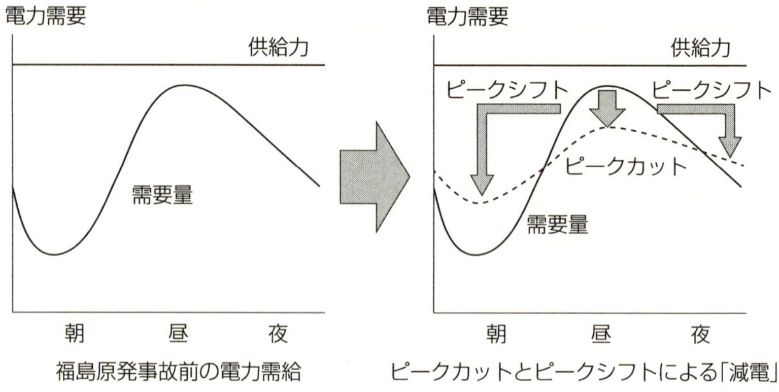

（左）福島原発事故前の電力需給
（右）ピークカットとピークシフトによる「減電」

出所：筆者作成。

短縮、扇風機との併用、遮熱対策などが行われた。

　こうした節電対策の成果や最高気温が平年並みであったこともあり、電力不足を回避できた。全国で最大の電力需要時間帯は8月10日14時から15時で、最大使用電力量は1億5660万kWであった。これは冷夏の1993年に次ぐ低水準であり、東京電力と東北電力管内では、2010年夏よりもピーク電力量は2割少なかった。東京電力によれば、企業や家庭の節電対策で900～1000万kW、このうち産業界の休日シフトで平日の需要が200～300万kW削減されたと推計されている。しかしながら、この制限令を通じて明らかとなった問題点を2つ指摘したい。

　第1に、2011年夏は節電・ピークカットの準備が間に合わず、操業シフトなど我慢・負担を伴う対策も数多く行われたが、持続的な効果を期待できなかった。エネルギー需要を縮減するためには、エネルギー供給や交通システム、都市計画に関わるインフラ整備や、24時間社会という利便性の見直し、不要不急の拡大需要からの脱却という活動量の縮減に取り組むことが求められている。

　第2に、電力消費の増加につながる「オール電化」推進政策の見直しが行われていない。「環境にやさしい」と宣伝されている電気給湯機やオール電化住宅・建築物は電力の浪費を招いて、CO_2排出量と光熱費を増加させているという指摘がある（CASA、2008）。「オール電化」は、東日本大震災で電力不足の大きな要因につながったにもかかわらず、電力各社は今も電力需要の新規開拓として「オール電化」の増加を経営計画に盛り込んでいる。太陽光発電を設置すると、工務

店が「オール電化」を強く勧めるケースが多く、床暖房や電気給湯、浴室乾燥・暖房など消費量が多い製品をセットにして電力需要を増やしている。

東京都は、電力需要を減らすために、「熱は熱で」キャンペーンに取り組んでいる。家庭でのエネルギー消費の内訳は、半分が暖房と給湯という低温の熱需要であり、残り半分が家電などの動力と冷房という電力需要である。太陽光発電のエネルギー利用効率は12％であるのに対して、太陽熱温水器の効率は40～60％と高い。同じ太陽エネルギーを使うならば、電力需要に対しては太陽光発電、熱需要に対しては太陽熱利用とした方がエネルギー効率を格段に高くできる。太陽熱温水器は石油ショック後に急速に普及して廃れたが、「減電」の観点からも、太陽光発電と太陽熱温水器を併用したソーラーシステムの普及拡大が求められている。

2.2 工場等の節電取組

工場は電力や熱を大量に消費するため、エネルギーコストの削減が経営に大きな影響を及ぼしてきた。福島第一原発事故以降、節電要請で工場操業の停止や短縮を回避する必要があり、省エネや節電効果の大きな設備投資が行われた（歌川、2015）。

東京電力は川崎LNG火力発電所を更新時にコンバインドサイクル化した。同発電所1号系列はガスタービン入口温度1500℃に高めた結果、発電効率が高位発熱量で約53％となり、CO_2排出量と燃料消費量を約25％削減した。燃料コストは、2014年前期の単価で計算すると、設備容量150万kWで年間約300億円の削減に寄与していると推定される。また、関西電力は姫路第二LNG火力発電所を更新時にコンバインドサイクル化した。ガスタービン入口温度は前述の川崎1号系列よりやや高い1600℃に高めた結果、発電効率が高位発熱量で約54％となり、CO_2排出量と燃料消費量を約30％削減した。川崎2号系列はこのタイプを採用している。

設備更新の事例として、東芝大分は、クリーンルーム用の冷凍機を更新し、旧型電気式の新型への更新と旧型ガス吸収式を電気式新型への更新で、あわせてこの設備のエネルギー消費量を半減し、光熱費を年3億円削減している。また、キリンビール岡山工場は、ガスエンジン排熱などの排熱回収利用を行い、工場全体でエネルギー原単位とCO_2原単位を約3割削減し、光熱費も年3300万円削減し

た。

　デンソー西尾事業所（愛知県西尾市）は、ノズル製作用の恒温室で、夏も冬も20度±1度になっていた中心温度を外気にリニアにしようと設定を変更した結果、CO_2排出量を36％削減、光熱費を3300万円削減した。この省エネ対策は、半導体工場のクリーンルームやサーバールームの温度湿度設定にも応用できる。

　コマツ製作所粟津工場（石川県小松市）は、新組立工場を従来の床面積よりも3割小さくしながらも生産能力を1.5倍に引き上げた。生産性向上で20％削減、建築物の断熱化やLED照明など省エネ設備の導入で32％削減、これに太陽光発電やバイオマス発電の設置で40％削減、年間電力購入量を92％削減するとしている。

　この他に、環境省の「自主参加型排出量取引」は、省エネ設備投資の3分の1補助を実施し、年度によって異なるものの、事業所全体のCO_2排出量を16～29％削減している。ESCO（エネルギーサービス産業）は、機器を省エネ型に更新したサービス業でエネルギー消費量を20％削減している。

2.3　市民共同節電所

　節電は発電所をつくるのと同等の価値がある。これは第8章でも触れたネガワット（使われなかった電力）の本質である。従来は電力が不足すれば発電所を増設してきたが、これからは節電所を増やせば発電所を減らすことができると発想を変えていく必要がある。

　株式会社ふくい市民発電所は、ESCO事業と市民ファンドを組み合わせた「LED市民共同節電所ファンド」を立ち上げた（図表9-5）。2014年に福井駅前の商店街アーケード（1号機）、福井市内の店舗とオフィス（2号機）で、照明を水銀灯や蛍光灯からLEDに変えることで電力消費量を削減する事業に取り組んだ。市民発電所は、省エネ提案を行い、市民出資のファンド（1口15万円、41口、615万円）で初期費用を支払う。顧客の商店街や店舗などは、下がった電気代から3～5年で初期費用と利益を市民発電所へ返済して、初期投資の負担がゼロとなる。市民出資者には5年間で元本と配当金（年利1.5％）が支払われる。1号機は、年間電力消費量が8.4万kWhから2.4万kWhへと72％削減され、2号機は21.4万kWhから8.5万kWhへと60％削減された。CO_2削減量は、1号機と2号機を合わせて7.1万kgであり、110kWの太陽光発電所と同等の効果があ

第9章　エネルギー利用の効率化を進めるにはどうすればよいか

図表9-5　LED市民共同ファンドのしくみ

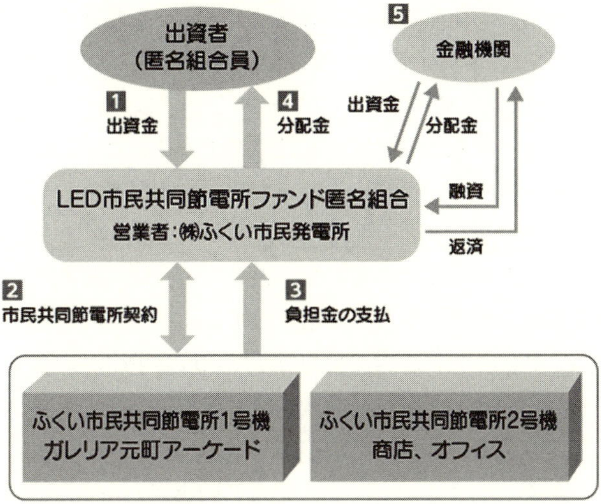

出所：ふくい市民共同節電所・ホームページ。

る。

　この事例は、初期費用負担ゼロでLEDに切り替えるために市民ファンドを活用したシステムであり、節電・コスト削減・CO_2削減をはかる市民参加型のモデル事業として注目される。

3　コジェネレーションの普及

　コジェネレーション（熱電併給、CHP、以下、コジェネ）は、電気と熱の双方を同時に供給する設備であり、発電所や工場などの大規模設備から家庭用の小規模設備まで多様である。最新鋭の火力発電のエネルギー効率は40～60％程度だが、廃熱回収で熱供給と組み合わせると、総合エネルギー効率が70～85％と極めて効率が高くなる。

　欧州では、地域暖房や温水供給として広く利用されているが、日本では大規模な産業用で利用されているだけで、ビルや住宅であまり積極的に導入されてこなかった。その要因として、旧電気事業法の規定では、一般電気事業者以外がビルなどに電力供給する場合、必要な電力量を供給しなければならず、この電力量に

合わせてコジェネの設備能力を決めると熱の方が大幅に余ってしまい、経済性が悪くなるからであった。電気事業法の改正によって、必要な熱需要の量に合わせてコジェネを導入し、不足する電力量を別途調達できるようになった（大野、2013）。しかし、福島第一原発事故以降、ビルなどではコジェネではなく、目先の電力確保を目的とした重油の自家発電設備が導入された。これは日本のエネルギー政策が熱利用を軽視した政策の失敗とも呼ぶべき事態である。コジェネは、地域の電力需要と熱需要に適合した形で導入していくべきであり、規模に応じた地域エネルギーシステムの要である。また、コジェネは系統電源への依存率を減らして防災性を高める意義もあり、自治体のエネルギー政策の重要な柱である。

　北欧諸国では、1950年代に都市開発のなかで地域熱供給が普及し、石油ショック以降、脱石油化というエネルギー安全保障のためにコジェネによる地域暖房が拡大された。そして、EUは2004年にCHP指令を策定し、加盟国でバイオマスなどの再エネ熱供給を含めたコジェネの普及に拍車がかかった。EU諸国の地域熱供給源は8割がCHPから発生した低温廃熱を利用しており、デンマークやスウェーデン、フィンランドなどで普及が進んでいる（脇坂、2012）。デンマークは地域暖房が大きく普及し、50％が自治体の大規模CHPから熱供給され、燃料は石炭や天然ガスが多い。中小規模のCHPではバイオマス熱供給が増加している。

　欧州では、木質バイオマスは主に暖房用の熱源として利用されている。スウェーデンやフィンランドでは、林業から発生する木質系廃棄物を燃料にしてコジェネが盛んに行われている。ドイツでは、再エネ法（EEG）による固定価格買取制度がバイオマス発電の設置を加速させた。2007年の統合エネルギー及び気候プログラムでは、熱消費に占める再エネの割合を2007年現在の6％から2020年に14％に引き上げることが目標とされた。2007年の再生可能エネルギー熱法は、$50m^2$以上の新築建築物の熱供給のために再生可能エネルギーを一定の割合で利用する義務を課した。また、バイオマスボイラーなどの設置の補助制度が拡充されており、再エネの熱利用がさらに促進される見込みである。

4　自動車交通量の削減と地域づくり

　モーダルシフトとは、旅客では自家用車から公共交通機関へ、貨物ではトラッ

第9章　エネルギー利用の効率化を進めるにはどうすればよいか

クから鉄道や船舶などへ交通手段を転換することをいう。1970年代に都市では、車の増加とともに渋滞が激しくなり、新たな車線を確保するために路面電車が廃止され、やがて不採算を理由にバスも次々と廃止されていった。このような公共交通機関の縮小が自動車利用の拡大を生みだし、社会全体が自動車に依存することになった。

　欧州では、1970年代から渋滞対策として自動車交通量を削減するための取組みが実施されてきた。また、自家用車の輸送量当たりCO_2排出量は、鉄道に比べて10倍、バスに比べて3倍多く、気候変動対策の観点からもモーダルシフトに取り組むことになった。主な取組みは、公共交通機関や自転車道など代替交通インフラを整備することである。一度は廃止されたLRTも、地下鉄や鉄道に比べると建設費・維持費が安く、都市部と近郊地域との移動にも適しており、ドイツやフランスなどで次々と路線が設置された。自動車社会の象徴である米国でも、サンディエゴやロサンジェルスなどで設置されている。日本では、2006年に富山ライトレールが開業し、広島市や岡山市などでもLRTが導入されて利便性を高めている。

　バスも重要な都市交通手段である。欧州では、常設のバス専用レーンを設置して定刻通りに移動できる仕組みを作り上げてきた。日本のバスレーンは、大半が朝夕ラッシュ時のみに設置されるだけで、定時運行という利便性が必ずしも保証されない。

　貨物輸送でも都市内のモーダルシフトが可能である。ロサンジェルスでは、港から陸地の貨物基地までの約30kmで貨物専用鉄道アラメダ・コリドーが運行されている。トラック輸送と異なり渋滞に巻き込まれずに定時輸送が可能となり、輸送容量限界に近い利用率をあげている。

　この他にも、自動車交通量を削減する取組みは数多くある（図表9-6）。ロンドンの混雑税は市内中心部を走行するたびに高額の渋滞税を課し、シンガポールのエリアライセンス制度や車両割当制度は高額料金を課すことで、都市部での自動車利用を抑制させている。一方、都市部への自動車移動を回避させるパークアンドライドは、日本でも設置されている駅が増えている。最寄り駅までは自動車移動し、無料で駐車場に止めた後は電車通勤する方式である。このほかにも、カーシェアリング（自動車の共同所有）や貨物の共同配送も自動車の交通量を削減する効果がある。これらの交通政策は、コンパクトシティやサステイナブルシテ

図表9-6　モーダルシフトの取組例

取組内容		概要	実施地
意識啓発	ノーマイカーデー	指定日に車通勤を控えるよう呼びかけ	大阪市、札幌市など
代替交通のインフラ整備	LRT（路面電車）の整備・拡張	欧州の人口20万人以上の都市の多くでは設置され、米国でも設置が拡大	欧米各都市、富山市、岡山市、広島市など
	バス専用レーンの設置	一般道とは別にバス専用レーンを設置することで定時運行が可能	欧州各都市、札幌、名古屋など
	コミュニティバスの運行	マイクロバスの運行で高齢者の移動手段を確保	武蔵村山市、金沢市など
	自転車専用道の設置	車道や歩道から独立した自転車専用道	ドイツ、オランダなど
	貨物専用鉄道の設置	都市部にトラック走行を回避	ロサンジェルス
公共交通機関への誘導	環境定期券、週末割引き券	格安券の利用で、通勤や家族の休日移動で車の利用を回避	フライブルクなど海外多数、横浜市、彦根市など
自動車交通量の削減	混雑税、エリアライセンス制度	指定区間を走行する場合に料金が賦課	ロンドン、シンガポール
	パークアンドライド	最寄り駅に自動車を無料で駐車することで、都市部への自動車進入を回避	欧米各都市、札幌市、つくば市、加古川市など
	カーシェアリング	自動車の共同所有	欧州各都市、大阪市、広島市など
	貨物の共同配送（3PL）	複数企業が共同配送することで空荷走行を回避	全国多数

出所：筆者作成。

ィの主要課題と位置づけられており、生活の質を向上させる都市計画や地域づくりとしても取り組まれている。

5　省エネと福祉との政策統合

　補助金などの省エネ政策は、省エネ型製品を普及させることを目的とするが、富裕層への支援策と批判される。なぜならば、家計に余裕がない低所得者は製品を購入できないため、これらの支援策を利用できないからである。しかし、省エネ対策は光熱費の負担を軽くするため、低所得者への生活支援となりうる。

　この点に注目した取り組みがドイツの省エネ診断サービス事業である（上園、2011）。事業者は、カトリックを母体とする福祉事業団体のカリタス（Caritas）フランクフルト支部である。同支部は、フランクフルト市や連邦政府などの支援を受けて、職業安定所などと共同で2008年より、低所得者を対象に無料の省エネ診断サービスを実施した。省エネ診断サービスの流れを説明すると、①顧客が受付に初回診断の電話予約を入れる。②省エネ診断士が顧客宅を訪問してエネルギー消費機器や光熱水道の請求書などの情報を調べる。③その情報をもとに省エネ潜在量を計算する。④診断士が再度訪問し、その世帯にあった省エネ対策プランを提示し、そこで導入する省エネ機器を決定する。⑤50～70ユーロ分の省エネ機器（省エネランプ、節水シャワーヘッド等。世帯当たりで約10個の機器）が無料で提供される。

　省エネ診断を受けた家庭は、世帯当たり年間303kgのCO_2排出量が削減された（1,067世帯平均）。製品の寿命までに、世帯当たりで2,441kg、実施全世帯で2,605トンのCO_2排出量削減が見込まれている。電気・水・温水の節約額は、年間で世帯当たり151.7ユーロ、機器類の寿命までに1,313ユーロと推計されている。機器類の費用は総額で5万4,710ユーロ、世帯平均で51.27ユーロであり、機器類の寿命までの投資効果は25倍と高い。

　また、省エネ診断サービス事業は、職業訓練によって失業者に職を提供する目的もある。省エネ診断士を志望する失業者は、60時間の専門教育、コミュニケーション、電気講習、現場での実習などを受けて最終試験の後で原則1年間採用される。ドイツは、約10％の高い失業率が大きな社会問題となっており、就労能力のある失業者を社会復帰させることが課題である。雇用期間が終了すると、省エネ診断士はドイツ手工業組合のエネルギー・水サービス相談員の資格試験を受験することができ、それに合格すれば新たな職場へ就職できる。

さらに、電力・水道などの使用量削減は、自治体が支払う光熱水維持費の削減にもつながり、フランクフルト市の場合、2008年以降26.5万ユーロの経費が節約された（連邦政府4.9万ユーロの節約分を含む）。

やがて、このプログラムはドイツ120以上の都市で実施され、3,000人以上の診断士が雇用された（Caritas Germany HP）。その結果、2008〜13年の間で約10万世帯が省エネ診断を受け、CO_2排出量が約20万トン削減され、世帯当たり電力消費量が約15％削減されたという。この社会的成果が認められて、2012年にEUの持続可能なエネルギー賞が受賞された。

こうした雇用・福祉問題の解決策と結びつける環境政策統合は、CO_2削減だけではなく、経済効果をうみだし、持続可能な社会の構築にもつながる可能性を示している。日本でも省エネ診断は環境省や経済産業省の事業として取り組まれてきたが、環境意識を訴えるだけの国民運動のままでは成果があまり期待できない。そうではなく、省エネ製品の普及策を工夫するとともに、経済効果や社会的弱者への支援という環境政策統合の視点が求められる。

まとめ

石油ショックを契機に、ドイツは省エネ対策に着実に取り組んだ。日本は省エネ対策に一時的に取り組んだものの、石油備蓄などエネルギー確保に向かった。その後、チェルノブイリや福島の原発事故、気候変動問題などによりエネルギー制約が厳しくなるほど、両国のエネルギー政策は対極の方向を歩んできた。

省エネ対策は、経済合理的な取り組みが多く、エネルギー安全保障や地域社会の発展につなげることができる。多くのプラス効果が存在するのに、日本では必要とされる省エネ対策が遅々として進んでいない。その理由として、設備投資やインフラ整備の初期費用が大きいため、当面の費用負担が大きいとみなされているからである。

それでは、なぜドイツなど欧州で省エネ対策が進んできたのか。それは、政府が気候変動問題や原発事故のリスクを回避することを第一義として中長期の野心的な目標を掲げていることが大きい。また、省エネ対策は莫大な費用が必要となるがそれは先行投資であり、地域や国内で新たな事業活動を生み出す経済効果が大きいとみなされている。日本での省エネ投資に対する経済への影響のとらえ方

第9章　エネルギー利用の効率化を進めるにはどうすればよいか

とは大きく異なる。さらに、省エネ事業は、エネルギー消費量の削減（環境改善）にとどまらず、居住性や快適性の改善、社会福祉の増強など様々な効果があり、地域や国が直面する社会問題をも同時に解消するように政策統合が進められており、視野の広い政策・計画が実施されている。省エネ対策は、小規模分散型のエネルギーシステムにおいて威力が発揮されており、その計画策定と進行管理において自治体の役割が大きい。

参考文献

上園昌武（2011）「温暖化対策と地域社会の活性化－福祉や雇用創出との統合」『日本の科学者』46(9)、pp.28-33。
歌川学（2015）『スマート省エネ――低炭素エネルギー社会への転換』東洋書店。
大野輝之（2013）『自治体のエネルギー戦略－アメリカと東京』岩波新書。
国土交通省（2012）「住宅・建築物に係る省エネルギー対策について」（第2回持続可能なまちづくり研究会）http://www.mlit.go.jp/common/000193924.pdf
住環境計画研究所（2014）『家庭用エネルギーエネルギーハンドブック（2014年版）』省エネルギーセンター。
田口理穂（2015）『なぜドイツではエネルギーシフトが進むのか』学芸出版社。
地球環境と大気汚染を考える全国市民会議（CASA）（2008）『環境面からみたオール電化に関する提言』
ふくい市民共同節電所HP　http://ecoplanf.com/nega-watt/
村上敦（2012）『キロワットアワー・イズ・マネー－エネルギーが地域通貨になる日、日本は蘇る』いしずえ。
脇阪紀行（2012）『欧州のエネルギーシフト』岩波新書。

Burkhard Schulze Darup (2009), Energieeffiziente Wohngebäude, Fraunhofer IRB Verlag, BINE Informationsdienst
Caritas Germany, Stromspar-Check, http://www.stromspar-check.de/
Matthias Wohlfahrt (2014), Supermarkt als Passivhaus-Konzept für die Klimaschutz-siedlung zero: e-park, WORKSHOP STROM-UND WÄRMEVERSORGUNG-VOM HAUS ZUM QUARTIER

第 4 部

新しい社会をつくる

持続可能な地域づくりとエネルギーシステム

第10章 進展する電力システム改革
分散型の安定供給を目指して

高橋 洋

はじめに

　本章の目的は、地域分散型エネルギーシステムを実現するための電力システム改革について、詳細に論じることにある。電力システム改革の必要性とその概要については、2章で指摘した。分散型電源を大量導入するには、その器を作り変えなければならない。その二本柱が、電力自由化による市場メカニズムの活用と再生可能エネルギー（以下、再エネ）の導入を受けた送配電網の構造改革であった。

　一方で現実の電力システム改革は、当初からこれらを二本柱として分散型システムへの移行のために企図されたわけではない。電力自由化は競争導入のため、再エネの導入は低炭素化とエネルギー自給のための、別個の政策であった。概ね1990年代以降の欧米諸国では、これら2つが同時並行で推進され、電力システム改革へと融合していったと考えられる。だとすれば分散型電力システムには、再エネの変動対策を講じる以上の積極的な価値があるのだろうか？

　このような認識の下、本章では第1に、電力システム改革とは何か、電力自由化と再エネ導入という2つの系譜に遡って考える。第2に、市場メカニズムと送配電網の両面において、システムが分散型であることによる安定供給上の価値の可能性を論じる。第3に、電力システム改革の具体例として、ドイツのエネルギー転換における再エネのシステム統合と市場統合について説明する。第4に、日本の電力自由化の遅れを取り上げ、これが福島原発事故後の電力危機の一因となったこと、その反省から現在電力システム改革が推進されていることを指摘し、今後の展望を述べる。

第4部　新しい社会をつくる〜持続可能な地域づくりとエネルギーシステム

1　電力システム改革の2つの系譜

1.1　電力自由化による市場メカニズムの活用

　電力システム改革を字義通りに解釈すれば、電力の需給を巡る一連の仕組みを改めることを指す。それを本書の観点からとらえれば、集中型システムを分散型に転換することになる。実は、Electricity System Reform といった用語は、先進諸国で共通しているわけではない。一方で近年日本を含む先進諸国において、電力システムを改革すべきとの認識は一致している。電力システムを、発電所や送配電網などからなる物理的ネットワークとその上で電力をやり取りする経済的制度に分ければ、その両面において様々な課題が顕在化している。本節では、2つの系譜から電力システム改革について考察する。

　第1の系譜は、1990年頃から始まった電力自由化である。これは、主として電気料金の低減のために独占から競争へと経済的制度を改める規制改革であり、市場メカニズムの活用に繋がる。そもそも多くの財やサービスの取引において、市場メカニズムこそが需給調整を最も効率的に行う分散型の仕組みであることに、異論はないだろう。ただし、市場は失敗する。規模の経済性による自然独占を受けた次善の策が、集中型電力システムにおける法定独占であった。

　したがって集中型電力システムでは、需給調整に市場メカニズムを活用しない。全体を集中的に管理する責任者（＝電力会社）が、需要を補って余りある供給力を用意した上で必要なだけ発電し[1]、消費者に直売する。料金は認可制となり、独占的事業者の投資回収を保証するとともに、総括原価主義という枠をはめる。その結果、過剰な電源を削減する誘因は働きにくく、システム全体の効率性は低くならざるを得ない。

　集中型電力システムには集中型のメリットがある。第1に、規模の経済性を発揮しやすい。原子力や大規模水力への参入は難しいため、無理に競争させるよりも認可料金の下でコスト抑制が期待できる。だからこそ、規模の経済性が低い再エネは開発の対象になりにくかった。第2に、計画的に規模の拡大を追求でき、

---

[1] 八田（2012：91）はこれを、「需要者が当日どれだけ買うかがわからない使用権契約」と呼び、「発電側が最後の最後まで需要者の気まぐれに付き合わなければならない」と指摘した。

第10章　進展する電力システム改革

旺盛な電力需要の増大に応じられる。供給力過剰が生じてもすぐに需要が追いつく時代には、経済効率性からも問題が小さかった。電力会社と規制当局が消費者の意思を汲んで適切に行動すれば、集中型システムは大きな便益を提供しうる。

このような集中型電力システムの常識は、1990年代の電力自由化によって破られた。その最大の要因は、発電分野における規模の経済性の低下である。小型ガスタービンや風力発電機の価格競争力の向上により、市場メカニズムを活用したくてもできないという集中型システムの前提が崩れ、法定独占を正当化できなくなった。

電力自由化は、市場メカニズムに基づいた需給調整を現実のものとする。これまでは、発送電一貫の電力会社が需給調整に全責任を負ってきたが、自由化後は多種多様な発電会社と消費者が市場ベースで電力を取引し、結果的に需給はバランスする。供給力不足により高い価格が付けば、消費者に節電の誘因が高まり、資源配分は効率化される。これがデマンド・レスポンス（DR）の基本原理だが、それは集中管理者の存在しない分散型の仕組みと言える。

ただし、法定独占を廃止しただけでは市場メカニズムは機能しない。スポット市場やリアルタイム市場といった、市場取引の制度を整備しなければならない。また、法定独占の下では限られた数の事業者を事前規制で縛ってきたが、自由化後は多種多様なプレーヤーを事後規制するために、独立規制機関の役割が重要になる。さらに、発送電分離も不可欠である[2]。競争が可能になるのは発電・小売りの分野であり、今後も自然独占が続く送配電網の公正な開放が重要になる。その結果、電力産業は垂直統合型から水平分業型へと移行し、発電会社、小売り会社、送電会社は、異なる行動原理に則って行動するようになる。

電力自由化に先行したのはイギリスである。イギリスでは国営の電力公社が電気事業を担ってきたが、発電設備への過剰投資といった非効率が目立っていた。1990年に電力公社を民営化の上、発電部門を3社に、送電部門を1社に再編し、競争を導入した[3]。小売部門も段階的に自由化され、1999年には家庭まで含む全

---

2) 発送電分離には、所有権分離、機能分離、法的分離の3形態がある。所有権分離は、発送電一貫の電力会社から送電部門を資本的に切り離すことで、欧州で一般的である。機能分離は、送電網の所有権は問わずに、運用権を独立系統運用機関（ISO）に委ねることで、アメリカで一般的である。法的分離は、電力会社を持株会社化して送電部門を子会社化することで、フランスなどで採用されている。

3) 原発会社 Nuclear Electric は売却が難しく、当初は国営とされた。

面自由化が完了した。その後、同様の改革が1992年にノルウェーで、1996年にスウェーデンでも実施された。他方、ドイツでは電力会社が民間企業であったため自由化や発送電分離への反対が強く[4]、1998年から自由化を始めた。

1.2 再生可能エネルギー導入を受けた送配電網の構造改革

　第2の系譜は、再エネ導入を受けた送配電網の構造改革である。再エネの導入は、石油危機後のエネルギー自給のため始まり、その後の気候変動対策として、欧州などで1990年前後から加速化された。当時の電力システムは集中型であったため、2つの物理的な問題があった。

　第1に、既存の送配電網が再エネに親和的でなかった。集中型システムでは、発電所と送配電網の所有者が一致するからこそ、系統接続の問題が生じない。発電所を建設する大前提として、送電網が確保されるからである。しかし再エネは、小規模の新規参入者が過疎地に建設することも多く、送配電網を借りられない、送配電網が存在しないといった問題が生じる。再エネ事業者に送配電網関連で過大な負担を課せば、再エネの導入は難しい。

　第2に、風力や太陽光の変動対策を含む系統運用の手法も親和的でなかった。それまでの系統運用では、ベース/ミドル/ピークといった給電の順序が決まっていた。それら電源を所有するのは系統運用者たる電力会社であったため、全体として勘定が合えば、どの電源を稼動させるかは大した問題ではなかった。しかし再エネの給電を優先すれば、既存の電源が排除される。また変動対策にも一定の手間や費用がかかる。これらへの配慮は、送配電事業のあり方を変えるだけでなく、発電事業の収益にも直結する。このように、集中型電力システムにとって再エネは、送配電網の構造や系統運用ルールを乱す厄介な電源であった。

　送配電網を再構築し、変動電源に配慮した系統運用手法に改める構造的な手段が、発送電分離である。系統運用者が発送電一貫体制の一部であることによる利益相反を解消するため、特に所有権分離により送電会社として独立させれば、まず送電網が開放される。次に再エネの優先給電や変動対策、送配電網の建設についても、政府方針に基づいて実行される。送電事業は今後も法定独占であり、規制当局の監督下に置かれるからである。さらに、優先給電の結果ガス火力の設備利

4）拙著（2011：109-114）を参照のこと。

用率が下がっても、DRが発電事業や小売り事業の売り上げを減少させても、送電会社の利害とは関係ない。

こうして、再エネや省エネと親和性の高い送配電網への転換が始まったわけだが、その背景にはITの進化があったことが見逃せない。そもそも発送電一貫が必要とされた理由は、範囲の経済性であった。多種多様な発電所と送電網を異なる会社が運用することは、技術的に難しかった。しかしITのお蔭で、独立した送電会社が全国の発電所を直接制御できるようになった。またITは、精緻な気象予測にも威力を発揮するとともに、スマートメーターを通してネガワットの効果的な制御を可能にした。ITは範囲の経済性の低下をもたらし、送電会社の独立を促したのである。

1.3 電力自由化から電力システム改革へ

1990年代以降、日本も含む先進諸国で電力自由化が進められた一方で、電力分野の課題が市場メカニズムだけで解決できるわけではない。特に再エネは、低炭素やエネルギー自給といった正の外部性が強いため、導入には政策的な支援を必要とした。ここで、電力自由化という規制改革と気候変動対策という環境政策の融合が生じたと考えられる[5]。それが電力システム改革である。この２つの系譜の融合による分散型電力システムへの移行を示したのが、**図表10-1**である。

これら２つの施策は異なる目的から始まったのであり、分散型電力システムを構築するために、当初から一体的に進められたわけではない。例えばドイツでは、1998年から自由化を進めつつ2000年から固定価格買取制度によって再エネの導入を進めた。また近年のイギリスでは、低炭素電源を増やすために電力市場改革を進めている。固定価格買取制度の一種であるCfD（２章参照）や容量市場を導入する内容で、これまでの自由化に対して政府介入を強め、複数の政策目的を両立させようとする改革と理解できる。

したがって電力自由化は、近年の再エネ導入の要請から電力システム改革なるものに変容してきたと解釈できる。市場メカニズムの活用だけでなく、再エネのために送配電網の構造や運用方法にも手を加える。それらを総称して電力システム改革と呼ぶのは日本だが、先進諸国は概ね同様の政策課題、すなわち、再エネ

---

[5] 詳細は、拙著（2015）を参照のこと。

図表10-1　電力システム改革の2つの系譜

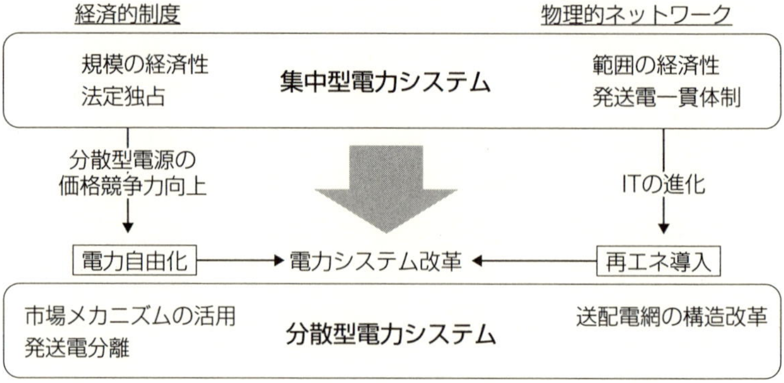

```
   経済的制度                              物理的ネットワーク
┌─────────────────────────────────────────────────────────┐
│   規模の経済性      集中型電力システム      範囲の経済性   │
│   法定独占                                発送電一貫体制  │
└─────────────────────────────────────────────────────────┘
   分散型電源の              ↓                ITの進化
   価格競争力向上
┌───────────┐         ┌─────────────┐         ┌─────────┐
│ 電力自由化 │ ──→    │電力システム改革│ ←──    │再エネ導入│
└───────────┘         └─────────────┘         └─────────┘
┌─────────────────────────────────────────────────────────┐
│ 市場メカニズムの活用   分散型電力システム   送配電網の構造改革│
│ 発送電分離                                               │
└─────────────────────────────────────────────────────────┘
```

出所：筆者作成。

の導入と省エネの推進を抱えており、その手段として物理的ネットワークと経済的制度の双方からの改革を必要としている。

電力自由化と再エネ導入の融合が起きたのは、偶然の結果ではない。そもそも市場メカニズムと再エネという電源及び省エネも、分散型の特徴を有していた。集中型電力システムの時代には、規模の経済性や範囲の経済性といった制約の下で分散型の送配電網を構築できず、また市場メカニズムを活用できなかった。そのため日本を含む諸国が集中型システムを採用したのであり、これに本質的・絶対的な優位性があったとは言い難い。だからこそ、分散型電源の価格競争力の向上とITの進化という技術革新を受けて、今ようやく分散型システムの追求が可能になったのである。

2　分散型電力システムの可能性

2.1　分散型ネットワークとシステムの強靭性

分散型電力システムは、自由化の結果、あるいは再エネを受け入れるため仕方なくといった、受動的な理由から必要となるのではない。分散型の器自体に新たな安定供給という積極的な優位性があると考えられる。

まず、物理的ネットワーク面から考えると、集中型電力システムはその構造自

第10章　進展する電力システム改革

体が集中型である。大規模発電所から長距離送電し、送電網は電圧降下にしたがって枝分かれしていき、配電網を通って各需要家に至る。その流れは中央から徐々に分岐していく階層構造で、一方通行を原則とする。だから、需要家から上昇してくる電流は「逆潮流」と呼ばれる。

これに対して分散型電力システムでは、各地の小さな発電所を結ぶネットワークは物理的にも機能的にもメッシュ状に近づく。広域運用が当たり前になれば、地域間あるいは国家間の壁が取り払われていく。分断されていた複数のネットワークは一体化するとともに、新たな送電網が建設されてネットワークは密になる。電力のやり取りは旧来の地域を越え、また様々な地点で発電が行われるため逆潮流も日常化する。こうして管理と被管理の上下関係は曖昧化していく[6]。

実は、分散型ネットワークの強靭性に関する議論は、通信分野では50年前から始まった。19世紀後半から始まる近代電気通信の世界では、音声電話網が体現する集中型ネットワークが長らく常識であった。これを分散型に転換する発想は、Baran（1964）に遡ることができる。それ以降、通信網は分散型への移行が世界中で急速に進んだ。それが、インターネットである[7]。

バランによれば、旧来の音声電話網は集中型（A）あるいは分権型（B）であるため、その数少ない結節点（ノード）が軍事攻撃を受ければ、システム全体が機能不全に陥ってしまう（図表10-2）。逆に分散型（C）は、メッシュ状で結節点が多数あるため、複数箇所が攻撃を受けても他の通信経路を容易に確保できる。中心が存在しないからこそ、多数の結節点の間をバケツリレー方式で流通が生じる。これは一見原始的に見えるかもしれないが、適切な通信経路の特定や伝達の制御のために高度な技術が要求されるという。

このような思想に基づいて、インターネットの原型である ARPANET は1969年に誕生した。集中管理者が存在せず、多様なプレーヤーの接続を前提とするため、最低限のルールを決めた上で開放的な仕組みにした。当初は大型コンピュータ4台から始まったが、その後世界中のパソコン、ゲーム機、スマホ、タブレットと、端末が次々につながった。また、その上で電子メールやウェブといったアプリケーションが開発され、モノやサービスが自由に取引され、さらにブログや

6）実際に近年のドイツでは、大量の太陽光発電が低圧に接続された結果、逆潮流が日常化しており、それを前提とした系統運用が行われている。竹濱（2015）を参照のこと。

7）この議論の詳細は、拙著（2009：177-190）を参照のこと。

図表10-2 集中型、分権型、分散型ネットワーク

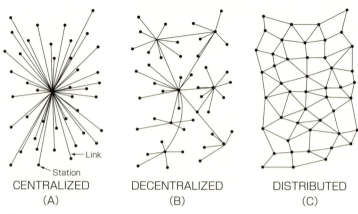

出所：Baran（1964：2）

SNSの形でユーザーが直接参画するようになった。結果的に、強靭な上に低コストの通信網が実現されたのである[8]。

筆者は、通信分野での集中型から分散型への革命的な移行が、電力分野でも起きようとしていると考えている。即ち、大手発電会社の集中型電源だけでなく、再エネやコジェネ、需要家のDR、蓄電池も含めた多様かつ複雑なシステムを、ITの力を借りて最適制御する。これが、スマートグリッドやスマートコミュニティと呼ばれるものであり、分散型ならではのシステムの強靭性がもたらされるだろう。

確かに通信と電力は異なる。特に工学的には、様々な相違点を容易に指摘できるだろう。電力の不安定供給、すなわち停電は、人の生命に関わるといった指摘もよく聞かれる。また、日本は細長い島国であるため、欧州とは異なり送電網が直列状の櫛型にならざるを得ないとの議論もある。確かに地理的条件は制約になるが、克服可能と考える[9]。それを阻んできたのは、技術的制約や経済性よりも地域独占という制度ではなかったか[10]。

8）東日本大震災の折りにも、固定・携帯電話網が寸断されたが、メール等のパケット通信は疎通にほとんど支障がなかった（総務省、2011：7-8）。
9）例えば、東日本の日本海側や四国と九州の間、さらに九州と韓国の間に送電網を建設することは、非現実的ではない。国際連系については、拙著（2011：218-221）を参照のこと。

2.2　市場メカニズムとシステムの柔軟性

　次に経済的制度面では、市場メカニズムを活用した需給調整が分散型電力システムの特徴である。そもそも同時同量の原則が働く電力分野において、需給バランスは決定的に重要である。集中型システムでは、それを立地面からも所有面からも限定された供給側のみから、過剰な設備容量によって差配してきた。技術的制約があったにせよ、それは柔軟性に欠ける非効率な方法であったと言わざるを得ない。

　分散型電力システムでは、伝統的な集中型電源以外に、再エネ、コジェネ、自家発電など、あらゆる電源を需給調整に総動員できる。消費者のネガワットや電気自動車の蓄電池も、価格指標やITの力を借りて市場に統合できる。広域での需給の集積とバランスが当たり前になり、それを担うサービス事業者（アグリゲーター）も生まれる。

　このような分散型の需給調整は、経済効率性の向上だけでなくシステムの柔軟性の拡大にも寄与する。いざという時に、大規模発電所以外に多数の自家発電や無数のネガワットが調整電源として存在すること、これらを電力システム上で活用する市場制度が整っていることは、安定供給上の重要なリスクヘッジになる。またそれらは、再エネの変動対策にもなる。

　繰り返しになるが、市場は失敗する。それは規模の経済性だけでなく、情報の非対称性や外部経済という理由もある。したがって、市場メカニズムを手放しで信奉するのではなく、適切な市場制度やルールの設計と、規制当局の機能が必要条件になる。

2.3　分散型の安定供給の現状

　以上から、分散型電力システムは強靭性と柔軟性を兼ね備え、安定供給の向上に寄与すると考えられる。「不安定電源」を大量導入すると、発送電分離をして競争に任せると、安定供給が脅かされるといった批判がよく聞かれる。しかし筆者の議論が正しければ、ITで武装したネットワークと市場メカニズムの力を発揮させることで、むしろ現実はその反対になる可能性が高い。分散型システムに

10）　その傍証として、どの電力会社も担当地域内には十分なネットワークを構築しているし、自社の原発が立地する場所には、他社の管内であっても高圧送電網が整備されている。

図表10-3　デンマークの供給者形態別電力供給

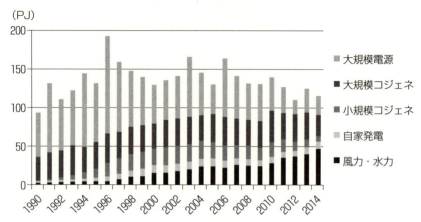

出所：Danish Energy Agency, Energy Statistics 2014.

は分散型の安定供給という優位性があるのである。

　ただ、このような議論は可能性の域を出ておらず、現状では実証されていない。分散型電力システムへの移行は、始まったばかりなのである。その中でもデンマークは比較的進んだ事例と言える。2013年時点で電力の30％以上を風力で供給し、2020年に50％を国家目標としている。図表10-3の通り、電源は大規模から小規模へ、化石から再エネへと着実に転換している。その結果、送配電網はメッシュ状へ移行している（前掲、図表6-11）。

　デンマークではこれだけ分散型への移行が進んでいるが、停電時間は短い。ドイツも同様で、太陽光と風力で電力の12.7％を供給している（2012年）が、日本と同水準の安定供給を維持している（図表10-4）。同様に再エネ導入率が高いスペインやイタリアは停電時間が長いが、過去10年間では継続的に短くなっている（6章）。現時点で分散型電力システムの方が安定性に優れると断定はできないが、変動電源の増加が安定供給を脅かしているとも言えないだろう。

図表10-4 先進諸国の年間停電時間

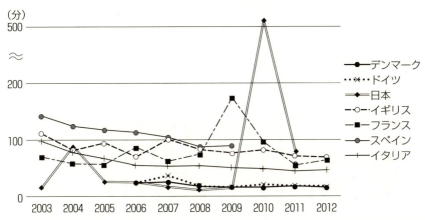

出所:日本は電気事業連合会「電気事業60年の統計」。それ以外はCEER, Benchmarking report on quality of electricity supply.

3 ドイツのエネルギー転換と再生可能エネルギーの統合

3.1 ドイツの電力自由化と発送電分離

では、エネルギー転換を進めているドイツについて、まず電力自由化の状況を具体的に見てみたい。1998年以前のドイツの電力産業は、現在の日本と同様の地域独占・発送電一貫体制であった[11]。しかし、1996年の欧州委員会の電力指令を受けて、電力自由化が始まった。1998年に電力市場は全面自由化され[12]、あらゆる消費者が地域とは無関係に小売会社を選べるようになり、新規参入者を交えた値下げ競争が起きた。2000年にかけて家庭用電気料金は20%（**図表10-5**）、産業用電気料金は30%低下した。一方で、経営の自由度を得た大手電力会社は買収・合併を進め、4社に集約された[13]。

---

11) ドイツでは、発送電一貫の大手8社以外に地域ベースの小売会社が80、自治体営の配電会社が900など、多様なプレーヤーが併存していた。Brandt（2006）を参照のこと。
12) 同時にガス市場も自由化された。
13) E.ON, RWE, Vattenfall Europe, EnBWの4社。

図表10-5　ドイツの家庭用電気料金の内訳と推移

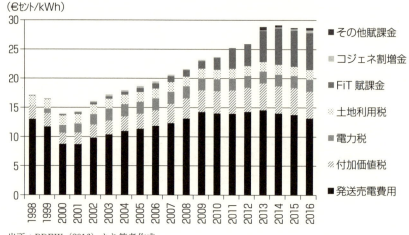

出所：BDEW（2016）より筆者作成。

　その後、競争は停滞し、電気料金は高騰し続けた。2014年の家庭用電気料金は2000年の2倍になり、自由化の成果が見られないとの批判もある。その主要因は、固定価格買取制度の賦課金や付加価値税などの上昇である（図表10-5）。2000年にはこれら税金等の割合は38％だったが、2014年には52％に達している。

　とはいえ、実質的電気料金である「発送売電費用」も漸増している。価格競争が不十分な要因として[14]、送電網が公平に開放されていないとの批判が高まった。1998年の自由化の際には発送電分離も議論されたが、大手電力会社の反対もあり会計分離に止まった。その上、系統接続を事業者間の自主的交渉に委ねた結果、託送料金は高止まりし、新規参入のボトルネックとなったという。

　それでも2003年の第2次電力指令により、法的分離が要求された。2005年からは、独立性の高い連邦ネットワーク庁が送電事業を監督するようになり、系統接続が徹底された。さらに、2007年の第3次電力指令では所有権分離が求められ、E.ONは2009年に、Vattenfall Europeは2010年に、送電子会社を売却した[15]。こ

---

[14] 料金高騰のもう1つの要因は、化石燃料の高騰である。ドイツの電源構成の60～70％を占める火力発電で使われる化石燃料価格の推移と実質電気料金の推移は、ほぼ比例している。
[15] RWEは送電会社Amprionの株式の25％、EnBWは送電会社Transnet BWの株式の80％を所有している。

れ以降、系統接続を巡る問題は実質的になくなったとされている[16]。

この頃から実質的電気料金は横ばいになっているものの、再エネ賦課金の上昇が続き、その効果を打ち消している（図表10-5）。ここで重要なのは、送電会社が独立し、また市場メカニズムを活用できるようになったことで、分散型電力システムに向けた基盤が整ったことである。

3.2 ドイツのエネルギー転換に見る電力システム改革

1998年からの電力自由化の過程は、エネルギー転換の時期と重なる。1986年にチェルノブイリ原発事故が発生し、また気候変動問題が顕在化する中で、化石燃料と原子力に頼るのは持続可能ではないとの認識が高まり、エネルギー転換が広く叫ばれるようになった[17]。二酸化炭素や放射能からも、エネルギーの枯渇や過酷事故からも逃れるには、エネルギー供給を自国の再エネに頼るとともに、エネルギー効率を上げて消費量を減らそうと考えるのは、自然な流れであった。かつそれは、エネルギーの安定供給を維持する一方で技術革新を刺激し、産業構造の転換も併せて実現しなければならない。

エネルギー転換については、2000年の第1次脱原発（シュレーダー政権）、そして2011年の第2次脱原発（メルケル政権）を経て、ドイツ国内では与野党を超えた国民的合意が確立されている。その内容を Federal Ministry of Economics and Technology（2012）で確認すると、2050年の達成目標は、温室効果ガスの削減が1990年比でマイナス80％、再エネ電力の導入率が80％、1次エネルギー消費の削減が2008年比でマイナス50％である。脱原発は2022年までに完了させる。

そのためには、「ただ再エネを大量導入するだけでなく」、「エネルギーシステム全体を新たな基盤の上に構築しなければならない」。具体的には、「新たな送電網、スマートな需要管理、高効率の火力発電所、エネルギー技術の革新、エネルギー効率の高いビルや生産工程、周辺国との電力取引の拡大」など、「エネルギーシステムの再編成」が必要である。「分散型エネルギーシステム」といった用語こそ使われていないものの、これはまさにシステム改革と呼べるだろう[18]。

---

16) 所有権分離が競争促進の観点から法的分離や機能分離より優れていることは、Pollitt (2008) で議論されている。
17) Energiewende という言葉は、1970年代の石油危機への対応や反原発運動の中から使われ始めた。1982年には、"Energiewende" と題する本が出版されている（Öko-Institut, 1982）。

3.3 再生可能エネルギーのシステム統合と市場統合

エネルギー転換の中でも、増大する再エネ電力を電力システムに受け入れることは、ドイツの大きな挑戦になっている。その際に頻繁に使われる用語が、システム統合（system integration）と市場統合（market integration）である[19]。

第1にシステム統合とは、再エネを物理的に送配電網に受け入れる話である。風力や太陽光の出力は変動するため、需給調整上の問題が生じる。さらに風力は北部に立地が偏るため、既存の送電網では十分な容量がない。系統運用手法やネットワーク構造を大幅に改めなければ、再エネを統合できないのである。

そのためドイツでは、固定価格買取制度の下、再エネの優先接続と優先給電を徹底してきた。集中型電力システムでは、原子力や石炭火力といったベース電源をまず給電し、次にガス火力、最後に石油火力や揚水で調整してきた。この順番を変え、再エネをまず給電した上で、それ以外の電源で「残余負荷」（6章）を満たすルールになっている。また変動対策として国内的・国際的な広域運用を日常化させ、再エネの出力抑制も最小限ながら行っている。近年は系統接続上の問題が解決されてきたため、一般的なメリットオーダーに戻るべきとの議論もある[20]。さらにDRや水素インフラ、蓄電池の活用も検討されている。

また広域運用のために、送電会社が中心になって「送電網開発計画」を推進している。2012年の計画では、今後10年かけて南北間に2,900kmの既設網を増強し、2,800kmを新設するとしていた。その後、同計画は毎年改定され、洋上風力用送電網の計画も追加されている。ただし、関係する行政手続きの煩雑さや地域住民からの反対のため進捗が遅れており、対策が急務であるという[21]。

第2に市場統合とは、固定価格買取制度の下で義務的に買い取られてきた再エネ電力の市場での取り扱いの話である。これまで再エネ電力は送電会社によってスポット市場に売却されてきたが、その割合が30％に達したことで市場の価格形

---

18) ドイツのエネルギー転換は、再エネによる熱供給やエネルギー効率の向上も重視した、電力に止まらないエネルギー全般の包括的な内容であることに留意されたい。
19) 例えば、Langniß et al.（2009）, Gawel et al.（2013）を参照のこと。
20) 一般に限界費用の低い電源から順番に給電することが経済合理的で、これをメリットオーダーと呼ぶ。再エネはバイオマスなどを除き限界費用がゼロに近いため、優先給電を止めても実質的に優先される。
21) 例えば、Steinbach（2013）を参照のこと。

成に影響が出ている。例えば、限界費用が低い電源の流入によりスポット価格が下がる一方で、火力などの設備利用率は下がっている。そのため固定的な買取制度と変動的な市場制度を融合させ、電源間の得失を調整しなければならない。

具体的には、2012年から固定価格買取制度に直接販売制度が導入されている。再エネ事業者が自ら取引所などへの売電を選択すれば、その市場リスクや手続き費用の見返りとして、一定のプレミアム（上乗せ）を受けられる。また、調整電源として必要な火力などを支援するため、容量メカニズムとして戦略的リザーブの導入が検討されている。

このようにドイツでは、再エネを無条件に受け入れる段階から、ネットワークや市場制度に適合させ、基幹電源とする段階に移行している。これがドイツの電力システム改革の状況であるが、その前提として電力自由化は2000年代に終わり、送電会社が独立していることに留意されたい。送配電網の開放と市場メカニズムの活用という分散型システムの基盤が整っているからこそ、それらをさらに進化させられるのである。

3.4　ドイツの4大電力会社の苦悩

ドイツは分散型へ向けた改革の最先端を進んでいるが、だからこそ様々な課題が表面化している。再エネの導入量は順調に増えているが、送配電網の構造改革は道半ばである。小売り市場は全面自由化されているが、DRの活用はこれからである。停電は増えていないが（図表10-4）、料金高騰が消費者の負担になっている（図表10-5）。このような中で最も影響を受けているのは、既存の電力会社である。

ドイツの大手電力4社は、これまで再エネに十分に投資せず、集中型電源を重視した経営を続けてきた（図表10-6）。しかし、脱原発と脱石炭というエネルギー転換の2大目標に逆行した結果、確実に利益が出る再エネからの収益は限られる一方で、主力の原子力や火力からの収益は減ることになった。そして送電事業の所有権分離は、独占の源を失う痛手であった。

このような電力大手の苦悩が如実に表れているのが、RWEに関する図表10-7である。RWEは近年ガス火力に投資してきたが、その設備容量の伸びと反比例して設備利用率は下がる一方で、近年は10%を切っている。原子力は高い設備利用率を維持しているものの、福島原発事故の直後に政府の指示で2基を停止さ

第4部　新しい社会をつくる～持続可能な地域づくりとエネルギーシステム

図表10-6　ドイツの4大電力会社のドイツ国内の電源構成（kWh ベース）

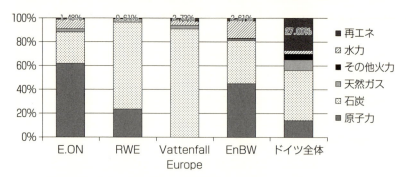

出所：4社の年次報告書より筆者作成。ドイツ全体は連邦経済エネルギー省。EnBWのみ全域、他社はドイツ国内のみ。全て2015年度。

図表10-7　RWEの原子力とガス火力の設備容量と設備利用率

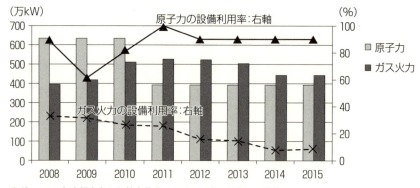

出所：RWE 年次報告書より筆者算出。ドイツ国内に限定した数値。

せられ[22]、設備容量が大きく減っている。この結果、電力ビジネスの利益は継続的に減少しており、2015年末の株価は11.71ユーロと2009年末から6分の1となってしまった[23]。

---

22) ビブリスA原発252.5万 kW。RWE はこれを財産権の侵害として補償を求めて連邦政府を提訴している。
23) RWE 年次報告書より。2009年度の連結純利益35.7億ユーロに対して、2013年度に27.6億ユーロ、2015年度に1.7億ユーロの純損失を計上した。

ドイツの大手電力会社は、長らく脱原発や再エネ導入、発送電分離に反対してきた。集中型電源に強みがある独占体制の受益者としてはやむを得ないことであったが、結果的にその経営判断は失敗といわざるを得ない。そのような中で2015年12月にRWEは、再生可能エネルギー、送電網及び小売りビジネスを子会社として分離し、株式上場するというグループ再編案を発表した。この資金調達により、これら成長分野への投資を拡大するという。これは、「欧州レベルのエネルギー転換への対応」であり、新会社は「分散型エネルギーシステムを実現する高い専門的技術を有する、欧州最先端の革新的企業」となることを目指す[24]。そして残余の分野である「伝統的な発電所は、再エネのバックアップ」として、今後も必要だという。

　実は、このRWEとほぼ同じ内容の再編案が、1年前にRWEと並ぶ最大手のE.ONから発表されている[25]。すなわち、再エネ発電と配電、小売り事業に特化し、原子力を含む既存の発電事業を別会社として分離するということだった[26]。これら「本質的に異なる2つのミッション」を分けざるを得なかったところに、集中型から分散型への移行の難しさが表れているのである。

4　日本の電力危機と電力システム改革

4.1　日本型自由化と発送電分離の頓挫

　本節では、日本の電力システム改革について考える。2章の通り、日本は電力自由化の観点からも再エネ導入の観点からも欧米諸国に遅れをとってきた。それでも1995年頃から3次にわたって電力自由化を推進した。その最大の目的は、国際的に見て高い電気料金の低減であった。

　第1次自由化は、1995年の電気事業法改正による発電市場の開放である。自家発電を手掛けてきた製鉄会社や石油会社などが、IPP（独立系発電事業者）とし

---

24) RWEプレスリリース（2015年12月1日）。日本語訳は筆者。なお、「分散型」とはdecentralizedと表記されている。
25) E.ONプレスリリース（2014年11月30日）。日本語訳は筆者。なお、E.ONの発電事業についても、図表10-7と同様の状況にある。
26) このE.ONの原発分離案に対し、ドイツ政府は廃炉などにかかる費用負担の観点から難色を示し、結局火力発電所のみが分離された。

て参入した。第2次自由化は、2000年の小売り市場の部分開放である。通信会社、ガス会社、商社などが、PPS（新電力）として大口需要家市場に参入した。これを受けて、電力会社が送配電網を貸し出す託送制度が創設された。

2001年から経済産業省は、発送電分離を柱とする第3次自由化に乗り出した。これまでの自由化は独占市場の開放に止まっており、より構造的な競争政策を伴う必要があった。しかし、発送電分離は企業分割につながるため電力会社は強く反対し、実現しなかった。その最大の論拠は安定供給であった。

2003年2月に提出された電気事業分科会の報告書では、「安定供給を図るためには、発電設備と送電設備の一体的な整備・運用が求められる」と結論付けられた。さらに、「原子力等の大規模発電事業を推進するためには、送電事業との一体的な実施が求められる」とも明記された。集中型電力システムを評価し、継続させる内容だったのである。尚、この報告書には「再生可能エネルギー」も「新エネルギー」も登場しない。

その後、小売り自由化の対象は拡大され、全消費電力量の60％を超えたが、競争は拡大していない。2010年時点で新電力のシェアは自由化分野の3.5％に止まり[27]、電力会社間の競争も乏しい。しかし電気事業連合会は、この状況をむしろ評価し、「発送配電一貫体制を堅持しつつ、公平・透明な競争環境を確保した『日本型自由化モデル』」と自賛した[28]。こうして日本では、発送電分離の必要性が叫ばれることはなくなり、自由化は終わった話とみなされた。その裏で、2010年の再エネ導入率は水力を除いて1％に過ぎず、2010年のエネルギー基本計画では、原子力の比率を2030年に50％と倍増させる目標が立てられた。

4.2　福島原発事故と供給力不足という電力危機

2011年3月の福島原発事故は、電力危機と呼ぶべき事態を引き起こした。その最たるものは水素爆発などによる放射能汚染だが、本章の観点からは関東などで発生した計画停電が重要である。それは、戦後の9電力体制において日本が初めて経験する安定供給の途絶であった。

ここで重要なのは、東京電力管内で供給力不足が生じた本質的な原因である。直接的な原因は地震と津波だが、被災したのは原発だけでない。送配電設備は数

---

27) 資源エネルギー庁、電力調査統計。
28) 電事連ウェブサイト。

第10章　進展する電力システム改革

日間で復旧したが、福島第1（470万 kW）と福島第2（440万 kW）以外に、広野火力（380万 kW）、鹿島火力（440万 kW）なども運転不能に陥った。これらは、福島県から茨城県の太平洋岸に並ぶように立地していた集中型電源だった。東京電力は6500万 kW の供給力を有していたが、3月14日に用意できたのは、4100万 kW のピーク需要の想定に対し、3100万 kW に過ぎなかった[29]。

域内での供給力確保を断念せざるを得なかった東京電力は、他地域からの応援を仰いだが、焼け石に水だった。震災の影響を受けなかった西日本には、数千万 kW の電源が余っていたが、中部電力とつながる送電網の容量は100万 kW に過ぎなかったからである[30]。

供給力が絶対的に不足する場合、需給をバランスさせるには需要を減らすしかない。その結果が3月17日に1800万件を越えた計画停電であり、これにより無秩序な大規模停電は回避された。一方で、スマートメーターが家庭にも導入され、ピークシフトを促す料金メニューが普及していたら、より効果的な DR が実施されたはずだといった批判が寄せられた。

その後、火力発電所は復旧したものの、年間のピーク需要を記録する夏に、東京電力管内で需給ひっ迫の危機が再燃した。政府は、電気事業法27条に基づいて電力使用制限令を発動し、大口需要家は前年比−15％のピークカットを義務付けられ、生産計画や労働環境に負担を強いられた。そのような努力の結果、ピーク需要は前年の6000万 W から4900万 kW へと下がり、計画停電も大規模停電も回避された。

2012年に入り、各地の原発は次々に運転を停止し、5月に「原発ゼロ」が実現した。通常なら定期点検を終えれば再稼動するが、今回は原発事故を受けて安全規制が不十分なことが露呈したため、政府は再稼動を許可できなかったのである。全国的な需給ひっ迫の危機が高まる中で、特に原発依存度の高い関西では夏を乗り切るのは難しいと判断し、政府は7月に大飯原発の再稼動を許可した。

以上の電力危機の過程から、安定供給を脅かしたのは集中型電力システムそのものだったことが分かる。集中型電源の集中立地は大規模な電源脱落というリスクを抱えることが、露呈された[31]。また地域別の独占体制が障壁になり送配電

---

29) 東京電力プレスリリース。なお、被災しなかった柏崎刈羽原発では、3基・330万 kW が運転停止中で、その後も運転できなかった。

30) 北海道にも電源が余っていたが、北本連系線の容量は60万 kW に過ぎなかった。

網を拡充・活用できなかった上、消費行動を需給調整に活用する発想がなかった。これに対して、分散型電源を分散立地させ、送配電網を拡充・活用して広域運用を実施し、市場メカニズムを活用して需要側からも需給調整を行えば、そのような分散型の電力システムを構築できていれば、2011年3月以降の需給ひっ迫に柔軟に対処できたのではないか。

4.3　日本の電力システム改革の理念と現実

　電力危機を受けて、日本でも電力システム改革への取り組みが始まった。日本で初めて、あるいは世界で初めて、電力システム改革という用語が政府の公式文書で使われたのは、2011年6月22日の第1回エネルギー・環境会議であろう。これは、福島原発事故を受けて「革新的エネルギー・環境戦略」の策定のために内閣官房に設置された、民主党政権の閣僚級の会議体である。第1回会議の「当面の検討方針（案）」では、「原子力発電に日本の電力供給の過半を依存するとしてきたエネルギー戦略を大きく見直」し、「省エネルギーと再生可能エネルギーを新たな基幹的な柱」とする手段として、「電力システム改革」が明記されている。「分散型電源の促進と需要の自律的な制御」のために、「発送電分離を含めた」「分散型の新システムを目指す」と踏み込んでいる。

　その後2012年2月に、資源エネルギー庁に電力システム改革専門委員会が設置され、有識者らによる本格的な議論が始まった。同委員会は、2013年2月に自民党政権下で「報告書」を提出している。それによれば、電力自由化として「累次の制度改革が行われたにもかかわらず、市場構造の大きな変化は生じていない」と総括した上で、「料金規制と地域独占によって実現しようとしてきた「安定的な電力供給」を、国民に開かれた電力システムの下で、事業者や需要家の「選択」や「競争」を通じた創意工夫によって実現する方策が電力システム改革」と、定義している。

　具体的には、「再生可能エネルギーやコジェネレーションなど分散型電源の一層の活用」、「全国大で需給調整を行う」、「デマンドレスポンスなど需要側の工夫

31）ロビンス（2005：40）では、世界最大のブラジルのイタイプダム水力発電所（1260万 kW）からの送電網の故障により、2002年にブラジルの電力の18％が供給停止された事例が挙げられている。一方で、風力発電は東日本大震災後も安定供給を維持した。日本風力発電協会「東北地方太平洋沖地震による風車への影響について」（2011年3月16日）。

や分散型電源」を通した「価格による需給調整」を実現するとしている。そのための3大施策として、広域系統運用機関の創設（2015年）、小売り全面自由化（2016年）、法的分離（2018～2020年）が明記された。独立規制機関、リアルタイム市場、先物市場、容量市場の創設も含まれている。

このように福島原発事故以降わずか2年で策定された電力システム改革は、事故前の集中型を固く維持しようとする姿勢と比べれば、市場メカニズムを積極的に導入し、分散型エネルギーを活用しようというものだと評価できる。確かに2013年2月の「報告書」以降、3度の電気事業法の改正が実施され、詳細な制度設計が進められている。

他方で具体策を見れば、本書が言う地域分散型エネルギーシステムへの転換の手段となりうるか疑問が残る。例えば、本当に（所有権分離でなく）法的分離によって送電網は開放されるか、発電分野の強制的措置がないままで卸電力取引は活性化されるか、広域系統運用機関から改称された電力広域的運営推進機関は指導力を発揮できるか、成果を議論できるのは数年先になるだろう。

また上記の具体的施策を見ると、市場メカニズムの導入については比較的手当てされているが、再エネに配慮した分散型ネットワークの構築については限定的である。例えば、優先接続・優先給電のルール（4章）や全国的な送電網の構築など、再エネの市場統合・システム統合の具体策には十分に触れられていない。「分散型」というよりも「競争型と集中型を折衷させたようなもの」（高橋、2016：20）を目指しているのかもしれない。

そして何よりも、日本では分散型電力システムを目指すという政治的方針がない。2014年4月のエネルギー基本計画では、電力システム改革を打ち出しつつも、再エネよりも原子力に高い評価を与えている。そして2015年7月には、この基本計画を受けて長期エネルギー需給見通しが策定され、2030年の電源構成として原子力は20～22％、再エネは22～24％という目標が明記された。これらの方針の下で、政府は原発の再稼働を推進すると共に、電力小売り全面自由化後の競争環境下での原子力への新たな支援策の議論[32]や、再エネの固定価格買取制度の抜本的な見直しなどを進めている。日本のエネルギー政策は、地域分散型エネルギーシステムを実現するために電力システム改革を推進するという考えには立ってい

---

32) 詳細は大島・除本（2014）を参照のこと。

ないのであろう。

おわりに

　本章では、分散型電力システムを実現する手段としての電力システム改革について検討してきた。そもそも電力システム改革は、電力自由化と再エネ導入という異なる目的の施策から始まった。これらは市場メカニズムと分散型ネットワークを要求し、両施策が融合した結果、電力システム改革と呼ばれるようになった。

　分散型電力システムは、市場を通した柔軟な需給調整の仕組みと、メッシュ状で双方向であるがゆえに強靭な送配電網に特徴付けられる。それら分散型の特徴のため、安定供給上の優位性を持つ可能性がある。それはこれまでは技術的に実現が難しかったが、分散型電源の価格競争力の向上と系統運用手法のIT化という2つの技術革新により、今ようやく追求が可能になった。

　ドイツでは、エネルギー転換の名の下、分散型電力システムを構築すべく、市場メカニズムとの調和を図りつつ再エネのシステム統合と市場統合が進められている。対照的に日本は集中型システムの完成度が高く、電力自由化も再エネ導入も遅れていた。福島原発事故後、電力システム改革が推進されているものの、分散型を目指しているとは思われない。

　2章で触れた通り、分散型電力システムの推進は欧州などでは潮流になりつつあるものの、国によって取り組み度合に差がある。様々な技術的な不確実性があるのも事実であり、移行期には既存電力会社の経営悪化などの問題が表面化することもあるだろう。それでも日本が分散型電力システムを目指すとすれば、電力システム改革を避けて通れない。その出発点として、これに関する理解と幅広い合意が不可欠であろう。

参考文献
大島堅一・除本理史（2014）「原子力延命の構図―電力システム改革と事業環境整備論―」『公共政策研究』14号、65-77頁。
総務省（2011）『情報通信白書』平成23年版。
高橋洋（2009）『イノベーションと政治学　情報通信革命〈日本の遅れ〉の政治過程』勁草書房。

第10章　進展する電力システム改革

高橋洋（2011）『電力自由化　発送電分離から始まる日本の再生』日本経済新聞出版社。
高橋洋（2015）「電力システム改革の位置づけ　環境政策と規制改革の融合」新澤秀則・森俊介編『エネルギー転換をどう進めるか』岩波書店。
高橋洋（2016）「日本の電力システム改革の形成と変容―集中型・競争型・分散型」『環境と公害』46巻1号、岩波書店、14-21頁。
竹濱朝美（2015）「ドイツにおける風力・太陽光電力の上流送電、系統連系の制度」『風力エネルギー』Vol. 39, No. 114、日本風力エネルギー学会、164-173頁。
電気事業連合会「電気事業60年の統計」　http://www.fepc.or.jp/library/data/60tokei/
八田達夫（2012）『電力システム改革をどう進めるか』日本経済新聞出版社。
ロビンス、エイモリー、他（2005）『スモール・イズ・プロフィタブル』省エネルギーセンター。

Baran, Paul (1964) *On Distributed Communications*, The RAND Corporation.
BDEW, *BDEW-Strompreisanalyse Januar 2016*.
Brandt, Torsten (2006) Liberalisation, privatization and regulation in the German electricity sector, Wirtschafts- und Sozialwissenschaftliches Institut.
CEER, Benchmarking report on quality of electricity supply.
Federal Ministry of Economics and Technology (2012) *Germany's new energy policy*.
Gawel, Erik, Alexandra Purkus (2013) "Promoting the market and system integration of renewable energies through premium schemes - A case study of the German market premium", *Energy Policy* 61, pp. 599-609.
Langniß, Ole, Jochen Diekmann, Ulrike Lehr (2009) "Advanced mechanisms for the promotion of renewable energy-Models for the future evolution of the German Renewable Energy Act", *Energy Policy* 37, pp. 1289-1297.
Öko-Institut (1982) *Energiewende - Wachstum und Wohlstand ohne Erdöl und Uran*.
Pollitt, Michael (2008) "The arguments for and against ownership unbundling of energy transmission networks", *Energy Policy* 36, pp. 704-713.
Steinbach, Armin (2013) "Barriers and solutions for expansion of electricity grids – the German experience", *Energy Policy* 63, pp. 224-229.

第11章 **変わる電力会社の役割**

金森絵里

　本章の目的は、地域分散型エネルギーシステムへの移行期における電力会社の課題を整理し、電力会社に求められる新しい役割を検討することにある。本章では日本の電力会社、すなわち、電気事業法における一般電気事業者（発電、送電、配電を一貫して行う事業者）を取り上げる。具体的には、北海道・東北・東京・中部・北陸・関西・中国・四国・九州・沖縄の10電力株式会社である[1]。

　以下、第１節でこれまでの電力会社の役割を概観した後、第２節で現在の電力会社の役割について、第３節でこれからの電力会社の役割について、それぞれ検討する。

1　これまでの電力会社の役割

　これまで、日本の電力会社は地域ごとに発電設備と送配電設備の一体的な設備運用を行ってきた（発送電一貫体制）。この体制は1951年５月に始まった。当時、９配電会社案と日本発送電会社案で激しい議論があったが、結局９社案を主体とするものに落ち着き、９地域別に発電、送電、配電を一貫した自主的責任体制の事業体制となった（沖縄電力は1972年５月の沖縄返還によって発足した）。地域独占によって電力会社が不当に高い電気料金を設定することのないように、電気料金は基本的に政府の認可にもとづき設定・変更された（規制料金）。料金は電

---

[1] 電気事業法においては一般電気事業者のほかに、卸電気事業者（電源開発株式会社（J-POWER）、日本原子力発電株式会社）、特定電気事業者（六本木エネルギーサービス株式会社、東日本旅客鉄道株式会社、JFEスチール株式会社、住友共同電力株式会社等）、「新電力」や「PPS」とも呼ばれる特定規模電気事業者（株式会社エネット、丸紅株式会社、サミットエナジー株式会社、JX日鉱日石エネルギー株式会社等）、「IPP」とも呼ばれる卸供給事業者などの分類があるが、本章では取り扱わない。

力を供給するために必要な原価に、資金調達コストに相当する事業報酬を織り込んで算定された（総括原価方式）。

これまでの電力会社は、安定供給を至上命題としてきた。電気エネルギーが、国民生活・産業活動に不可欠のエネルギーであるとともに、利便性・安全性・快適性などの面で優れた特性を持っているとされ、総エネルギー消費に占める電力消費のウェイト（電力化率）は構造的に上昇し、電力需要は戦後一貫して堅調に推移してきた。電力会社は、電力化率の上昇に伴う電力需要の増加、経済成長の鈍化や人口減少・省エネの進展に伴う電力需要の減少、大規模電源の開発リードタイム長期化・立地点の遠隔化に伴う供給面での制約要因を考慮しながら、安定供給を最大の使命として経営をおこなってきた。

1990年代より、電気料金の低減を目的に電気事業法の見直しが継続的におこなわれ、自由化が段階的に進められてきた（電力自由化）。まず1995年の電気事業法改正によって発電市場が開放され、1999年の同法改正によって小売市場が部分的に開放された。以降、安定供給の確保に主眼をおいた経営から、効率化・低廉な電気料金・サービスの向上などによる顧客の獲得が必要不可欠とされるようになった。地域独占がおこなわれていた頃に比べ、競争が導入されたことにより、電力会社の私企業性が強まった。

2　現在の電力会社の役割

2.1　収支・財務の改善

東日本大震災後、日本の原発は順次停止し、原発設備を持たない沖縄電力を除く電力9社が財務的危機に陥った。図表11-1は沖縄を除く各社の経常損益額、純資産額、自己資本比率及び値上げ率の一覧である。北海道・中部・関西・四国・九州の各電力会社が3期連続経常赤字を計上し、また北陸と中国を除く7社が電気料金を値上げした。図表には示されていないが、この7社は無配にも陥った。さらに、九州・関西・北海道の3社は、3期連続の赤字によって自己資本比率（総資産に占める自己資本の割合）が激減した。

経営状況が悪化した電力会社は原発依存度が高かった会社である。図表11-2は2011年3月期における電力9社（沖縄電力を除く）の電源構成（発受電電力量

第11章 変わる電力会社の役割

図表11-1 経常損益額、純資産額及び値上げ率

	経常損益 (2011年度)	経常損益 (2012年度)	経常損益 (2013年度)	純資産2013年度 (2010年度)	自己資本比率2013年度 (2010年度)	値上げ率(規制)	再値上げ(規制)
北海道	▲146億円	▲1186億円	▲988億円 (3期連続)	929億円 (3659億円)	5.4% (23.22%)	7.73% (2013年9月)	15.33% (2015年4月)
東北	▲1842億円	▲531億円	386億円	4562億円 (6970億円)	11.4% (18.8%)	8.94% (2013年9月)	—
東京	▲4083億円	▲3776億円	432億円	1兆2300億円 (1兆2648億円)	8.6% (8.9%)	8.46% (2012年9月)	—
中部	▲774億円	▲521億円	▲1041億円 (3期連続)	1兆1966億円 (1兆4856億円)	22.0% (29.5%)	3.77% (2014年5月)	—
北陸	▲22億円	▲21億円	73億円	3005億円 (3362億円)	21.3% (24.9%)	—	—
関西	▲3020億円	▲3925億円	▲1229億円 (3期連続)	8066億円 (1兆4948億円)	11.7% (23.1%)	9.75% (2013年5月)	10.23%申請 (2014年12月)
中国	203億円	▲381億円	▲182億円	4386億円 (5358億円)	16.0% (20.3%)	—	—
四国	▲85億円	▲634億円	▲81億円 (3期連続)	2685億円 (3098億円)	20.1% (23.5%)	7.80% (2013年9月)	—
九州	▲2285億円	▲3399億円	▲1372億円 (3期連続)	3414億円 (9675億円)	8.1% (24.9%)	6.23% (2013年5月)	—

出所：資源エネルギー庁（2014）より筆者作成。

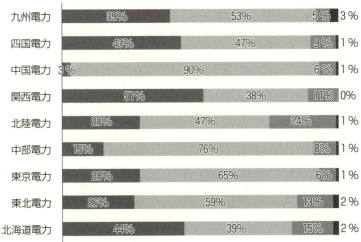

図表11-2 電力会社の電源構成（2011年3月期）

■原子力 ■火力 ■水力 ■新エネルギー

	原子力	火力	水力	新エネルギー
九州電力	39%	53%	5%	3%
四国電力	43%	47%	9%	1%
中国電力	3%	90%	6%	1%
関西電力	51%	38%	11%	0%
北陸電力	28%	47%	24%	1%
中部電力	15%	76%	8%	1%
東京電力	28%	65%	6%	1%
東北電力	26%	59%	13%	2%
北海道電力	44%	39%	15%	2%

出所：各社有価証券報告書より筆者作成。

に占める水力・火力・原子力・新エネルギーの発電電力量に対する割合）である。原発依存度の高いのは、関西・北海道・四国・九州であり、図表11-1において経営状況が最も悪化している会社と一致する。

　このような電力会社は収支・財務を改善し、電気料金を値下げするとともに配当財源を確保することを目的とするようになった。このことが、顧客や株主といったステークホルダーへの責任だと考えられたからである。そして、この目的を果たすために、電力会社は原発を再稼働するしかないと考えている。2015年8月に九州電力川内原発1号機が、10月に同2号機がまた、2016年2月に関西電力高浜原発3号機が、それぞれ再稼働した（高浜原発3号機は、2016年3月に大津地裁の仮処分決定を受け停止した）。

　ところが、電力会社の経営計画における原発再稼働の持つ意味は、それだけではないようである。中国電力は島根原発1号機の廃炉を決定したが、2016年度「経営計画の概要」では、「島根1号機の廃止を考慮すると、島根3号機の早期運転開始はもとより、新規原子力である上関原発の開発はこれまで以上に重要な経営課題であり、早期に着手できるよう、引き続き取り組んでいきます」としている。将来的に新たな原発を開発し設置することも計画の射程内に入っている。

2.1.1　原発の経営的特徴

　果たして収支・財務の改善には原発の再稼働しかありえないのであろうか。東日本大震災に続く東京電力福島第一原発の過酷事故を受けてもなお原発依存から脱することのない電力会社へ、国民の疑念は高まっている。以下、これまでの原発をめぐる議論を振り返り、原発の経営的特徴を確認する。

　原発の経営的特徴について、まず他の電源と比較する。図表11-3はエネルギー・環境会議コスト等検証委員会（2011）で示された主な電源の発電コストである。2030年の技術・プラントが想定されている。本節ではいずれの電源も下限値として計算された値を抜粋している。原子力が、石炭火力、LNG火力、石油火力に比べて資本費＋運転維持費の占める割合が大きく、燃料費の占める割合が小さいことが読み取れる。すなわち、原子力は火力と比較して、固定費が大きく変動費が小さい。固定費は原発の停止・稼働にかかわらず必要になる費用である。これが大きいということは、原発が停止していても必要となる費用が大きいということである。また、変動費が小さいということは、発電するたびに新たに必要

図表11-3 主な電源の発電コスト（2030年モデルプラント）

単位：円/kWh

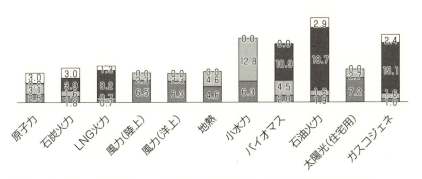

出所：エネルギー・環境会議　コスト等検証委員会（2011）、63頁、図37の下限値を抜粋。

となる費用が小さいということである。

つまり、火力発電は、燃料費の占める割合が大きいことから、燃料費の高騰リスクにさらされているが、固定費が小さいためたとえ運転停止しても大きな損失はもたらさない。これに対して、原発は停止した時に経営に与える影響が大きい一方、大量にそして長く発電すればするほど電力会社の利益につながる[2]。

2.1.2 原発の稼働と停止

原発は稼働していれば利益が大きく出るが、停止すれば経営に与えるダメージが大きいという特徴を持つ。ここで過去を振り返ると、原発はしばしば停止する。その理由は第1に、電力会社自身も認めるように、日本が世界有数の地震国であるという事実である。2000年以降、地震が引き起こした原発の停止事例等は、2011年の東北地方太平洋沖地震を除き7件ある[3]。

---

[2] なお、火力以外の電源との比較でみると、風力・地熱・小水力・太陽光（住宅用）などの再生可能エネルギーは原子力よりも固定費の占める割合が大きいことから、原子力と同様に停止した場合のリスクは大きいといえる。しかし原子力と比べて社会的費用がかからない。社会的費用はプロフィット・センターたる事業者ではなく社会が負担するコストであるから、これがゼロであるということは社会的に見て望ましい資源配分がおこなわれていることを意味する。

第4部　新しい社会をつくる〜持続可能な地域づくりとエネルギーシステム

図表11-4　東京電力の原子力発電電力量と利益の推移

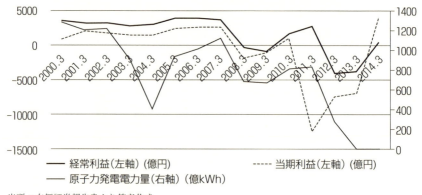

出所：有価証券報告書より筆者作成。

　2007年7月に発生した新潟県中越沖地震では、東京電力の柏崎刈羽原発が被災し、全号機が運転を停止した。図表11-4は東京電力の原子力発電電力量と利益の推移を示したグラフである。2008年3月期および2009年3月期に原子力発電電力量が落ち込むとともに利益が減少し赤字に転落していることが読み取れる。前述のとおり原発の固定費が大きいことに加えて、この場合は柏崎刈羽原発の復旧費用などにあてられた災害特別損失が膨らんだ（2003〜4年の原発停止については後述する）。

　原発がしばしば停止する2つめの理由は、事故の不可避性である。原発は複雑な技術の集合体であること、作業量に制約が課されているため現場における技術の継承が難しいこと、さらに原発が老朽化していることなど、さまざまな理由によって事故が生じ、原子炉の停止につながっている。日本では1995年以降、事故（機器の破損や動作不良、異物挿入、火災・爆発発生など）による原発の停止が少なくとも10件は生じている[4]。

　このように、過去を振り返ると原発はしばしば停止している[5]。全原発の平均

---

3) 2000年7月21日茨城県沖地震では福島第一6号機が手動停止、2003年5月26日宮城県沖地震では女川3号機が自動停止（1、2号機は定期検査中）、2004年10月23日新潟県中部地震では11月4日の余震で柏崎刈羽7号機が自動停止、2005年8月16日の宮城県沖地震では女川1、2号機が自動停止、2007年2月25日の能登半島地震では志賀1、2号機は停止中だったが自動停止相当の揺れ、2007年7月16日の新潟県沖地震では柏崎刈羽全号機が自動停止、2009年8月11日駿河湾地震では浜岡4、5号機が自動停止した（原子力資料情報室、2013、246頁）。

設備利用率は、2000年代以降は60％程度で推移している。年間の設備利用率（％）は〔実際の年間の発電電力量（kWh）÷（定格出力×365日×24時間）〕×100で算出され、設備利用率が低ければ順調な運転が継続的に行われなかったことを表す。

2.1.3 原発停止と事象の隠蔽

原発は停止した時に経営に与える影響が大きいという特徴を有しているが、現実問題としてしばしば停止する事態に陥るため、電力会社においては原発を停止させないよう隠蔽のインセンティブが働くようである。隠蔽の事実が明るみに出たものだけでも、1995年以降、10件を数える[6]。

なお、前掲の図表11-4では2003年3月期から2005年3月期にかけて大きく東京電力の原子力発電電力量が減少しているが、これは東京電力による2002年のトラブル隠し発覚後の原発停止の影響である[7]。ちなみにこの時期、利益水準が一定に保たれているのは、修繕費削減や設備投資抑制による減価償却費減少、退職金・年金制度の見直しによる人件費削減などといった「会計マジック」のおかげ

---

4) 1995年1月島根原発2号機がスクラム排出容器水位の異常高で自動停止、1995年10月東海原発で制御棒駆動用ロープが切れ制御棒1本が炉内に挿入され手動停止、1995年12月高速増殖原型炉もんじゅが2次系のナトリウム漏れによる火災発生で停止、1997年3月東海再処理施設低レベル廃棄物のアスファルト固化施設で火災・爆発が生じ環境中に放射能放出、1997年10月敦賀原発1号機が制御棒1本の動作不良により手動停止、1997年12月福島第二原発1号機が制御棒1本の動作不良により手動停止、1999年9月ジェー・シー・オーのウラン溶液製造・均一化工程で臨界事故が発生、2名が死亡、2001年11月浜岡原発1号機が余熱除去系配管の爆裂のため手動停止、2004年8月美浜原発3号機で、復水管が破断、熱蒸気噴出が発生し5名が死亡し、原子炉は自動停止した。（原子力資料情報室、2013、227頁）

5) 地震と事故という2つの理由以外にも、燃料調達支障、バックエンド費用の不確実性などによって原発が停止する可能性もある。

6) 1995年11月動燃（当時）東海事業所でプルトニウムに不正量、1997年9月原発の配管溶接工事で燃鈍データねつ造（82年以来）、1998年10月使用済核燃料輸送容器の遮蔽材のデータ改竄・ねつ造、1999年6月志賀原発1号炉で検査中に制御棒3本が引き抜け、臨界事故に至ったことを2007年3月まで隠蔽、1999年9月BNFL製MOX燃料の検査データねつ造、2002年8月東京電力が自主点検記録の虚偽報告が露呈、他の電力会社の不正発覚に波及、2003年12月柏崎刈羽原発で管理区域から廃棄物持ち出し・処分が発覚、2006年1月東芝が福島第一6号機などへの納入時に給水流量計の精度データ改竄、2006年11月以降各原発で様々なデータ改竄・ねつ造・偽装・隠蔽、2010年3月島根原発で検査「漏れ」日常化（原子力資料情報室、2013、227頁）。

である。

　以上を要するに、原発の経営上の特徴としては以下の3点を指摘できる。第1に固定費の占める割合が高いため停止した時に経営に与える影響が大きい。第2に、実際には地震や事故によってしばしば停止するという現実がある。そして第3に、停止につながるような事象を隠蔽するインセンティブが働きやすい。

　電力会社は経営計画の中心に原発再稼働を挙げているが、原発は現実問題としてしばしば停止するため企業業績に与える負の影響は大きい。原発再稼働によって収支・財務が改善するとは決して言いきれない。

2.2　経営効率化

　地域独占体制から電力自由化による競争環境へ移行するのに伴い、また原発停止による業績悪化の対策として、電力会社は経営効率化を進めている。特に電気料金の値上げ申請をしている電力会社で顕著である。たとえば震災後2度目の値上げを申請した関西電力では20％の、北海道電力では15％の費用削減をそれぞれおこなっている[8]（**図表11-5、11-6**）。

　15-20％の費用削減が十分か十分でないかは外部からは必ずしも自明ではない。しかし、九州電力は32％の費用削減を達成している（**図表11-7**）。関西電力や北海道電力が同程度の削減率を達成することができれば、電気料金の再値上げ幅はより小さく済んだであろう。

　また、電力会社の費用に対する意識が一般産業の企業とは乖離していることは特筆すべきである。**図表11-8**は東京電力における10年間の損益計算書の見通しである。原発を再稼働するかしないかで2パターンの見通しが示されている。ここで注目すべきは、原発の稼働いかんによって利益は変化しないということである。その理由は、原発を織り込まない場合は、織り込む場合に比べて営業収益が大きくなっている、つまり電気料金を値上げしているためである。つまり、原発を稼働させなければ電気料金を値上げして、原発を稼働させた場合と同じ金額の

---

[7] トラブル隠しとは東京電力が運転する原発のうち13基で機器の点検中に発見されたひび割れなどを隠したりごまかしたりして報告しており、さらに8基の原発ではひびなどの損傷が放置されたまま運転が続いていたことが発覚した事件を指す。詳細は原子力資料情報室（2002）を参照のこと。

[8] ここには資産の売却や費用の繰延による費用の削減は含まれていない。

第11章　変わる電力会社の役割

図表11-5　震災前後の費用削減状況（関西電力、東京電力）

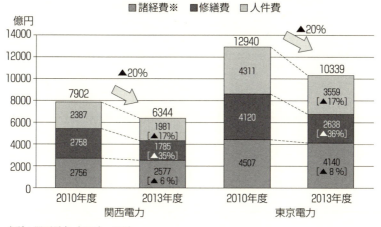

出所：関西電力（2015）、7頁。
※　諸経費は、消耗品費・賃借料・委託費・普及開発関係費・養成費・研究費・諸費の合計。

図表11-6　震災前後の費用削減状況（北海道電力）

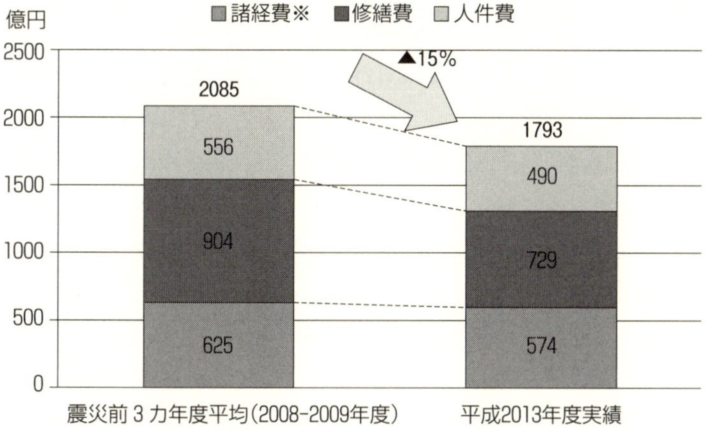

	震災前3カ年度平均(2008-2009年度)	平成2013年度実績
人件費	556	490
修繕費	904	729
諸経費※	625	574
合計	2085	1793 (▲15%)

出所：北海道電力（2014）、13、23、29頁より筆者作成。

利益を計上するという計画なのである。一般的には、費用が増加すると利益は減少する。図表11-8では、費用が増加すると電気料金を上昇させて収益を増加させ、費用が増加しない場合と同じ利益を計上するという特殊な思考が表れている。

図表11-7 震災前後の費用削減状況（九州電力）（億円）

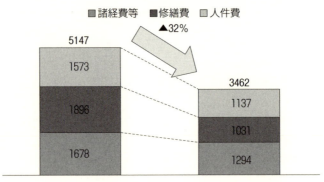

出所：九州電力（2014）、6、10、14頁より筆者作成。

3 これからの電力会社の役割

3.1 原子力から再エネへ

　2011年の東日本大震災を受けてエネルギー政策が抜本的に改革され、単純な自由化に終わらない、再生可能エネルギー（以下、再エネ）導入政策と融合した新たな制度改革（電力システム改革、10章参照）がおこなわれている。日本においても、再エネを積極的に導入することが求められている。

　実際、電力会社は経営計画において、原発の再稼働を重視しながら、再エネの推進をも同時に重視している。しかし、競争環境下において私企業性が強まり、効率化や低廉な電気料金が求められている電力会社にとって、また、東日本大震災と福島第一原発事故による原発停止の影響を受けて財務的な立ち直りを模索している電力会社にとって、原発と再エネを同時に追求することは過大投資・財務状況の悪化につながらないだろうか。さらに、福島第一原発事故後の国民の原発への抵抗は根強いものがある。

　例えば、『日経企業イメージ調査』[9]では2011年の震災後、電力会社のイメージ低下が著しく、「やはり東日本大震災に伴う東京電力の福島第一原発問題が大きく響いた結果といえよう」（9頁）と結論づけられている。具体的には、2010年

第11章　変わる電力会社の役割

図表11-8　東京電力の収支等の見通し

【柏崎刈羽原発2・3・4号機を織り込まない場合(単体)】

	2014年3月期(見込)	2015年3月期(計画)	2016年3月期(参考)	2017年3月期(参考)	2018年3月期(参考)	2019年3月期(参考)	2020年3月期(参考)	2021年3月期(参考)	2022年3月期(参考)	2023年3月期(参考)
損益計算書										
営業収益	64,340	66,289	63,515	62,587	62,998	63,097	63,269	62,306	61,264	61,164
営業費用	63,343	63,783	61,175	60,530	60,714	61,381	60,929	59,350	58,705	58,682
営業外利益	997	2,507	2,341	2,057	2,284	1,716	2,341	2,957	2,559	2,482
営業外損益	(726)	(830)	(711)	(655)	(720)	(727)	(803)	(884)	(1,023)	(1,186)
経常利益	271	1,677	1,629	1,403	1,564	989	1,537	2,073	1,536	1,296
特別法上の引当繰入	5	10	10	13	12	15	14	11	96	116
特別損益	6,392	7	280	—	—	—	—	—	—	—
税引前当期純利益	6,658	1,673	1,899	1,390	1,552	974	1,523	2,061	1,440	1,181
法人税等	1	3	62	3	63	50	79	110	79	248
当期純利益	6,658	1,670	1,838	1,387	1,489	924	1,444	1,951	1,360	933

【柏崎刈羽原発2・3・4号機を織り込む場合(単体)】

	2014年3月期(見込)	2015年3月期(計画)	2016年3月期(参考)	2017年3月期(参考)	2018年3月期(参考)	2019年3月期(参考)	2020年3月期(参考)	2021年3月期(参考)	2022年3月期(参考)	2023年3月期(参考)
損益計算書										
営業収益	64,340	66,289	63,515	60,608	59,551	59,433	59,588	58,695	57,980	57,877
営業費用	63,343	63,783	61,062	58,611	57,265	57,624	57,274	55,860	55,383	55,478
営業外利益	997	2,507	2,453	1,998	2,286	1,810	2,313	2,835	2,598	2,399
営業外損益	(726)	(830)	(711)	(655)	(718)	(722)	(795)	(873)	(1,009)	(1,167)
経常利益	271	1,677	1,742	1,343	1,568	1,088	1,518	1,963	1,589	1,232
特別法上の引当繰入	5	10	10	13	12	15	14	11	96	116
特別損益	6,392	7	280	—	—	—	—	—	—	—
税引前当期純利益	6,658	1,673	2,012	1,330	1,556	1,073	1,504	1,951	1,493	1,116
法人税等	1	3	67	3	60	53	76	100	80	155
当期純利益	6,658	1,670	1,944	1,327	1,496	1,020	1,428	1,851	1,413	961

出所：東京電力（2014）、34、35頁。

度に東京電力の好感度は127位（ビジネスパーソン）および111位（一般個人）であったのに対し、2011年度には上位200位に入っておらず、順位さえわからなくなっている。

9）全国の証券取引所に上場している会社及び非上場会社のうち各業種の大手企業を中心に576社についての企業イメージを測定している。有効回答者は、実際に自ら企業に勤務しているビジネスパーソン4,770人と、首都圏40km圏内在住の18歳から69歳までの一般個人3,665人である。

別の例では『週刊東洋経済』が毎年発表している就職ブランドランキング300がある[10]。事故前の東京電力は123位（2010年6月19日号）および121位（2011年6月18日号、ただし調査期間は2010年12月1日～2011年5月15日）、そして中部電力は291位（2011年6月18日号）にランク入りしていた。ところが2012年の電力会社は300位以内に1社も入らず、「各地で原発の再稼働可否が問題となり、電力自由化の道筋もはっきりしない中、就職人気の復活はまだまだ先となりそうだ」（2013年3月23日号、118頁）と分析されている。

　重要なことは、上記2つのイメージ調査でいずれも原発事故によるイメージ悪化が顕著であるということである。原発が企業イメージを悪化させるのは事故が起きたときだけではない。本章第2節で検討したように、原発には隠蔽のインセンティブが働くという特徴がある。隠蔽をおこなうような企業に対して顧客が抱くイメージは良いはずがない。事故を起こした東京電力のみならず、電力会社が軒並みイメージダウンしていることからこれは明らかである。原発は企業イメージを悪化させるといってよい。

　会計的には、原子力から撤退するなら現在は好機である。廃炉会計制度が改正され、原子力から撤退しても電力会社の財務的負担は軽減されるからである。一般的に、電力会社が原子力発電所を早期に運転終了した場合、一括して巨額の損失を計上しなければならない。具体的には、①原子力発電施設解体引当金の未引当額、②核燃料資産の減損損失、③原子力発電設備の減損損失である。

　しかし、これらについては2013年10月の省令改正、および2015年3月の省令改正により、廃炉に伴って発生する費用を一括して計上するのではなく、資産計上したうえで、一定期間をかけて償却・費用化することを認める会計制度が成立した。具体的には、新勘定（原子力廃止関連仮勘定）を設置し、新勘定に設備の簿価等を移し替え、そのうえで、10年間で新勘定に移し替えられた資産を定額償却するなどというものである。これにより、費用の一括費用計上による財務状況の悪化は回避される[11]。

---

10) 大学4年生および大学院2年生の総計7,000人規模を対象にした調査である。
11) 料金との関係では、新勘定（原子力廃止関連仮勘定）はレートベースには含まれないが、償却費は原価に算入される。小売部門の参入の全面自由化により総括原価方式による料金規制が撤廃された後は、総括原価方式の料金規制が残る送配電部門の料金（託送料金）の仕組みを利用して費用を回収する可能性がある。

第11章　変わる電力会社の役割

2013年10月の省令改正後には、福島第一原発5、6号機が、2015年3月の省令改正後には2015年7月時点で運転開始後40年以上が経過する7基（敦賀1号機、美浜1、2号機、高浜1、2号機、島根1号機、玄海1号機）が廃炉となっている。電力会社にとっては、原発事業からの撤退がより現実的なものになってきている。

3.2　米国・英国の事例

既存の電力会社の原子力事業を優遇する制度は、米国や英国においてもみられる。一般的な発電費用とは別に、原子力事業に係る特別な費用を負担する方法は3つに整理できる（Khurana et al., 2001）。第1に料金から全額を回収する方法、第2に料金から部分的に回収する方法、第3に全く料金から回収しない方法である[12]。原子力事業を優遇するとは、第1および第2の方法を採用するということである。

まず米国のストランデッド・コストの回収がある。ストランデッド・コストとは、「過去におこなわれた投資や契約された義務であり、古い料金規制の体制下では事業者が回収できたが、競争の結果期待される低い価格水準の下では回収できないコスト」（Ritschel and Smestad, 2003: 1384）である。ストランデッド・コストを消費者が負担することになれば、電力会社は過去の原発投資を回収することができ、損失を回避することができる。

次に、将来の廃炉費用の回収がある。ストランデッド・コストは過去に投資された金額であるが、廃炉費用は将来必要になる金額である。これを現在の段階で料金に上乗せしてあらかじめ回収する方法が資産除去債務の計上である[13]（Khurana et al., 2001）。

原発を新設する計画を進めていたが建設中止になった事例に対して優遇措置を設けるものもある。米国では個別案件ごとに審査され、優遇措置が適用され

---

[12] 料金から部分的にしか、もしくは全く回収しない場合は、株主持分に対する潜在的債務となるため株価が下がる。これは投資家保護の思想に反するため米国や英国では反対が根強い。米国の規制当局は「電力会社株主に好意的だと思われる決定の歴史を持っている」（Johnson et al., 1998）。

[13] 資産除去債務は他の負債と比べて料金によって回収されることが見込まれるため株価には他の負債ほど負の影響をもたらさない（Khurana et al., 2001）。また資産除去債務会計自体は、原子力事業を有する会社のみならず一般事業会社にも適用される。

た[14]。

英国では、新設の原発および再エネ施設に対する優遇措置があり、CfD（差額決済契約）とよばれる。これは市場における先渡し価格等を平均して決定される市場価格（Reference Price）と、原子力のコスト回収のために必要な基準価格（Strike Price）の差額について、全需要家から回収し、原発事業者に対して補填するものである。

このように、日本のみならず米国や英国においても原発に係る様々な費用が料金に上乗せして回収されている。ここで重要なのは、電力会社の優遇策は、制度設計いかんによって原発廃止のための支援にも原発延命のための支援にもなるということである。米国のストランデッド・コストの事例は原子力事業から撤退する際に発生する電力会社の損失を回避する制度であるが、英国のCfD制度は原子力事業を保護する方策である。電力会社への支援策という意味では両者は同じであるが、その目的は正反対であることに注意が必要である。

3.3 新しい価値の提案

欧米のエネルギー研究のなかには、単に再エネを推進するだけでなく、さらに新しい価値を社会に提案するエネルギー・システムを志向するものが少なくない。グローバル経済のなかで、日本の電力会社も遅かれ早かれこのような流れに対峙すべき時を迎えると考えられる。本章の最後に欧米での研究成果に基づいて、これからの電力会社におけるビジネスモデルと、そこにおける新しい価値の提案について概観する。

さて、再エネの導入には2つの形態がある。すなわち、「集中的な変動性再エネ」の導入と「高い割合で分散している変動性再エネ」の導入という2つである（図表11-9）。再エネを集中的に導入するのか（図表11-9中列）、分散的に導入するのか（同右列）の違いである。欧米で論じられ、既存のビジネスモデルに多大な影響を及ぼすとされているのは後者である。

先行研究によると、後者の「高い割合で分散している変動性再エネ」の導入においては、スマートグリッドという技術によって、電力網の需給バランスの最適

---

[14] 1972-1990年という古い事例ではあるが、全額を料金から回収することを認めた事例が18.1%、部分的に回収した事例が60.3%、全く回収しなかった事例が21.6%であった（Arnold and Cheng, 2000）。

第11章　変わる電力会社の役割

図表11-9　電力の需給を調整するアプローチの諸類型（円の大きさは重要性をあらわす）

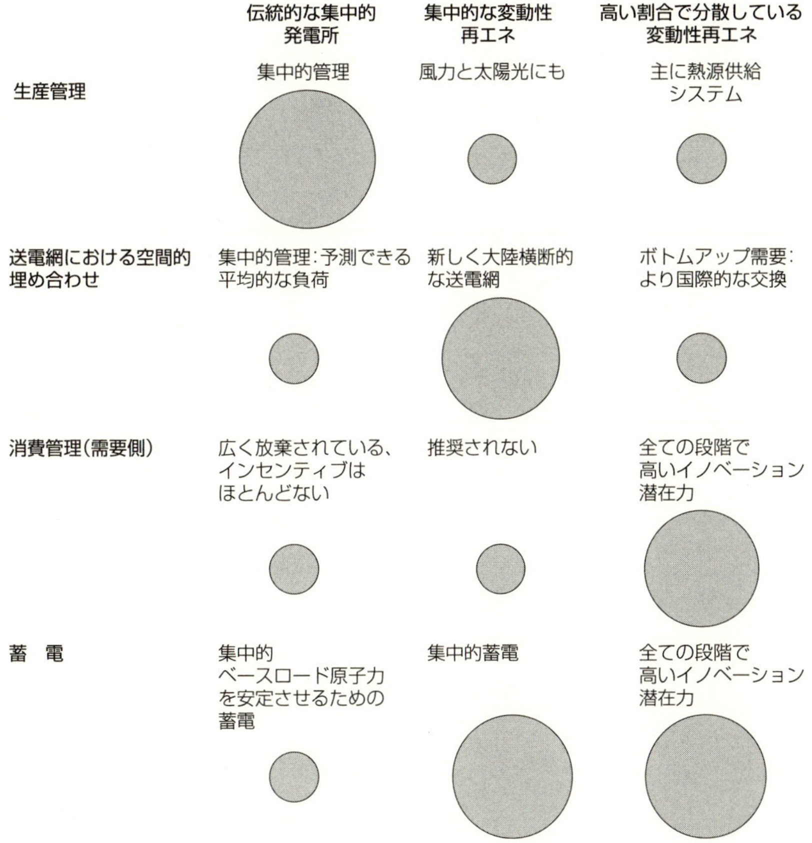

	伝統的な集中的発電所	集中的な変動性再エネ	高い割合で分散している変動性再エネ
生産管理	集中的管理	風力と太陽光にも	主に熱源供給システム
送電網における空間的埋め合わせ	集中的管理：予測できる平均的な負荷	新しく大陸横断的な送電網	ボトムアップ需要：より国際的な交換
消費管理（需要側）	広く放棄されている、インセンティブはほとんどない	推奨されない	全ての段階で高いイノベーション潜在力
蓄　電	集中的ベースロード原子力を安定させるための蓄電	集中的蓄電	全ての段階で高いイノベーション潜在力

出所：Schleicher-Tappeser（2012），Table 2 を訳出。

化調整が自動におこなわれたり、適時性のある価格づけがおこなわれたりする。これまでのように顧客が一方向的に電力会社に決められた電力料金を支払うのではなく、いつ・どれだけ・どのように・いくらで電力を消費するのかを決定し、またその情報が電力会社にも届けられ、双方向的に電力を制御する（Klose et al., 2010）。

　それに適応するビジネスモデルは図表11-10のように要約される。現行の電力会社型ビジネスモデルと対比させて、「顧客サイドのビジネスモデル」と呼ばれている。

図表11-10　顧客サイドのビジネスモデル

	電力会社サイドのビジネスモデル	顧客サイドのビジネスモデル
価値命題	送電網に送り込む電気の大量生産	顧客に合わせた問題解決 エネルギー関連サービス
顧客との接点	商品としての電気 顧客は単位ごとに支払う	顧客は発電システムを主催し便益を電力会社と分け合うことによってエネルギー生産に関与する 長期的な顧客との関係
インフラ設備	少数の大規模設備 集中的な発電	多数の小規模設備 消費地に近い場所での発電
収益モデル	feed-inによる収益 大規模プロジェクトとプロジェクト構成から得られる規模の経済	直接的利用、feed-in、そして/もしくはサービスによる収益 高い取引コスト

出所：Richter（2013）, Table 2, p.1229を訳出。

　すでに日本の電力会社においても、エネルギーに関するコンサルティングやスマートメーターの導入など図表11-10における「顧客に合わせた問題解決」「エネルギー関連サービス」と同一のものとみられる動きは存在する。しかし「顧客が発電システムを主催し便益を電力会社と分け合うことによってエネルギー生産に関与する」「多数の小規模設備」などは、現在の日本の電力会社の経営計画には描かれていない。

　つまり、現在の電力会社は、部分的には「顧客サイドのビジネスモデル」と重なり合うが、同一であるとはいえない。現在の電力会社は、従来の需給関係を引き継ぐ「集中的な変動性再エネ」の導入を念頭に置いている。その背景には、国のエネルギー政策が地域分散型エネルギーシステムを明確には指向していないことも関係するだろう。

　「高い割合で分散している変動性再エネ」の導入や、それに適応する「顧客サイドのビジネスモデル」が重要視されるのは、それらが体現するエネルギーシステム（本書でいう地域分散型エネルギーシステム）が単なるエネルギー需給の体制であるだけでなく、新たな価値を提案するものであるからである。Hall and Roelich（2016）は、コミュニティ団体・社会的企業家・自治体といった地域の諸主体（以下、地域アクター）がエネルギー供給に従事するモチベーションを図表11-11のように整理した。すなわち、従来型の経済的モチベーション（経済成

図表11-11　地方アクターの成果／モチベーション

分野	成果／モチベーション	文献例
経済	競争と経済成長	Core Cities (2013), Gouldson et al. (2012, 2014)
	雇用創出	Heinbach et al. (2014), Blyth et al. (2014a, 2014b)
	収益発生	Busch and McCormick (2014), Bristol City Council (2015)
社会	燃料費貧困の削減	Bale et al (2014), Roelich and Bale (2014), Seyfang et al (2013), Bale et al (2012), Hannon and Bolton (2015)
	再生	Aiken et al (2009), Webb and Hawkey (2013)
	技能と教育	Blyth et al (2014a,b), Haggett et al (2013), Gubbins (2010)
	社会的団結	Seyfang et al (2013), Walker et al (2007)
	公正性（課徴金負担等）	Seyfang et al (2013), Lehto (2011)
環境	炭素排出削減	Fang and Miller (2013), Foxon (2013), Barton et al (2013) Gouldson et al (2014) Hannon and Bolton (2015)
	大気保全	Bale et al (2012), Bulkeley and Betsill (2003)
自治／自己決定	地方の説明責任＆統制	Callaghan and Williams (2014), Seyfang et al (2013)
	エネルギーの独立	RTP Engine Room (2015), Hall et al (2015)

出所：Hall and Roelich（2016), Table 1を訳出。

長・雇用創出・収益発生）や日本でも重視されている再エネの環境効果（CO_2排出削減・大気保全）に加えて、燃料費貧困（fuel poverty）の削減や社会的団結といった社会的モチベーションや地域統制やエネルギー独立といった自治的モチベーションが存在する。これからの電力会社には、社会や地域における上記のような役割が期待されているといえる。地域分散型エネルギーシステムにおける電力会社は、このような新たな価値を提案する主体でもあるのである。

　もしこのまま市場の変質に手を打たなければ、新しい経済主体が参入し、価値を獲得し、シェアに食い込んでくるとボストン・コンサルティング・グループ（BCG）のレポート（Klose, et al. 2010）は警告する[15]。Frei (2008) によると、2020年には、気候変動の枠組み、エネルギー政策の地域化、エネルギーと水の連

繋、消費者主導のイノベーションという新しい環境が、電力会社の経営戦略に影響を与える（傍点は筆者）。Loock（2012）によると、顧客だけでなく投資家も変わり、低料金を目指すビジネスモデルや最高の技術を駆使するビジネスモデルよりも、「顧客に親密な」ビジネスモデルを選好するようになる。実際、ドイツでは、2050年までに再エネの比率を80％にまで高める政策がとられ、再エネの増大が既存電力会社の脅威になっている（Richer, 2013）。BCGによると「もし電力会社が発電市場から追い出され単なる川下の電力供給者になりたくなければ、今行動しなければならない」。今日の電力会社は「何も行動しないというリスク」（Klose, et al., 2010, p.11）にさらされている。

おわりに

　本章では、これまでの電力会社の役割・現在の電力会社の役割・これからの電力会社の役割という順を追って、電力会社の役割について検討した。安定供給、経営効率化、低廉な料金、サービスの充実といったことを目的としていた時代から、福島第一原発事故後の財務危機からの立ち直りとさらなる経営効率化および私企業性の拡大へと経営の重点を移した現在を経て、将来的には原発から再エネへの転換および新しい社会的・地域的価値の提案までつながる方向性を描いた。

　地域分散型エネルギーシステムは単にエネルギーだけの問題ではなく、新たな地域・社会の価値を提案するものである。経済的価値、環境的価値、に加えて社会的価値、地域的価値を提案し、実現させていくという大きな発想の転換を伴う。そこにおける電力会社のビジネスモデルに関する実例や分析も豊富にある。将来における新たな価値を実現できるかどうかは、今日の選択にかかっている。

参考文献
エネルギー・環境会議　コスト等検証委員会（2011）『コスト等検証委員会報告書』

15）BCGが挙げている参入事例には以下のようなものがある。イタリアではIBMとEchelonが3000万世帯の電力ITシステムを接続しスマートメーター構成を作り上げたこと、ドイツではVolkswagenとLichtBlickが家庭用熱源供給システム（CHP）を構築したこと、アメリカではSilver Spring NetworksやGridPointのようなスマートグリッド会社が成功していることなどである。

第11章　変わる電力会社の役割

関西電力（2015）「電気料金の値上げ申請について」総合資源エネルギー調査会　電力・ガス事業分科会電気料金審査専門小委員会（第20回）配布資料5、2015年1月21日。

九州電力（2014）「経営効率化への取り組み」
（http://www.kyuden.co.jp/var/rev0/0042/9905/gffw54i7u2.pdf）

原子力資料情報室（2002）『検証　東電原発トラブル隠し』岩波ブックレット No.582、岩波書店。

原子力資料情報室（2013）『原子力市民年鑑2013』七つ森書館。

資源エネルギー庁（2014）「競争環境下における原子力事業の在り方」平成26年8月、総合資源エネルギー調査会電力・ガス事業分科会原子力小委員会第5回会合、資料4、2014年8月21日。

東京電力（2014）「新・総合特別事業計画のポイント」

日本経済新聞社編『日経企業イメージ調査2014年度版』

北海道電力（2014）「経営効率化への取り組みについて」総合資源エネルギー調査会電力・ガス事業分科会電気料金審査専門小委員会（第15回）配布資料8-4、2014年8月7日。

Arnold, Patricia J. and Rita Hartung Cheng (2000) The Economic Consequencees of Regulatory Accounting in the Nuclear Power Industry: Market Reaction to Plant Abandonments, *Journal of Accounting and Public Policy*, 19, pp.161-187.

Frei, Christoph W. (2008) "What if...? Utility Vision 2020", *Energy Policy*, 36, pp. 3640-3645.

Hall, Stephen and Katy Roelich (2016) "Business Model Innovation in Electricity Supply Markets: The Role of Complex Value in the United Kingdom", *Energy Policy*, 92, PP. 286-298.

Johnson, Mark S., Marcia S. Niles and Stacey L. Suydam (1998) "Regulatory Changes in the Electric Utility Industry: Investigation of Effects on Shareholder Wealth", *Journal of Accounting and Public Policy*, 17, pp.285-309.

Klose, F., Michael Kofluk, Stephan Lehrke and Harald Rubner (2010) Toward a Distributed-Power World: Renewables and Smart Grids Will Reshape the Energy Sector, BCG (The Boston Consulting Group)

Khurana, Indar K., Richard H. Pettway and K. K. Raman (2001) "The Liability Equivalence of Unfunded Nuclear Decommissioning Costs", *Journal of Accounting and*

Public Policy, 20, pp.155-185.

Loock, Moritz (2012) "Going Beyond Best Technology and Lowest Price: On Renewable Energy Investors' Preference for Service-Driven Business Models", *Energy Policy*, 40, pp.21-27.

Richter, Mario (2013) "Business Model Innovation for Sustainable Energy: German Utilities and Renewable Energy", *Energy Policy*, 62, pp.1226-1237.

Ritschel, Alexander and Greg P. Smestad (2003) "Energy Subsidies in California's Electricity Market Deregulation", *Energy Policy*, 31, pp.1379-1391.

Schleicher-Tappeser, Ruggero (2012) "How Renewables Will Change Electricity Markets In the Next Five Years", *Energy Policy*, 48, pp.64-75.

第12章 脱炭素化における地域分散型エネルギーシステム

山岸尚之

はじめに

「気候変動（地球温暖化）」と「エネルギー」は、コインの裏表の関係にある。

気候変動の原因である温室効果ガス排出のうち、最も重要なのが、石炭・石油・天然ガスという、エネルギー源としての化石燃料消費に起因するCO_2排出にある。2010年時点での全世界の温室効果ガス排出量に占める化石燃料消費起源のCO_2排出量の割合は、約65％であり、最も大きい（Intergovernmental Panel on Climate Change, 2014）。残りの35％は、森林伐採からのCO_2排出や、メタンや代替フロン等のその他の温室効果ガス排出である。その残りの部分においても、たとえばメタンの排出には化石燃料を採掘する過程での漏出等も含まれるため、直接的にはエネルギー使用を原因としなくても、化石燃料エネルギーに関係のある排出の割合はさらに多くなる。

つまり、「気候変動問題」の解決を探っていくということは、とりもなおさず、化石燃料中心のエネルギー社会からどのように移行していくのかを問う「エネルギー問題」でもある。

このため、近年では気候変動とエネルギーの議論は、行政や研究でも一体的に議論されることが多い。たとえば、多くの国では、気候変動対策は、エネルギーを扱う省と環境問題を扱う省とで共管している。日本も、国内の気候変動対策は、環境省と経済産業省が共管している。また、もともとはエネルギーに関する国際機関として発足した国際エネルギー機関（IEA: International Energy Agency）が、毎年の主要報告書の中で気候変動問題を扱うのはもはや慣例となっている。

気候変動問題の側から見れば、エネルギー問題は解決にとって不可欠な要素であり、エネルギー問題の側から見れば、気候変動は、伝統的に考慮されてきた供給の安定性・枯渇性、経済性、安全性などと同じくらい、重要な要因となってき

ている。本章では、気候変動対策を進める観点から、地域分散型エネルギーシステムを構築していく際に必要な事項は何かを検討する。

詳細は以下の節で述べるが、最新の科学的知見によれば、気候変動を危険でない水準に抑え込むためには、世界全体でCO_2排出量を将来的にはゼロにしなければならない。つまり、エネルギー源を徐々にCO_2排出量が少ないものへと移行し（「低炭素化」）、やがては完全に排出をしないエネルギーに転換していくこと（「脱炭素化」）が必要なのである。これは、化石燃料を最も基本的なエネルギー源としている現代社会のあり方を根本的に転換していくことが必要であることを意味している。一見、途方もないことのようにも思われるが、最新の科学的知見は同時に、その移行と転換が社会・環境・経済にとって、よい形で達成できる道筋があることを示している。

本章の結論を先取りして言えば、脱炭素化に貢献するためには、エネルギーシステムとして地域分散型を志向するだけでは不十分である。それだけでなく、対策と取り組みを講じる主体も、「中央」偏重から「地域」に根差す主体に移るという意味で、地域分散型化が進むことが必要である。

それはなぜか。まずは、気候変動問題から見た脱炭素化の要請から考えてみる。

1 脱炭素化への要請

1.1 IPCC第5次評価報告書とパリ協定

気候変動に関する科学を国際的に集約し、まとめる作業を行っているIPCC（Intergovernmental Panel on Climate Change、気候変動に関する政府間パネル、以下IPCC）は、2013年から2014年にかけて、第5次評価報告書を発表した。IPCCは、「評価報告書」という名前で、その時点での気候変動（温暖化）に関する国際的な科学の集大成を提示する報告書を、5〜7年程度の間隔で発表している。

最新のIPCCの第5次評価報告書は、改めて、気候変動が人為的な温室効果ガス排出に起因することを確認し、世界全体の平均気温の上昇を抑制しなければ、甚大な被害が起きうることを示した。また、気候変動が人間活動を原因とするということの可能性は、回をおうごとに確実視されるようになっている。

第12章　脱炭素化における地域分散型エネルギーシステム

　第5次評価報告書では、異常高温や熱波の発生頻度、異常気象の発生頻度、海面上昇など、様々な影響が予測されている。特に確信度の高いリスクとして、極端な気象現象によるインフラなどの機能停止のリスク、熱波による、特に都市部の脆弱な人々の死亡・疾病のリスク、気温上昇・干ばつなどによる食料安全保障が脅かされるリスク、水資源不足と農業生産減少による農村部の生計及び所得損失のリスクなど、人の生命、健康、そして地域社会の存立を危うくするリスクなどが挙げられている。

　このように書くとやや抽象的に聞こえるかもしれないが、これはつまり、5人に1人が満足に水にアクセスできないような世界の現状をさらに悪化させ、これからますます食料が必要になる世界にあって増産を困難にし、幼児や高齢者にとっての危険が高い猛暑や熱波を増やし、薬を買ったり医療を受ける余裕がない人々の間で感染症を広め、貴重な動植物の絶滅理由を増やし、温暖化の原因にほとんど寄与していない島嶼国の人々に強制移住を強いるような海面上昇が発生する、ということにほかならない。私たち人類は、このような世界に突入することを是とするのか否かの選択を迫られていると言える。

　IPCCは4つの主要なシナリオを検討しているが、排出量が現状の傾向のまま推移してしまうRCP8.5と呼ばれるシナリオでは、地球の平均気温は、21世紀の終わりまでに、20世紀の最後の20年間の平均と比べて2.6～4.8℃も上昇すると予測されている。これは、人類が化石燃料を大量に使い始めた産業革命より前と比較すれば3.2～5.4℃の上昇である。このシナリオでは、当然ながら、上で述べたようなリスクは極めて高くなる。これに対し、RCP2.6と呼ばれる、最も排出量を少なく抑えるシナリオでは、気温上昇幅は、0.3～1.7℃（産業革命前と比較すれば0.9～2.3℃）の幅に抑えられると予測されており、完全ではないものの、上記のリスクを、ある程度、社会が適応可能な水準に抑えることができると予測されている（IPCC 2014）。このような結果から、一般的に、RCP8.5シナリオは「4℃」上昇のシナリオ、RCP2.6シナリオは温度上昇を「2℃」未満に抑えるシナリオとして、解釈がされている。

　現在、国際的な気候変動に対する取り組みは、ある程度の温暖化はもはや避けえないものとしつつも、世界全体の平均気温上昇を「2℃未満」に抑えることを目標として議論がされており、IPCCのシナリオも、それを意識して提示がされている。

第4部 新しい社会をつくる〜持続可能な地域づくりとエネルギーシステム

　国際社会は、この気候変動問題に対処するため、2015年12月のCOP22（国連気候変動枠組条約締約国会議第22回会合）においてパリ協定を採択した。これは、1992年の国連気候変動枠組条約、1997年の京都議定書に続く、気候変動問題に関する第3の国際条約であり、ほぼすべての国が何らかの形で削減目標を持つという意味において歴史的な合意である。そのパリ協定の「目的」にも、「2℃未満」（より正確には「気温上昇を2℃より十分に低く保つ」こと）が書かれている。さらに、パリ協定では、「2℃」でも甚大な被害になるとする島嶼国や後発開発途上国の意向を取り入れ、「1.5℃に抑える努力を追及する」ことにも言及している。

　そして、この目的を達成するために、パリ協定は、世界全体の排出量を今世紀後半において、実質的にゼロにするという長期目標を掲げている。つまり、世界は「低炭素」のその先、「脱炭素」を公式に見据え始めたのである。しかし、足元の現実は厳しい。パリ協定に先立ち、各国はパリ協定の下で誓約する自国の目標を国連に提出した。それらの目標には、2025年もしくは2030年に向けた排出量削減目標が含まれるが、国連気候変動枠組条約事務局が行った試算によれば、それらすべてを足し合わせたとしても、「2℃未満」に必要とされる排出削減量には及ばないことが分かっている（United Nations Framework Convention on Climate Change Secretariat、2016）。

　このため、パリ協定では、5年ごとに国際的に目標を見直し、各国はそれに応じて、前の目標よりも進化した目標を提出することになっている。このようにして、現状はまだ十分ではない取り組みを、一歩一歩、着実に引き上げていくという仕組みがパリ協定では取り入れられた。

　科学が示し、パリ協定が答えた「排出量実質ゼロ」、「脱炭素化」の方向性を現実のものとしていくためには、当然、最大の排出部門であるエネルギー分野における取り組みが先行しなければならない。

1.2　脱炭素化へ向けた2つの対策

　エネルギー源の脱炭素化に向けては、供給面での対策と需要面での対策との2つに大きく分けることができる。言い換えれば、使用するエネルギー源を、CO_2を排出しない、ないし、少ないものに変えていくという方法と、エネルギーを使う量をそもそも減らすという方法である。

　まず供給面について、IPCC第5次評価報告書では、「ゼロもしくは低炭素エ

第12章 脱炭素化における地域分散型エネルギーシステム

ネルギー供給」として、「再生可能エネルギー、原子力、CCS付きの化石燃料、CCS付きのバイオエネルギー」という4つを定義している。このように、「大気中にCO_2を排出しない」という特性だけを見れば、ゼロもしくは低炭素エネルギーには、地域分散型だけではなく、原子力やCCS付きの火力発電など、大規模集中型のエネルギーも含まれる。しかし、原子力はたとえCO_2を排出しなくても、費用・廃棄物・安全性の観点から持続可能とはほど遠い。また、CCSについては、いまだ費用や貯留した二酸化炭素の管理に課題が多く、少なくとも短期的にはまだ対策として主役にはなりえない。多くの見通しにおいて、CCSが本格的に普及し始めるのは2020～2030年代である。こう考えると、現状で最も現実的な手段は、再生可能エネルギー（以下、再エネ）となる。

再エネは、大型水力など一部を除けば、その多くが地域分散型エネルギーである。したがって、持続可能性を重視しつつ脱炭素化を追求すれば、それは基本的に、地域分散型エネルギーを中心としたエネルギーシステムを志向することになる。

需要側については、エネルギー効率の改善（いわゆる省エネルギー、以下省エネ）を通じて、エネルギーの消費量を減らすことで、化石燃料の消費量を抑えることができる。

省エネにとって、地域分散型エネルギーシステムを志向することは、メリットもあればデメリットもある。メリットとしては、電力ロスの削減である。大規模集中型の発電に依存している場合、発電地から需要地までが離れていると、電力ロスが発生する可能性が高いが、地域分散型エネルギーシステムであれば、需要地とエネルギー源との距離が短いため、ロスも発生しにくい。また、エネルギー需要が、特に求められるエネルギーの形において多様である（電気、熱、燃料など）場合は、分散型の方が個別の需要に合わせて対応しやすいので、やはりロスを少なくすることができる。たとえば、暖房などの熱需要に対して、電力で対応した場合、ヒートポンプを効果的に活用する場合を除き、一般的にはロスが大きくなる傾向があるが、熱供給によって対応すれば、エネルギーとしてのロスは少なくなる。デメリットとしては、逆に、特に発電等においては、大規模集中型の方が、発電そのものの効率を上げやすく、小規模・地域分散型の方が効率を上げにくいということなどがある。しかし、この大規模集中型のメリットは、あくまで化石燃料をベースとした発電を続けると想定した場合のメリットであるため、

脱炭素化とはそぐわない。

このように、脱炭素化を求めることは、必然的に再エネの重視と、省エネの追求に向かい、システムとしても、地域分散型のエネルギーシステムとの親和性が高い。

次節では、現在の気候変動対策が直面している3つの課題を手がかりに、どのような地域分散型エネルギーシステムの構築が必要かを検討していく。

2　脱炭素化に向けた3つの課題

2.1　背景として：減少傾向にない日本の排出量

本節では、日本が具体的に脱炭素化の方向に進んでいくにあたっての課題を検討する。

図表12-1は、日本の温室効果ガス排出量の推移を表したグラフである。日本は、京都議定書の下で約束した2008～2012年の第1約束期間の目標「1990年比6%削減」を達成しているが、それは市場メカニズムを通じて海外での削減量を購入したり、森林からの吸収量を算入したりしているからであり、図を見てもわかるように、実際の排出量は、リーマンショック後を除いて減少傾向にはない。これまでの気候変動対策は、排出量のこれ以上の増加を押しとどめてきたかもしれないが、脱炭素社会に向けてはまだまだ努力が必要な状況にある。

特に近年の傾向として懸念されるのは、石炭火力発電所の増加である。日本は、気候変動が問題として顕在化してきた1990年以降も石炭の使用量を増やし続けており、特に、電力における石炭の消費量の増加は著しい。1990年と2014年の日本の年間石炭消費量の差分を単純にCO_2排出量に換算すると、その量は実に約1億6500万トンにも上る（日本の2014年度の温室効果ガス総排出量は約13億6千万トンである）。

こうした傾向とは裏腹に、日本における再エネの導入率は低迷してきた。2011年に固定価格買取制が導入されたことによって、ようやく日本でも再エネ拡大の気運が盛り上がり始めたが、未だに、水力を除けば全電源からの発電電力量に占める割合は2%程度に留まる。この背景には、日本の気候変動対策において、特にエネルギー供給部門においては、「原子力発電の着実な推進」に重点が置かれ

第12章　脱炭素化における地域分散型エネルギーシステム

図表12-1　日本の温室効果ガス排出量の推移（1990～2014年度）

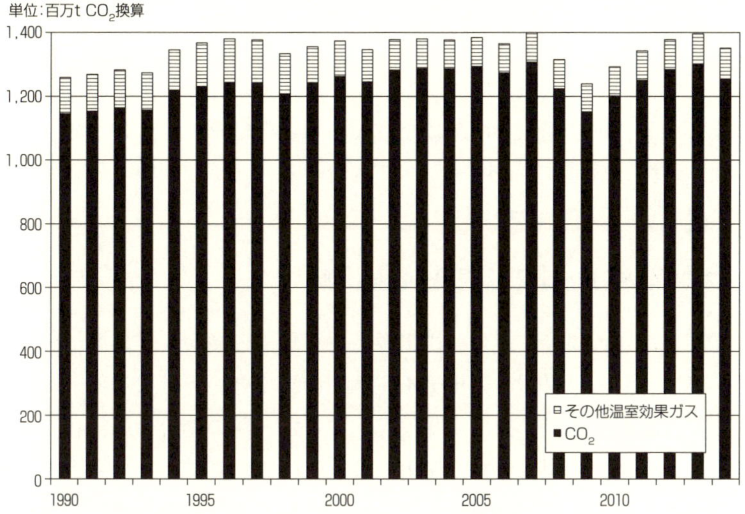

単位：百万t CO_2換算

出所：温室効果ガスインベントリオフィス（2016）より著者作成。

過ぎてきたことに遠因がある。

さらに、一般的に、日本は省エネ大国であると理解されているが、実は、エネルギー効率改善の余地も相当程度残っていることがわかってきている（第10章）。規制の面でも、たとえば、出口・水石（2015）は、OECD加盟国34カ国中、「28カ国で住宅の新築・増改築時に省エネ基準の適用を義務化している。日本は先進国の中で省エネ基準の遵守が義務化されていない数少ない国の一つである」と指摘している。2015年に入り、住宅以外の大規模建築物について、ようやく省エネ適合義務化を決める法律案が出され、2017年度からの義務化が目指されている。住宅についても、2020年までのどこかで義務化される予定である。しかし、多くの欧米諸国、そして韓国においては、すでに住宅を建てるための条件として建築許可の要件になっている。

2009年に、国連での交渉がコペンハーゲン合意の正式な採択に失敗して以降、特に東日本大震災以降、日本では気候変動対策そのものについて、低迷が続いている。2012年の第4次環境基本計画において、2050年までに80％の温室効果ガス排出量を削減するという目標が掲げられているが、それを担保する政策措置や法制度については、検討がほとんどされてこなかった。その一方では、諸外国にお

いて、いわゆる西側先進国だけでなく、メキシコや韓国などにおいても、包括的な気候変動法や強制力を持った政策の導入が進んでいる（GLOBE International, 2013）。

このように、いまだに減少傾向に転じない排出量に加え、世間および政治での関心の低下など、乗り越えなければならない課題には様々なものがありうるが、以下では、地域分散型エネルギーシステム構築との関係が深いと考えられる以下の3つの課題を論じてみたい。

2.2　大規模少数排出源と小規模多数排出源

第1の課題は、「大規模・少数」排出源と「小規模・多数」排出源の両極端への対応の必要性である。日本の排出量を主体別に見ると、上は数千万トンから下は数トンまで、様々な規模の排出主体が存在するが、数の割合は二極化されている。以下で見るように、大規模な排出源の数は比較的限られているので、そこからの着実な削減を進めることが必要である一方、多数の小規模排出源にも効果的に対応しなければならない。

日本では現在、温室効果ガス排出量算定・報告・公表制度という制度があり、一定規模以上の排出をする事業所は、温室効果ガスの排出量を毎年度報告する義務がある。図表12-2は、同制度で公表されている全国の事業所の2010年度の排出量の中から、上位100事業所の排出量を棒グラフで大きい順に並べたものである。

この上位100事業所に限った棒グラフを見てもわかるように、排出量は一部の事業所に集中している。上位の排出事業所から、下位の排出事業所に向けて、排出量が急落しているのがわかる。たとえば、1位の事業所は、100位の事業所の約40倍の排出量を出している。

2010年度の時点で、温室効果ガス排出量算定・報告・公表制度の対象となっている事業所は全部で1万2千以上ある。このグラフは、その中から100事業所に絞っているにもかかわらず、このように少数事業所への排出量の集中状態が確認できる。これにさらに、報告義務の対象となっていない小さな事業所も加えれば、さらに長い、ほぼゼロに近い棒グラフが右側に延々と描かれることになる。仮に、排出量が、大きい事業所から小さい事業所にかけて、もっと分散しているのであれば、棒グラフのカーブはよりなだらかになるはずである。

第12章　脱炭素化における地域分散型エネルギーシステム

図表12-2　排出量上位100事業所の個別排出量（エネルギー起源 CO_2・間接排出ベース；2010年度）

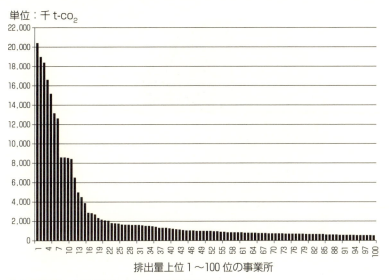

出所：環境省・経済産業省（2014）より著者作成。

　このグラフで上位に来る事業所は、企業の工場等である。特に、素材系の業種の工場が上位に来る。ただし、どのような事業所の排出量が一般的に多いかを理解する上で注意が必要なのは、この統計は、事業所の発電由来の排出量は電気消費者の側の排出としてみなすという「間接排出」の考え方をとっているということである。もし、発電由来の排出量をそのまま発電所の排出としてとれば（「直接排出」という）、発電所も上位に来る。

　このグラフから以下の2つのことが言える。

　一方では、対策の効率性の観点から、このグラフで上位に来るような大規模排出源からの確実な排出量削減を促すことが必要であることがわかる。最大級の排出源となっている事業所が1つで数千万トンの排出をしていることと、それに比べて家庭1世帯当たりの排出量は約5トン（2010年度）であることを鑑みれば、そのことは自明であろう。

　他方で、温室効果ガス排出量算定・報告・公表制度で報告対象となっている事業所全体の排出量は約4億6千万トンであり、日本の2010年度のエネルギー起源

図表12-3 上位100事業所が日本全体に占める割合（エネルギー起源 CO_2 排出量・間接排出ベース；2010年度）

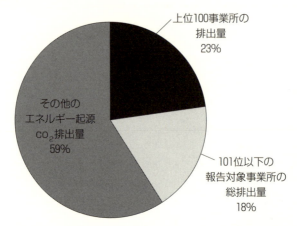

出所：温室効果ガスインベントリオフィス（2016）および環境省・経済産業省（2014）より著者作成。

CO_2 排出量は約11億4千万トンである。つまり、仮に報告対象となっている比較的大きな排出量の事業所全部を何らかの政策でカバーできたとしても、約4割までしかカバーできない（図表12-3）。その他の無数の小規模排出源をカバーしないことには、気候変動対策としては不十分である。ここでいう無数の小規模排出源とは、（排出量の観点から）小さな事業所・工場・建物、車、家庭である。

したがって、繰り返しになるが、気候変動対策としては、「大規模少数排出源」と「小規模多数排出源」の双方に対して削減の働きかけを行わなければならない。

前者の大規模少数排出源については、これまでも、不十分ながらも政策がとられてきたが、特に課題となっているのが、後者の「小規模多数排出源」である。

たとえば、2007年以降、ヨーロッパで排出量取引制度が導入された背景には、同制度によって一定規模以上の排出をする大規模排出源をカバーし、その他の政策で後者をカバーするという意図があった。産業界からのロビーの結果、削減目標の設定が緩くなったため、思うような成果をあげることができていないが、大規模排出源を政策的に捕捉することには成功している。この事例に倣ってアメリカ東部州で導入された RGGI（Regional Greenhouse Gas Initiative、地域温室効果ガスイニシアティブ、以下 RGGI）やカリフォルニア州で導入されたキャップ＆トレード型排出量取引制度は、同様の目的で機能している。日本では、大規模

排出源の対策において主となってきたのは、産業界による自主行動計画／低炭素社会実行計画である。この有効性は議論の余地があるが、業界団体によって、特に大きな企業からの排出をカバーする意味合いがあった。

小規模多数排出源に対しても様々な政策がとられてきた。国際的にみて代表的なのは、住宅・建築物に対する省エネ基準や自動車に対する燃費基準である。さらに、日本でも、1998年以降実施されてきた「トップランナー制度」は、自動車の燃費基準や家庭で使われる家電製品等の省エネを進めることによって、小規模多数の排出源に働き掛ける政策の1つということができる。

しかし、一般的に、小規模多数排出源からの排出量は、その数が多く、また、排出の実態も多様であることから、政策効果を及ぼしにくいのもまた課題として指摘されている。たとえば、日本の家庭をとっても、世帯数は4000万を超える。これだけの数の主体で、しかも多様なものを政策で「捕捉」し、排出量削減を促すことは極めて難しい課題である。働き掛けるべき主体は、店舗、家庭、ドライバーなどであり、そうしたより個人に近い主体に対して、強制的な義務をかけることも難しい。トップランナー制度に代表されるような、機器・設備に対する規制は、それ自体はとても重要であるが、それだけで十分でない。

少数大規模排出源と無数小規模排出源の両方にいかに削減インセンティブを与えるのか。これが第1の課題である。

2.3　地域により異なる排出構造

第2の課題は、地域によって異なる排出構造への対応である。北海道と沖縄では、生活のスタイルが違い、それによってエネルギー消費のあり方が違うことは容易に想像がつく。また、大都市と農村地域でも、やはりエネルギー消費の構造が違って、必要とされる気候変動対策が違うことも容易に想像がつく。このような地域的な差異にどのように対応するのかという課題である。

図表12-4は、全国の都道府県の部門別のCO_2排出量割合を比較したものである。一見してわかる通り、各部門の割合は、地域によって大きく異なる。

このような排出構成の違いは、気候変動対策を講じる際にも、地域の特性に合わせた対策が必要であることを示唆している。たとえば、産業部門からの排出量の割合が大きい地域では、必然的に工場での対策に焦点が当たるであろうし、業務部門の排出量の割合が大きいところでは、オフィスビル・商業施設等での対策

第4部 新しい社会をつくる～持続可能な地域づくりとエネルギーシステム

図表12-4 都道府県ごとのエネルギー起源 CO_2 排出量部門別割合（2010年度）

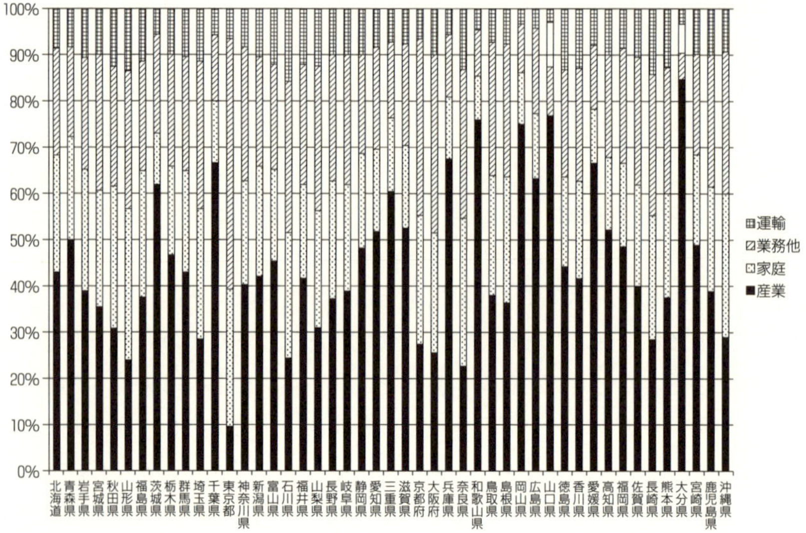

出所：経済産業省（2014a）より著者作成。

が重要になってくると予想される。実際、これまでに行われてきた取り組みを俯瞰してみても、そうした地域特性に対応しようという事例が存在する。

たとえば、東京都は2010年に独自の排出量取引制度を導入したが、同制度の1つの特徴は、東京という地域の特性を反映して、業務部門（オフィスビルや商業施設など）からの排出削減に重きが置かれていることに特徴がある。東京都の制度は、一般的にはEUの排出量取引制度を倣ったものと理解されているが、この点は大きな違いである。そのために、「直接排出」ではなく、「間接排出」を対象にしている。前述の通り、前者は発電からの排出量を発電事業者の排出としてそのままみなす考え方であるのに対し、後者は発電からの排出を、電気消費量に応じて消費者側に割り振る考え方である。EUは、大規模な排出源を着実にカバーするという制度的な目的から、直接排出を選択したが、東京都は後者を選択した。その背景には、東京都の排出構造において、業務部門、つまり、オフィスビルや商業施設等からの排出が大きいという背景があったからである。間接排出の考え方をとることの意義は、端的に言えば、電力を作る側の発電会社よりも、電力を消費する側に対して削減のインセンティブが強く働くということである。オフィ

スや商業施設などの業務部門からの排出が多い東京は、電力消費によりインセンティブを与えられる間接排出の考え方に重点を置くという選択をした。

図表12-4「都道府県ごとのエネルギー起源CO_2排出量部門別割合（2010年度）」は、都道府県レベルで見た違いであるが、これをより細かく市町村レベルで見た場合は、さらに違いがあることは容易に想像できる。

このような多様なエネルギーの消費構造は、地域ごとに異なるエネルギー・サービスのニーズを示していると想像できる。冷暖房や給湯がいつどれだけ必要とされるかは、地域ごとの気候の違いやライフスタイルの違いに大きく依存する。地域でどのような移動手段が必要とされているかは、その地域が大都市か、郊外か、農村地域かによって大きく違うであろう。当該地域が、農林水産業の一次産業が主要産業であるか、それともサービス業や観光業が主要産業であるかによっても、エネルギー消費の実態とそれに由来する排出構造の違いがあり得る。このような多様なエネルギー消費構造への適切な対応を対策の中に組み込めるかどうかが、第2の課題である。

2.4 熱・燃料対策の重要性

第3の課題は、熱・燃料分野からの排出への対策の必要性である。

気候変動政策でも、エネルギー政策でも、電力部門に注目が集まることが多い。電力からの発電は最大の排出部門であるので、これはこれで重要であるものの、最終エネルギー消費ベースで見ると、電力は全エネルギー消費のうちの約1/4にしか過ぎない（図表12-5）。つまり、残りの3/4については、他の形でエネルギーが消費されている。他の形とは、つまり、自動車等の「燃料」や、家庭やビル等での暖房・給湯や工場などの「熱」という形である。燃料・熱分野をどのように脱炭素化していくのかという問題も非常に重要な視点である。

海外の事例をとれば、たとえばドイツでは、再エネ電気の導入が進んだ国の事例として取り上げられることが多いが、実は再エネによる熱供給も大きくのびている。純粋にエネルギー量だけで比較すれば、特に2010年代に入ってからは、熱による供給量は電力による供給量に匹敵するようになっている（図表12-6）。

しかし、日本では、従来より、気候変動対策として、特にエネルギー供給の面が語られる時には、電力に重きがおかれてきた。燃料についてはバイオ燃料の検討も一部されているし、電気自動車・燃料電池車などの新技術が台頭してきてい

第4部　新しい社会をつくる～持続可能な地域づくりとエネルギーシステム

図表12-5　最終エネルギー消費に占める電力と熱・燃料需要の割合（2012年度）

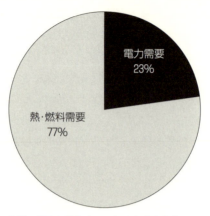

出所：経済産業省（2014b）より著者作成。

図表12-6　ドイツにおける再エネ導入量の推移（1990～2014年）

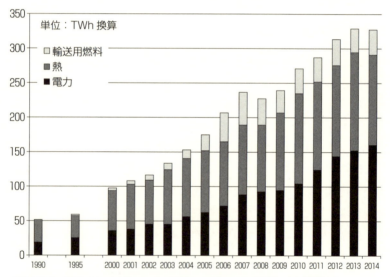

出所：Federal Ministry for Economic Affairs and Energy（2015）より著者作成。

るが、「熱分野」が対策としてスポットライトを受けることは稀であった。そもそも熱需要に関する統計がきちんと整備されていないこともあり、中には、日本には熱需要がないかのような極端な議論もあった。「熱」は、電力のように供給

第12章　脱炭素化における地域分散型エネルギーシステム

地と需要地を大きく離すことができないので、その利用のあり方は、必然的に地域・都市・区画の土地・空間利用を含めた対策が必要となる。政策・施策の形成を支援するために、諸外国では熱需要をマップ化し、公開するところが増えてきている。たとえば、イギリスでは、政府によって「国内熱需要マップ」をウェブサイト上で公開しており、誰でも自由にみることができる。

　このような意識は、日本でも政策の分野では早くから問題意識としては共有され、エネルギーの文脈では「熱エネルギーの面的利用」等の言葉で語られてきたが、効果的な政策を生み出すには至らず、熱・燃料分野、特に熱エネルギーへの対応は依然として重要な課題として存在する。

　東京都は、「熱は熱で」という名前のキャンペーンを展開しており、再エネの熱利用を積極的に進めている。日本の再エネ熱の代表格としては、バイオマス、太陽熱、地中熱になる。これらは、決して、日本の中で活用事例がないわけではなく、太陽熱については、世界第8位の導入国である（REN21, 2014）。また、同じく熱分野において、「再エネ」というよりは「未利用エネルギー」と分類されることが多いが、下水道管の熱を活用する「下水熱」について、ポテンシャルマップの作成がモデル事業の中で行われている。しかし、いずれも、日本のエネルギー供給の中で大きな役割を果たすには至っていない。

　また、熱対策の観点からは、再生可能エネルギー由来の水素の活用も重要である。WWFジャパンが2011年から2013年にかけて発表した『脱炭素社会に向けたエネルギーシナリオ提案』は（WWFジャパン、2011）、電力だけでなく、熱・燃料も含めたエネルギー全体での自然エネルギー供給100%の可能性を検討しているが、その際に1つの鍵となっているのが、再エネの余剰電力から製造する水素の活用である。熱需要の中には、工場での高温熱需要のように、太陽熱や地中熱では対応できない熱需要も存在するため、水素の活用はその解決策ともなりうる。また、すでに低負荷時の再エネ電気の余剰をどう扱うべきかが課題とみなされていることからも、それを有効活用することにもつながる。

3 ポリシーミックスと地域主体による地域資源の活用

3.1 課題を克服していくために

前節で見た3つの課題を今一度整理すると、第1に、大規模少数排出源と小規模多数排出源への同時対応が必要である。第2に、地域によって重要な排出源が違うことへの対応が必要である。第3に、（電力だけでなくて）熱・燃料についても対策をとっていく必要がある。以上の3つの課題に共通しているのは、温室効果ガスを排出する主体およびエネルギーを使用する主体の多様性にどのように対応していくのか、ということである。そのためには、以下の2つのアプローチが必要であると考えられる。

第1は、複数の政策を組み合わせるポリシーミックスである。

前節で見たように、大規模排出源からの削減は、大きなインパクトを持ちえる。1000万トンを排出する事業所からの1％の削減は、約2万世帯分の排出量を帳消しにするだけのインパクトがある。こうした大規模排出源に対して、着実に排出削減を促していかなければならない。

そのための政策としては、排出量取引制度を中心とした複数の政策の組み合わせが今一度検討されるべきである（諸富・山岸、2010）。先行したヨーロッパでの制度設計ミスによって期待されたような成果が挙げられていないため、日本では、政策のオプションとして議論される機会自体が減ってきてしまっているが、その経験から学んだアメリカの州レベルでの排出量取引制度は順調に機能しており、制度として機能するかどうかは、制度設計次第であると言える。

アメリカ、イギリスなどでは、これらに加えて、新規に建設される発電所については排出原単位（単位発電量当りのCO_2排出量）の基準を設け、それが満たせなければ建設を認めないという政策をとり始めている。排出性能基準（Emission Performance Standards）と呼ばれるこのタイプの政策は、形としてはむしろ、伝統的な公害対策における直接規制に近い。政策のタイプとしては、より柔軟性のある排出量取引制度よりも、より厳しいといえるこうした政策に原点回帰しているのはやや皮肉ともいえる状況であるが、石炭火力発電所からの排出増が懸念される日本でこそ、そうした政策の有用性が高いともいえる。

第12章　脱炭素化における地域分散型エネルギーシステム

　また、小規模多数排出源への対応が難しいのは、1つにはその数が多いからであるが、たとえ数は多くとも、「共通して使われるもの」に対しては、省エネ基準等を設定することで一定の成果を挙げることができる。既に前節でも触れているが、トップランナー制度のように、機器や自動車の個別の効率を上げるものや、(日本ではようやくその遵守への義務化へと動き始めたが) 住宅・建築物への省エネ基準のように、たとえ数は多くても共通して使われるものには政策効果を及ぼせる。

　日本においてはトップランナー制度が一定の成果を挙げてきたと理解されているが、まだ改善の余地はある。たとえば、建築物については、本来優先されるべき建築物全体の省エネ性能に対する基準よりも先に、個別の断熱材の省エネ性能基準設定が優先されるなど、既存のトップランナー制度内での実行可能性が優先され過ぎてしまっている面がある。さらに、設備・機器ごとの省エネ基準の設定では、たとえば、電灯が白熱灯から蛍光灯へ、そしてLEDへと転換しているような、異なる種別への飛躍は促せない。

　小規模排出源に対して、削減インセンティブを与える政策としてもう1つ忘れてならないのが、欧州のいくつかの国々で導入されている炭素税である。これも、「税」という仕組みを通じて、小規模多数排出源に対して、化石燃料消費を抑えるインセンティブを与えることができる政策である。日本でも、地球温暖化対策税が導入されているが、税率が低く、制度設計の発想として、課税によるインセンティブで排出量を減らすことよりも、財源の活用によって対策を進めることに重きがあり、まだ改善の余地がある。

　このように、ポリシーミックスの整備によって、ある程度は小規模排出源に対して対応することもできるし、実際にこれまでの政策でもそれは試みられてきた。問題は、設備や機器が実際に使用される (例：家庭で電子機器が使われる、車が運転される、住宅で人が生活する、建物で人が仕事をする) 局面では、その実態が多様であるため、一様な規制なり基準なりをかけることが難しく、また、個人レベルに近づけば近づくほど、強制的な措置は難しくなる。そして、その多様性を産むのは、地域特性やライフスタイルであったりする。また、熱や燃料の需要は、電力の使用以上に、地域特性やライフスタイルによって多様であることが多い。

　そこで、もう1つ重要になるアプローチが、地域主体による地域資源の活用で

図表12-7 都道府県別の再エネ電気のポテンシャル

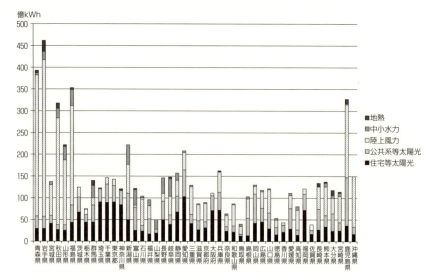

出所：環境省（2014）より筆者作成。

ある。

多数かつ多様な排出主体による運用やライフスタイルを変える事で排出削減を進めなければならない場合、その策定を中央政府（官庁）が一括して行うことはほぼ不可能である。上述のように共通的な対策が有用な側面ももちろんあるが、そうであったとしても、多様性への対応の必要性は残るであろう。そうした多様性は、より現場に近く、実態を知りえる主体が対策を講じる方が、効果的な対策を講じえると考えるのが自然である。したがって、効果的な気候変動対策を講じていく上では、自治体、地域のNPO・NGO、地域に拠点を置く企業、地域のメディアを始めとする地域主体の役割が極めて重要になる。

その際、対策の手段として「地域資源」の活用が重要になる。平岡（2011）は、地域資源を「自然資源」と「社会資源」の2つに分け、それらの活用が地域での気候変動対策にとって重要であることを説明している。自然資源には、気候的・地理的なものがあり、再エネが含まれる。特に熱対策は、需要地・供給地を電力のようには離すことができないので、地域資源の利用可能性に対する依存が特に強くなる。

第12章 脱炭素化における地域分散型エネルギーシステム

図表12-8 都道府県別の再エネ熱ポテンシャル

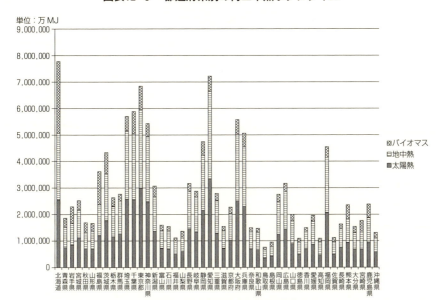

出所:環境省(2014)および新エネルギー・産業技術総合開発機構(NEDO)(2011)より筆者作成。

　図表12-7と図表12-8は、それぞれ、各都道府県の再エネ電気と再エネ熱のポテンシャル一覧である。再エネ電気に関しては、北海道のポテンシャルが他と比べて圧倒的であるため、あえてグラフからは外してある。また、再エネ熱のうち、バイオマスについては、エネルギー以外の利用可能性も「有効利用可能量」とされるものをそのまま掲載しているが、これらすべてをエネルギー用途で使えるとは限らない点には注意が必要である。

　また、再エネという自然資源だけでなく、対策に必要となる社会資源も、地域によって大きく異なり、それを活かせるかどうかが成功への鍵となる。

　たとえば、富山市では、気候変動対策の一環として、LRT(次世代型路面電車システム)の整備を中心としたコンパクトシティ化に重点が置かれてきたが、この基礎には、利用者が減少しつつあったJR富山港線という既存インフラの再活用があった。そしてその背景には、人口が減少しているにもかかわらず、市街地が外延化していることを一つの要因として、運輸部門からの排出量が増加しているという地域の排出構造への対応があった(豊田、2011)。このように、地域

主体が、気候変動以外の便益も考慮しつつ、地域資源を活用して、気候変動対策を講じる、という対策が、これまでに述べた課題を克服していく上では不可欠である。

加えて、人口減少とそれに伴うインフラの再構成の必要、地域再活性化など、地域にとっての他の分野での課題への対応といかに相乗効果を生み出すことができるかを検討しなければならないという点からも、地域主体による、地域資源の活用というアプローチは重要である。そもそも、そのような「他の課題」について、中央から一括的に把握するのは極めて困難である。

これまでの日本の気候変動対策でも、地球温暖化対策推進法の下で、地球温暖化対策地方公共団体実行計画の策定が自治体に義務づけられているが、実際に策定し、かつ効果的に実施できているところは少ない。また、内閣府が推進する「環境モデル都市」や、国交省管轄の「エコまち法」による「低炭素まちづくり計画」策定の推進など、いくつか地域主体による対策を促す取り組みは始まっているが、まだ明示的な成果を出すには至っていない。

3.2 エネルギーシステムだけでない地域分散型化

最後に、これまで論じてきたような「脱炭素化」が、本書で構想してきた地域分散型エネルギーシステムにとってどのような意味を持つのかを論じておきたい。

これまで見てきたように、そもそも「脱炭素化」を目指すということは、再エネを重視することにつながるため、必然的にエネルギーシステムとしても地域分散型と親和性が高い。

同時に、気候変動対策の側から見た課題を乗り越えていくためには、多様な排出源をカバーするポリシーミックスと、地域主体による地域資源を活用した対策の双方が求められることも確認した。

前者のポリシーミックスについては、単に気候変動政策内でのミックスだけではなく、第一義的な目的が気候変動対策である政策（例：排出量取引制度、炭素税など）と、第一義的な目的がエネルギーの側にある政策（例：固定価格買取制）との相互作用にも今後は注目していく必要があるであろう。

また、後者の地域主体による地域資源活用については、単にエネルギーシステムとして、地域分散型になるだけでなく、政策を構築し、決定し、導入していく主体としても地域により重点が置かれなければならないことを示唆する。このエ

第12章　脱炭素化における地域分散型エネルギーシステム

ネルギーシステムにとどまらない地域分散型化は、前のポリシーミックスの検討にあたっても有用である。

　東日本大震災を受けて、気候変動問題に対する関心が下がったことにより、日本における気候変動対策は低迷している。しかし、気候変動問題そのものはますます深刻化の一途をたどる。世界各国は着実に前を向き始めており、日本もその流れの中で、着実に貢献をしていかなければならない。

参考文献

温室効果ガスインベントリオフィス（2016）「日本の温室効果ガス排出量データ（1990～2014年度）確定値」温室効果ガスインベントリオフィス
　http://www-gio.nies.go.jp/aboutghg/nir/nir-j.html
環境省（2014）「平成24年度再生可能エネルギーに関するゾーニング基礎情報整備報告書」
　http://www.env.go.jp/earth/zoning/index.html
環境省・経済産業省（2014）温室効果ガス排出量算定・報告・公表制度　特定事業所および特定事業所排出者データ、環境省・経済産業省
　http://ghg-santeikohyo.env.go.jp/（注：当該データは開示請求により入手）
経済産業省（2014a）「都道府県別エネルギー消費統計調査」
　http://www.enecho.meti.go.jp/statistics/energy_consumption/ec002/results.html
経済産業省（2014b）「平成24年度（2012年度）エネルギー需給実績（確報）」
新エネルギー・産業技術総合開発機構（NEDO）（2011）「バイオマス賦存量・有効利用量の推計」
　http://app1.infoc.nedo.go.jp/biomass/index.html
出口満・水石仁（2015）「住宅省エネ基準の国際比較と更なる省エネ化に向けて」『NRIパブリックマネジメントレビュー』Vol. 138　野村総合研究所　http://www.nri.com/jp/opinion/region/index.html、閲覧日：2015年1月19日。
豊田陽介（2011）「富山市──公共交通を賢く使うコンパクトシティ」、和田武、新川達郎、田浦健朗、平岡俊一、豊田陽介、伊与田昌慶『地域資源を活かす温暖化対策：自立する地域をめざして』学芸出版、132-142頁。
平岡俊一（2011）「温暖化対策における地域資源とは」、和田武、新川達郎、田浦健朗、平岡俊一、豊田陽介、伊与田昌慶『地域資源を活かす温暖化対策：自立する地域をめざして』学芸出版、61-70頁。
諸富徹・山岸尚之編（2010）『脱炭素社会とポリシーミックス』日本評論社。

Federal Ministry for Economic Affairs and Energy (BMWi) (2015) Development of renewable energy sources in Germany 2014. Berlin, Germany: BMWi. Berlin, Germany: BMU.

GLOBE International (2013) *Climate Legislation Study: A Review of Climate Change Legislation in 33 Countries. Third Edition.* GLOBE International. www.globeinternational.org

Intergovernmental Panel on Climate Change (2014) *Climate Change 2014: Synthesis Report.* Geneva, Switzerland: IPCC.

REN21 (2014) *Renewables 2014： Global Status Report.* REN21.
http://www.ren21.net/REN21Activities/GlobalStatusReport.aspx

United Nations Framework Convention on Climate Change Secretariat (2016) Aggregate effect of the intended nationally determined contributions: an update. UNFCC secretariat.
http://www.unep.org/emissionsgapreport2014/

第13章 地域分散型エネルギーシステムがもたらす新しい社会

上園昌武

はじめに

　日本とドイツは、ともに技術力の高い工業国であり、国の規模や経済力などが似通っているために比較されることが多い。だが、両国の環境・エネルギー政策は異なる方向を歩んでいる。

　日本のエネルギー政策の中長期的方向性を示す「長期エネルギー需給見通し」において中心となっているのは、原発や火力発電を中心とした大規模集中型エネルギーシステムである。この傾向は、福島第一原発事故後も変わっていない。日本のエネルギー政策は、経済成長のためにはエネルギー・電力消費量の増加が不可欠とする考え方に基づいていると言ってよい。

　一方、ドイツは、省エネと再エネ普及を促進して地域分散型エネルギーシステムへ移行させ、経済発展とエネルギー消費を切り離すディカップリング（切り離し）を目標に政策がつくられ、これを実現しつつある。ドイツは持続可能性を重視したグリーン・エコノミー（環境保全型経済）の構築を目指している（吉田、2015）。

　日本のエネルギー政策の問題点は、すでに本書で論じられているが、本章ではまず、地域分散型エネルギーシステムへの移行を妨げている要因をとりあげる。その上で、どのようにすれば地域分散型エネルギーシステムに移行できるのか、国内外のエネルギー自立地域づくりの事例を踏まえながら方策を探る。最後に、私たちが目指すべき地域分散型エネルギーシステムの課題と展望を考えてみたい。

第4部　新しい社会をつくる〜持続可能な地域づくりとエネルギーシステム

1　地域分散型エネルギーシステムの障壁を除去する

1.1　政策決定における倫理

　地域分散型エネルギーシステムへの転換は、国家政策として極めて挑戦的な一大事業である。まず、エネルギー利用にかかわるインフラをつくり替えなければならず、そのためには大規模な投資が必要である。また、これらの事業は利害対立などにも直面するため、一筋縄では実現できない。

　では、なぜドイツで地域分散型エネルギーシステムへの移行が進められているのだろうか。最大の理由は、気候変動問題や原発のリスク回避が、エネルギー政策を形成する上で事実上最優先されていることにある。その背景に、ドイツでは、チェルノブイリ原発事故の被害を受けて反原発が世論の大勢を占めており、原発が気候変動対策と位置づけられることはないという政治的状況がある。

　福島第一原発事故後に最重要視されたのは倫理である。「ドイツ脱原発倫理委員会」の報告書によると、原子力の利用・停止は技術的あるいは経済的な観点よりも社会的な価値決定の方を優先すべきであると指摘している（安全なエネルギー供給に関する倫理委員会、2013）。ドイツでは、なにより倫理的側面から、原子力に対する評価が行われたのである。その結果、原子力技術は、人類の最先端の科学・技術力をもってしても制御不能であり、絶対的な安全を保証できないこと、これとは逆に、省エネと再エネは安全で持続可能な技術であり、原発の代替手段になりうることが確認されたのである。

　ドイツと対照的に、日本では、倫理的側面からエネルギー利用のあり方が検討されたことはなく、その結果、気候変動問題や原発問題のリスクが過小評価されているといわざるをえない。省エネや再エネ対策は、原発や化石燃料を補完するものではあっても、代替策とはみなされていない。そのため、かえって再エネ普及や省エネ促進を本格的にすすめることができないでいる。このことは、日本の技術力の高さを活かさずに、省エネや再エネ分野のビジネスチャンスを自ら放棄するという経済政策の失敗すら導いている。

　このように、日本で地域分散型エネルギーシステムに移行できない原因は、政策決定において倫理が十分に機能していないといえる。日本でも、原発への不安

第13章　地域分散型エネルギーシステムがもたらす新しい社会

や不信感が根強いが、市民の声が反映される政策決定プロセスが事実上ない。その結果、次に述べる不正確な情報に基づく政策決定や、地域社会の利益享受を軽視した制度設計といったエネルギー政策決定のあり方の欠陥をつくりだしている。地域分散型エネルギーシステムを構築するには、まずは政策決定の原則を変える必要がある。

1.2　偏りのない情報の必要性

　日本のエネルギー政策は、しばしば、重要な局面において正確かつ適切な情報に基づいて形成しているとは言えないときがある。その典型例は、日本では省エネや再エネの潜在可能量が乏しいという政策情報である。

　経済産業省は、国全体のマクロレベルのエネルギー需給に関する情報を基礎にエネルギー政策を検討しているが、このとき地域の差異をほとんど考慮していない。地域によって、気候や地理的条件、産業構造、地域構造、交通手段、建築種別が異なっている。日本には1,700余りの市町村があり、それぞれのエネルギー需給構造や再エネの資源賦存量が大きく異なるのはいうまでもない。

　地域のエネルギー政策をつくるためには、少なくとも市町村単位でエネルギー需給構造を調査・把握し、エネルギー消費量の削減可能性や再エネの導入可能量を試算することが求められるはずである。しかし、大半の自治体のエネルギー計画をみると、エネルギー需給構造の分析では、わずかのサンプリング調査で得られた全国一様のデータが用いられており、地域の実態とかけ離れている。また、アンケート調査結果で家庭部門や業務部門の省エネ可能量を推計するという粗雑な手法が用いられるケースが多い。

　これでは地域分散型エネルギーシステムを構築することはできない。むしろこのような方法とは逆に、ミクロレベルのエネルギー需給構造を把握し、省エネ・再エネの可能性を定量的に把握したものを積み上げるべきである。その上で、マクロレベルの国のエネルギー政策が形成される必要がある。

　次に、政策や施策が、一面的に評価されていることも問題である。すなわち、気候変動対策はきわめて大きな国民負担であり、経済成長を阻害するという伝統的な考え方である（植田、2014）。日本の政策論議では、対策費用ばかりが注視され、経済効果が無視されている。再エネ普及政策は、電気代の高騰や経済悪化につながるとされがちである。だが、設備投資や維持管理事業による経済効果も

あるはずであり、これらも計算され、評価されなければならない。ドイツの環境・エネルギー政策では、省エネや再エネ事業の経済効果が設備投資などの費用を上回り、経済性が高いと評価されている。

1.3 コミュニティーパワーを優遇しない制度設計

ドイツやデンマークで風力発電や太陽光発電が普及してきた背景には、地域社会が設置や運営の主体として関わってきたことがある。風力発電設備の設置にも反対運動がおこる場合があるが、こうしたケースでは地域社会に利益を与えていないことが多い。地域主導の「コミュニティーパワー」には、次の3原則が満たされる必要がある（飯田ほか、2014）。すなわち、地域の再エネ事業に関して、①主な地域関係者が大半を所有すること、②地域コミュニティが意志決定に参加すること、③地域社会が事業の社会的・経済的便益を享受することである。

だが、日本の場合、大規模な風力発電やメガソーラー、バイオマス発電が域外資本によって設置、運営されることが多く、大半の経済利益が流出してしまい、地域社会への恩恵に乏しい。大規模な再エネ事業者の全てを排除することはできないが、コミュニティーパワーが、制度上、軽視されていることに問題がある。

エネルギー事業にはリスクと便益がある。そのため地域社会・住民の意思の尊重と事業判断への住民の関与が必要である。しかしながら、多くの自治体は、エネルギーの専門職員がいないため、域外資本と地域社会の間の利害対立を調整するコーディネーターとしての役割を果たせていない。今後も再エネ普及を進めるのであれば、自治体は、事業者と住民との間の紛争を避け、地域が社会的・経済的便益を享受できるよう、機能を強化する必要がある。

地域への経済効果、特に雇用創出に関してはメンテナンス事業が果たす役割が大きいだろう。これまでの再エネ事業では設備の修理や維持管理が軽視されてきた（安田、2014a、2014b）が、風力発電は、落雷でブレードが破損する事故が起こりうる。ブレードの交換には数千万円の補修費がかかるほか、運転停止期間の経営損失など多額の費用がかかる。メンテナンスは、故障や事故を回避したり、軽減したりするために必要である。

海外の市民風車が成功している背景には、デンマークではメーカーとの保守契約が締結され、アメリカでは大手デベロッパーの保守点検ビジネスが確立されており、メンテナンスが事業リスクを軽減していることがある。風車の建設工事は

一過性の事業で、建設に伴う雇用創出効果は特定の地域にとどまらず移動していくのとは対照的に、メンテナンス事業は恒常的に仕事を生み出し、地域に雇用を創出しうる。メンテナンス事業は、再エネ事業のリスク緩和のために不可欠である。地域経済効果という観点からも、これを戦略的に育成していく必要がある。

2 欧州で広がるエネルギー自立地域づくり

2.1 エネルギー自立地域づくりとは何か

2000年代に入ると、ドイツやスイス、オーストリアでは、市民参加によるエネルギー自立地域づくりが進められている（滝川、2012；寺西ほか、2013）。エネルギー自立には、省エネでエネルギー需要を大きく減らし、再エネで100％エネルギーを供給することと、省エネと再エネ普及の取り組みが事業と雇用を創出し、地域経済を活性化させることの2つの意味がある。たまたま自然条件に恵まれて、大資本が大型風力発電やメガソーラーを開発立地してもエネルギー自立の条件が満たされるわけではない。エネルギー自立は、エネルギー事業によって過疎・高齢化などの課題の解消を目指す地域戦略として取り組む地域社会の社会運動でもある。

エネルギー自立の取り組み自体は、都市や農山村を問わずに実践可能である。だが、大都市や工業地域は膨大なエネルギーを消費するため、自治体の領域内での完全なエネルギー自給は困難であろう。そのような場合、周辺の自治体との広域連携で省エネと再エネ普及に取り組み、都市と農山村の共存を目指せばよい。このように、エネルギー自立という概念は、全ての自治体内でエネルギー需給を完結するという意味ではなく、資源の偏在性を踏まえながら、再エネによるエネルギー自給率100％以上を達成できる地域を増やし、やがては国全体のエネルギー完全自給に近づけていくものである。

エネルギー自立の効果は、①産業や雇用創出、②地域レベルでの経済発展、③一次産業の維持・発展、④過疎化・高齢化対策、⑤農山村の多面的公益機能の維持、⑥エネルギー安全保障の強化などがあげられる。これらは現行の大規模集中型のエネルギーシステムでは十分に得られない効果である（上園、2013）。

中欧諸国では、エネルギー自立や気候中立（正味のCO_2排出量ゼロ）をめざ

第4部　新しい社会をつくる〜持続可能な地域づくりとエネルギーシステム

図表13-1　ドイツの「100％再生可能エネルギー地域」（100EE）の分布図

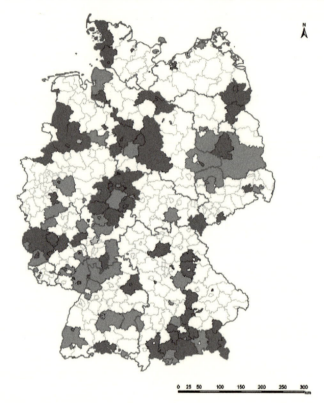

出所：IdE gGmbH, http://www.100-ee.de
注：濃い網掛けは100EE 地域（89自治体）、やや薄い網掛けは100EE スターター地域（58自治体）、薄い網掛けは100EE 都市（3自治体）、白地はその他地域を示す。

した地域づくりに取り組み、自治体や地域のネットワークが形成されている。ドイツでは、「100％再生可能エネルギー地域」（100ee-Region）プログラムが2007年に始まり、2015年10月現在で150自治体が参加している。参加自治体は、農山村の小規模自治体やハノーファーやフランクフルトなどの大都市も名前を連ねており、参加自治体の総人口は2500万人を超え、総面積は国土の3割を占めている（図表13-1）。「100％再生可能エネルギー地域」プログラムでは、目標の妥当性、行動計画のビジョンの質、省エネ改修プログラムの有無など29項目で自治体の取り組みが評価され、進行度の高い自治体が表彰される。このプログラムは、自治

体を専門的に助言してエネルギー政策の品質を管理することでエネルギー自立を促し、先進的な取り組みを拡げて国のエネルギーシステムを変革することを目的としている。このプログラムの特徴は、機械設備の設置のための助成金を与えるのではなく、エネルギー変革を社会運動として取り組むところにある。現在では、欧州委員会のプログラムへと拡大し、ベルギーやフランスなどでも実施されている。

この他にも、自治体の環境・エネルギー政策を品質管理してネットワーク化する仕組みとして、「E5自治体」(オーストリア)、「エネルギー都市」(スイス)、「2000W社会」(スイス)、「気候同盟」(ドイツ他)、「欧州エネルギー表彰」(EU)などがある(滝川、2012)。各プログラムの重点課題は、再エネ普及や省エネ、CO_2排出削減など多様であり、国境を超えた活動が展開されている。欧州のエネルギー自立地域づくりは地域レベルの取り組みを促進するとともに、エネルギー大転換を実現する手法として拡がりをみせている。

2.2 エネルギー自立の経済効果

省エネや再エネ事業は、様々な研究や実績から経済効果が大きいことが明らかとなっている。世界の再エネの投資額は2014年に2700億ドル(約32兆円)となり(UNEP & Bloomberg New Energy Finance, 2015)、一大産業に成長している。省エネや再エネ対策が進展すると、世界のエネルギー分野の雇用者数は、2030年に再エネで690万人、省エネで110万人にのぼり、逆に石炭・ガス・原発他が332万人に減少すると推測されている(図表13-2)。これまでのエネルギー分野の主要産業だった化石燃料・原子力産業は衰退し、省エネと再エネ産業が成長産業となりつつある。

ドイツの再エネ投資額は2013年で160億ユーロ(約2.2兆円)であり、その内訳は風力発電71億ユーロ、太陽光発電42億ユーロ、バイオマス発電14億ユーロ、バイオマス熱利用12億ユーロなどである(O'Sullivan et al., 2014)。再エネ分野での雇用者数は、2004年16万人から2013年37万人へと2倍以上増加している。このうち、再エネ法(EEG)によって26万人の雇用が創出されたという。エネルギー源別に内訳をみると、風力発電13.8万人、バイオマス発電12.6万人、太陽光発電6.9万人などとなっている(図表13-3)。

産業連関分析による経済波及効果の研究は、国レベルでは豊富に存在するが、

第4部 新しい社会をつくる〜持続可能な地域づくりとエネルギーシステム

図表13-2 世界のエネルギー分野の雇用者数の予測（2030年）

雇用者数（万人）	参照シナリオ			改革シナリオ		
	2010	2020	2030	2010	2020	2030
石炭	465	316	286	426	228	139
ガス	195	236	255	208	212	180
原発・石油・ディーゼル	61	58	50	56	31	13
再エネ	188	241	271	238	503	690
エネルギー供給計	910	850	860	930	970	1,020
省エネ	0	0	0	10	70	110
合計	910	850	860	930	1,050	1,130

出所：Rutovitz & Atherton (2009), p.iv
注：参照シナリオは現状推移、改革シナリオは再エネと省エネが普及する将来予測を示している。省エネの雇用者数は、参照シナリオと比較した分のみを計上している。

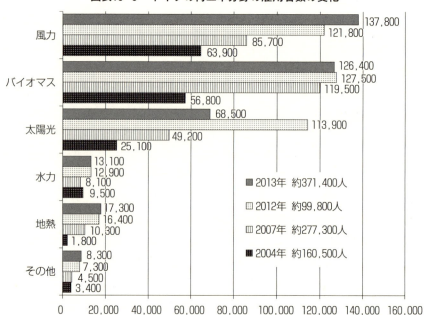

図表13-3 ドイツの再エネ分野の雇用者数の変化

出所：O'Sullivan et al. (2014), p.12

図表13-4 地域付加価値の構成

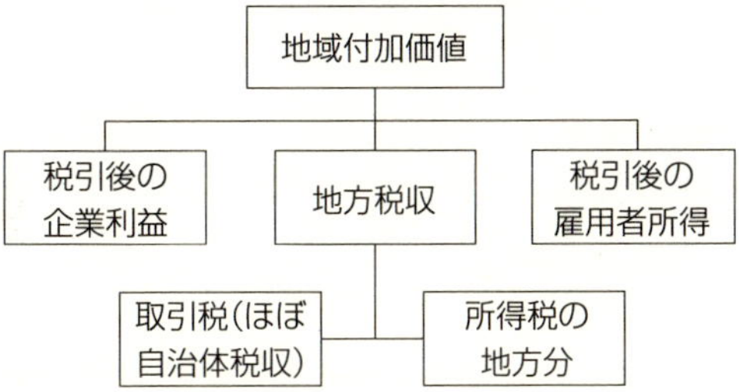

```
          地域付加価値
    ┌─────────┼─────────┐
税引後の      地方税収      税引後の
企業利益                   雇用者所得
         ┌─────┴─────┐
      取引税(ほぼ      所得税の
      自治体税収)      地方分
```

出所：Heinbach et ct. (2014), p.4.

市町村レベルでは世界でもほとんど行われていない。その要因として、産業連関分析は国や広域レベルでデータが集められるため、トップダウンで小単位の市町村レベルに限定するとデータの精度が粗くなることや、産業連関表の基本表のデータが古くなるという問題点が指摘されている（ラウパッハ・中山・諸富、2015）。ドイツでは、エコロジー経済研究所（IÖW）が地域付加価値モデルを開発し、再エネ事業の地域付加価値を定量的に試算している（Heinbach et al. 2014）。地域付加価値は、税引後の雇用者所得、税引後の企業利益、地方税収で構成される（図表13-4）。このモデルの特徴は、狭い地域を対象に再エネ技術別に設備投資や維持管理などによる直接効果を詳細に算出できることである。このバリュー・チェーン（付加価値連鎖）分析は、再エネ事業において、①システム製造（風力発電機の製造など）、②計画・導入（送電網接続や資金集めなど）、③運転・維持（サービスや保険など）④システム・オペレーター（利益や関連税）という4段階で発生する事業活動の付加価値を積み上げて評価するものである。ただし、このモデルの限界として、各段階で生じる間接効果が含まれておらず、環境・社会面への影響については除外されていることなどがあげられる。

　このモデルを用いて、設備容量2000kWの陸上風力発電の付加価値を試算したところ（Heinbach et al., 2014）、稼働20年間で、④システム・オペレーターが最も高く、次いで③運転・維持、①システム製造、②計画・導入の順となっている（図表13-5）。①と②は、設備導入で一度きりの価値生産になるが、③と④は設備が稼働する限り価値生産が継続される。設備投資は金額が大きくなるために①や②の設置段階が注目されるが、稼働期間中の価値生産の方が大きくなり、ライフサイクル全体で経済効果をみることの重要性を示している。

第4部 新しい社会をつくる～持続可能な地域づくりとエネルギーシステム

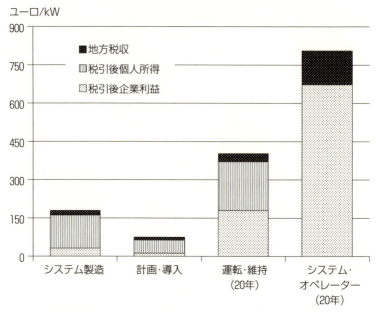

図表13-5 陸上風力発電の地域付加価値（20年間）

出所：Heinbach (2014), p.6

　さらに、このモデルを使って30の再エネ技術（太陽光発電、太陽熱、バイオ燃料など）による人口7.5万人の自治体の地域付加価値を試算したところ（2012年単年）、税引後の雇用者所得500万ユーロ、税引後の企業利益520万ユーロ、地方税収120万ユーロ、合計1140万ユーロの純付加価値とフルタイム雇用者数162名が生み出された（Prahl, 2014）。付加価値の内訳は、①システム製造31％（全体の割合）、②計画・導入12％、③運転・維持24％、④システム・オペレーター34％となっている。エネルギー別の付加価値は、太陽光発電と風力発電が4つの段階全体で最も高いが、③運転・維持では木質燃料とバイオ燃料が高く、④システム・オペレーターではバイオエネルギーと水力が高くなっている。再エネ事業は、こうした特性を踏まえて展開していく必要がある。

2.3 都市のエネルギー自立の取り組み

　都市は、狭い地域に経済活動や人口が集中するため、経済やエネルギーの効率性が高まる傾向がある。これは集積効果や集積利益と呼ばれるが、都市化が進行

第13章 地域分散型エネルギーシステムがもたらす新しい社会

して許容量を超えると、交通渋滞や住環境の悪化、ヒートアイランド現象などの集積不利益が発生し、かえって経済やエネルギーの効率が悪くなる。それを防ぐためには、都市計画や交通計画が有効に機能しなければならない。都市には、商業や工業都市、ベッドタウンや学園都市などのタイプがあり、それぞれでエネルギー需給構造が異なる。一般的には、商業都市であれば業務部門（サービス業）、工業都市であれば産業部門（製造業）、ベッドタウンであれば家庭部門でのエネルギー消費量が多くなる。

都市でのエネルギー自立の手法には、建築物の省エネ化、公共交通機関の拡充、太陽光発電などの再エネ普及、廃熱利用などがあり、地域資源や特性に応じて取り組みが行われる。とくに建築物は、冷暖房や照明などのエネルギー消費を削減する余地が大きく残されている。建築物は、商業用ビル、学校や病院、戸建住宅や高層住宅などに大別され、建築物のエネルギー性能を改善するためには、断熱化や通気性、採光などが重視される。

以下では、都市のエネルギー自立地域づくりの事例をみてみよう。

(1) ドイツ・ミュンヘン市

ミュンヘン市は、2008年に気候変動対策として2030年のCO_2排出量を1990年比で50％削減する目標を策定した。ミュンヘン市は人口135万人の大都市であり、この削減目標は無謀にみえるが、2058年までに気候中立の実現が可能であるとの研究報告に基づいたものであった。市は、この目標を実現するために、統合気候保全計画（Climate Protection Program）において、建築物の改修や交通、工場・商業部門の省エネ対策など8つの分野で行動計画を策定し、80以上の施策を実施している。

エネルギー供給については、市100％出資のミュンヘン都市公社（発電や熱供給、公共交通機関などを運営）が、2015年までに市内の全80万世帯と地下鉄・トラムの運行に必要な電力（20億kWh/年）を、2025年までに市内の全電力需要（75億kWh/年）を再エネで供給する目標を掲げている。都市公社は、太陽光発電などの設置普及のために、2008～25年に総額90億ユーロ、年平均5億ユーロを投資する計画である。また、市内だけで再エネを賄うのは難しいため、フランスやスペインなどで風力発電や太陽光発電などの再エネ開発事業に携わっている。スペインの太陽熱発電所は、設備容量5万kW、年間発電量7800万kWh（3.3万

第4部　新しい社会をつくる〜持続可能な地域づくりとエネルギーシステム

世帯相当）である。省エネ対策については、住宅・建築物の省エネ改修促進や省エネ基準を上回る「ミュンヘン品質基準」を開発したり、カーシェアリングや自転車利用を促進したりする取り組みが推進されている。これらの事業を計画・運営していくために、市は、事業者や環境団体、大学・研究機関など約100団体と協働で事業を実施し、周辺農山村とも連携して多様な事業に取り組んでいる。

(2)スイス・バーゼル都市州

　工業都市のバーゼル都市州（バーゼル市など3自治体、人口約19万人）は、すでに100％再エネ電力を達成しているが、熱供給で再エネ割合15％、輸送燃料で再エネの割合がゼロであるため、最終エネルギー全体の再エネの割合は33％にとどまっている。地域暖房は、ごみ焼却場や木質バイオマスのコジェネ（熱電併給）によって、再エネの割合が40％となっている。ただし、電気の9割は水力で発電されており、その主力発電所の水利権が2033年頃に失効するため、水利権の更新が行われなければ、新たに再エネ発電設備を建設する必要があるという（滝川ほか、2012）。更新されない場合、徹底した省エネ対策と再エネ普及を進めても、2050年の再エネ割合は電力で58％、熱供給で19％程度しか賄えないという試算結果がある。つまり、バーゼル都市州内で100％再エネ自給は困難である。そこで、周辺州や自治体との広域連携や、海外に再エネ発電を設置して輸入する取り組みがバーゼル都市州では不可欠になっている。

　これらの事例の他に、ドイツだけでも、ハノーファー市、ミュンスター市、フライブルク市などでエネルギー自立に向けた取り組みが進められている。これらの都市では、チェルノブイリ原発事故以降、反原発運動が盛んであり、1990年代以降省エネ対策や市民共同発電所の設置やモーダルシフトなどが取り組まれてきた。そのなかでも、都市公社は、自治体の環境・エネルギー計画を実践できるため、地方のエネルギー大転換で重要な役割を担うことが期待されている。都市公社は、地域の問題解決能力、公的価値、相乗効果などの戦略オプションをもっている。2010〜15年の間にドイツ全土の配電網営業権の6割が失効するため、自治体は配電網の買い戻しや都市公社の新設を計画している（ヴッパータール気候・環境・エネルギー研究所、2015）。人口5万人以上の都市の多くはすでに都市公社を所有しているが、人口2.5万人以下の自治体は人的資源の不足、技術的ノウ

第13章　地域分散型エネルギーシステムがもたらす新しい社会

ハウの不足、経済性の問題などに直面するため、自治体間の共同公社を設立したり、協働プロジェクトを運用して対応しようとしている。

エネルギー自立地域づくりは、エネルギー手段を電力会社などの大資本支配から自治体や市民所有へ移行させる社会運動の存在が素地となっている。また、人口が多く、工業活動が盛んな都市になるほど、域内でのエネルギー自立が困難で、近隣の農山村や広域の連携事業が重要になる。都市は資金や技術、人材を提供し、農山村は再エネの地域資源を提供することにより、都市と農村の双方で再エネ事業と雇用を創出することが求められている。

2.4　農山村のエネルギー自立の取り組み

欧州の農山村では、農業収入の減少や魅力的な職業不足の影響を受けて若者が都会へ流出して過疎・高齢化が進行している地域が増えており、地域活性化が重大な地域課題である。そうしたなかで、条件不利地域にバイオエネルギー村やソーラーエネルギー村と呼ばれる、再エネによって電気や熱を100％以上供給する自治体が次々と現れている。農山村は、都市と異なってエネルギー消費量が少ないため、比較的簡単に100％再エネ自給が達成できるようにみえるが、事業の担い手不足や経済性の問題などがあり、ことはたやすく進まない。しかし、注目されている地域では、地域価値創造や若者の定住などで効果が生まれている。以下では、ドイツのマウエンハイム村とモアバッハ町の事例をみてみよう。

(1) マウエンハイム村（ドイツ）

マウエンハイム（Mauenheim）はドイツ南部の約400人の小さな農村であるが、バイオエネルギー村として注目されている。村内には、バイオガス発電430kWと太陽光発電250kWがあり、村の電力需要の9倍の発電が可能である。バイオガス発電はコジェネで廃熱を回収して村内70世帯（全100世帯）に熱供給している（図表13-6）。バイオガス燃料は、家畜の糞尿やトウモロコシ、草などが原料であり、それらの残渣は有機肥料として有効活用されている。冬は熱需要が増えるため、木質チップボイラーで熱供給が増産されている。この地域熱供給システムは2006年に稼働し、熱供給用のパイプラインは全長4kmが埋設された。こうして村内の地域暖房・給湯は、バイオマス利用によってほぼ再エネで賄われている。

第4部　新しい社会をつくる～持続可能な地域づくりとエネルギーシステム

図表13-6　マウエンハイム村のバイオガス熱供給網

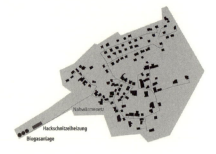

出所：Solarcomplex HP, http://www.bioenergiedorf-mauenheim.de/

図表13-7　マウエンハイム村のエネルギーと資金の流れ

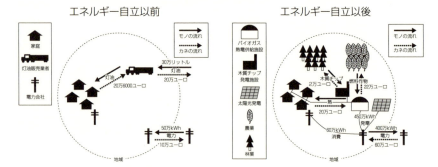

出所：寺西ほか（2012）、63頁。

　マウエンハイムの事例は、再エネ事業の地域への経済効果が優れていることを証明している（図表13-7）。まず、これらの再エネが導入されるまでは、村は電力を年間50万 kWh（10万ユーロ）、熱供給のために灯油を年間30万リットル（20万ユーロ）村外から購入していた。つまり、20万ユーロが村外へ毎年流出していたことになる。

　再エネの導入によって村内のエネルギー経済は大きく変化した。再エネの設備投資額は、木質チップ発熱施設30万ユーロ、熱供給用パイプライン100万ユーロ、その他30万ユーロ、計160万ユーロであった。しかし、再エネの売電400万 kWhで毎年60万ユーロの収入が20年間保証され、期間計1200万ユーロが収入となる。この事業は、初期投資とメンテナンス費用を合わせても、収入の方がはるかに高い。しかも、バイオガスの熱供給や燃料作物の供給などで毎年44万ユーロの資金

が村内で循環しており、経済波及がより一層大きくなる。

　このように、再エネの設置は一時的な資金を必要とするが、5年、10年、20年という中長期でみれば、燃料代替のコスト削減と売電収入によって投資回収が十分に成立している。さらに、そこには熱供給システムのメンテナンス事業で恒常的な雇用がうまれている。また、農家では自由化政策によって収入が減少しており、エネルギー事業が所得を補填している。いわばエネルギー農家ともいえる主体が生み出されていることは、再エネ事業と一次産業との親和性を示している。

　マウエンハイムの再エネ事業を企画・立案したのは、市民エネルギー企業のソーラー・コンプレックス社である。同社は、2030年までに南ドイツのボーデン湖地方のエネルギー自立を目標に市民出資で設立された。同社は、事業への市民参加を可能とし、地域に経済価値を創出・循環させることを基本姿勢としており、地域社会の発展を社是としている（村上ほか、2014）。マウエンハイムは、同社にとって最初のバイオエネルギー村事業である。その後、風力発電や水力発電などほとんどの再エネ技術を取り扱うようになり、2013年までに1億ユーロの設備を設置してきた。8年間の事業成果は、再エネ発電量が年間3000万kWh、熱生産量が年間3000万kWh、CO_2排出削減量が年間3万トン、地域の光熱費削減額が年間900万ユーロである。

(2) モアバッハ町（ドイツ）

　モアバッハ（Morbach）は、ドイツ南西部のフランスに隣接した農林地帯であり、19村で構成される人口1.1万人の町である。かつては米空軍基地（弾薬庫）が立地する基地の町であったが、1995年に基地が撤退した後、新たな基幹産業の創出が地域の課題となった。当初、観光施設の誘致を行ったが失敗に終わったため、2002年に風力発電や太陽光発電などで構成されたエネルギーパークが建設された。この地域は、北海沿岸と同等の豊かな風力資源に恵まれており、2003年には2000kWの風車が14基稼働された。さらに、弾薬庫跡地に2000kWの太陽光発電施設が設置され、2006年には発電設備容量500kWのバイオガス・コジェネ施設が設置され、現在も再エネ設備の増設が進められている。

　実は、モアバッハではエネルギーパークの設置前に再エネ開発を巡って地域住民とトラブルが起きていた。2000年頃に、域外の事業者が風力発電を設置する計画を策定し、地主から土地を次々と購入していった。しかし、土地売却をしてい

第4部　新しい社会をつくる〜持続可能な地域づくりとエネルギーシステム

ない近隣農家は日照権や騒音などの問題を不安視したため、裁判を含めた地域紛争がおきた。そこで、町が事業計画を中止させて、独自の地域計画を策定した。私有地の土地取引は一部の地主の利益になるため、妬みやトラブルが発生する恐れがある。そのため、公用地の基地跡地に風力発電などの施設を設置することになった。

　このような経緯があるため、町はエネルギーパークの個別事業の内容を住民へ丁寧に説明した。風力発電は、設計段階で民家との距離を十分に離して立地することで騒音や鳥の事故などを回避できることや、景観を損なわない最適な場所のみに設置することも説明された。再エネ事業への地域住民の参加が保証され、住民出資による市民風車が建設された。また、工事は地域事業者に優先的に発注するなど経済利益が地域内で環流するよう工夫がほどこされた。さらに、バイオマス関連の研究施設を誘致するなど再エネ事業を町の主要産業に育成する取り組みが続けられている。

　モアバッハは、2020年までに町内の電力及び熱利用を再エネ100％で供給し、CO_2排出量を2000年比で50％削減する目標を設定している。現在、風力発電22基で電力需要の85％を自給している。再エネ事業によって、町は土地貸借料として年間35万ユーロや事業税を得ている。エネルギーパークは、欧州でも取り組みが早かったため、国内外からの行政視察が多く、今では年に100組以上の団体が訪れるという。訪問者は地域内で宿泊して食事をすることで、ホテルやレストランの売上げが増加するなど経済波及効果が生まれている。

　モアバッハの事業は、エネルギー企業のユーヴィ社（Juwi）が手がけた。ユーヴィ社は、1996年に創業者2人で風力発電事業が立ち上げられ、2013年には従業員1800人の組織に急成長してきた（ヴィレンバッハー、2014）。同社は、自治体がエネルギー自立を実現するための政策や行動計画の策定を支援したり、再エネ設置の事業計画をもてがけている。これらの政策や事業を具体化する際に、住民参加や地域の価値創出が重視されている。

　地方では、ユーヴィ社やソーラー・コンプレックス社のような省エネや再エネ事業の専門性やノウハウをもつ企業が不可欠である。地域の利益や発展を目的とする社会的企業の存在がエネルギー自立地域づくりを促進させているのである。

図表13-8　日本の再エネ電力のポテンシャル

	設備容量 (万kW)	設備利用率	発電量 (億kWh)
太陽光発電	29,493	12%	3,100
風力(陸上)	28,051	20%	4,914
中小水力	909	70%	557
地熱	1,365	70%	837
合計	ー	ー	9,409

出所：設備容量は倉阪（2014）、発電量は設備利用率の想定に基づいた筆者の推計。

3　日本でエネルギー自立は可能か

3.1　エネルギー自立の可能性

　日本において、エネルギー自立地域に取り組む意義は大きい。地場産業を育て、雇用を創出することで若い世代が定住すれば、過疎化・高齢化問題の解消につながる。また、日本全体の化石燃料やウランの購入費として毎年20～25兆円の国富を国外へ流出させているが、省エネと再エネ普及が進めば光熱費を大幅に削減できる。

　それでは、日本には再エネの導入可能量はどれほどあるのだろうか。倉阪（2014）は、環境省（2011）などのデータを用いて、都道府県別の再エネの潜在量を推計している。2020年までに導入可能な設備容量は、太陽光発電2億9493万kWや風力発電2億8051万kWなどである（図表13-8）。発電別の設備利用率を設定して発電量を試算すると、太陽光発電3100億kWhや風力発電4914億kWhなどで合計9409億kWhとなる。2013年の国内総電力需要量は1兆900億kWhであり、省エネ対策で電力需要量が削減されると4つの再エネだけでほぼ自給できる。2020年時点での再エネ工事と燃料需要の創出効果は2兆7384億円、雇用創出は44万人と推計されている（倉阪、2014）。

　再エネの熱供給については、全国レベルの潜在量を推計した研究が乏しく、再

エネ利用の現状さえ十分には把握されていない。これは、日本のエネルギー政策が電力偏重であることと無縁ではない。利用可能な熱エネルギーには、太陽熱、バイオマス、地中熱などがある。太陽エネルギーを利用するならば、太陽光発電とともに太陽熱温水器を併設する方法がある。また、バイオマスの場合、欧州では広く普及している発電と熱供給を一体としたコジェネを利用していくべきである。さらに、熱需要を削減するためには断熱性能を高める必要がある。このように、再エネの熱供給を普及する際に、コジェネや断熱化と併せてポテンシャル調査を行う必要がある。

3.2 自治体の環境・エネルギー政策

　自治体は何を目的に再エネ普及に取り組み、どのような課題を抱えているのだろうか。

　2014年に一橋大学と朝日新聞社が共同で全国の市町村に再エネのアンケート調査を実施したところ（市区町村1,741のうち1,364回答、回答率78.3％）、再エネ利用の推進を実施・計画している自治体が1,058（全体の80％）あり、今後検討する自治体が194（15％）と回答した（『朝日新聞』2014年7月22日）。推進理由は、「温室効果ガスの排出削減」（829、61％）、「エネルギーの地産地消」（615、45％）、「遊休地や地域資源の有効活用」（546、39％）、「地域の活性化」（500、37％）、「災害などリスク対応強化」（414、30％）などとなっている。自治体は、再エネを地域活性化の事業と位置づけていることがわかる。一方で、再エネ推進の課題として、「資金調達が難しい」（402、29％）、「ノウハウや経験不足」（388、28％）、「送電網への接続が難しい」（284、21％）、「買取価格の引き下げ」（274、20％）、「買取制度の不透明さ」（264、19％）、「地域内の資源が不十分」（213、16％）、「景観に悪影響のおそれ」（194、14％）などがあげられている。自治体は再エネ開発に地域課題の克服を期待しているが、資金源の確保やノウハウ不足など能力不足の問題が浮き彫り出ている。

　優れた政策は、深刻な危機に直面してその克服が求められるときに生まれる場合が多く、野心的な目標と政策理念が不可欠である。福島第一原発事故をきっかけに、斬新な内容を含む条例やエネルギー計画の策定がすすみ、国の方針に従ってきた自治体のエネルギー政策は大きく変わりつつある。

第13章　地域分散型エネルギーシステムがもたらす新しい社会

(1)エネルギー条例の制定

　条例は、地域社会の将来を方向づける自治体政策の要である。福島第一原発事故を契機に、自治体が脱原発を目指すエネルギー条例を制定する機運が高まっている。神奈川県鎌倉市は、2012年6月に「鎌倉市省エネルギーの推進及び再生可能エネルギー導入促進に関する条例」を制定した。条文では、原発事故で「原子力発電にも依存できない」「エネルギー政策の転換を図ることが急務」と述べ、脱原発を目指すことが謳われている。

　長野県飯田市は、おひさまファンドなど独自の再エネ施策の先進例として知られるが、2013年3月に「飯田市再生可能エネルギーの導入による持続可能な地域づくりに関する条例」が公布された。条例では「地域環境権」が市民に付与され、再エネの優先利用が謳われ、一層の取り組み拡大が目指されている。滋賀県湖南市は「湖南市地域自然エネルギー基本条例」(2012年9月)を制定し、エネルギー自立につながる「地域経済の活性化につながる取り組みを推進」や「地域が主体となった地域社会の持続的な発展に寄与することを目的」という条項を盛り込んだ。類似の条例は、高知県土佐清水市や愛知県新城市などでも制定されている。

　神奈川県は、「神奈川県再生可能エネルギーの導入等の促進に関する条例」(2013年)を制定し、「原子力発電に過度に依存せず、将来にわたり安全で安心して利用することができるエネルギーを安定的に確保するために、再生可能エネルギーを積極的に導入するとともに、経済活動及び生活様式を見つめ直し、エネルギーを大切に使用する社会を目指していく必要がある」と条例目的が謳われている。

　これらの条例は、崇高な理念を掲げている。今後は、それを実現するための施策や取り組みが決定的に重要である。

(2)エネルギー計画の策定

　福島県は、東日本大震災と福島第一原発事故の発生を受けて、「福島県復興ビジョン」(2011年8月)を策定し、「原子力に依存しない、安全・安心で持続的に発展可能な社会づくり」を基本理念の一つに掲げ、「再生可能エネルギーの飛躍的推進による新たな社会づくり」を復興に向けた主要施策と位置付けた。2012年3月には「福島県再生可能エネルギー推進ビジョン(改訂版)」が策定され、省エネ対策と再エネの普及によって、2020年に県内の一次エネルギー供給に占める

再エネの割合を40％、2040年頃に再エネによる100％自給を目指す数値目標が設定された（2009年度実績で21.2％）。

長野県は、「長野県環境エネルギー戦略」（2013年）を策定し、温室効果ガス排出量を2020年に1990年比10％削減、2030年に30％削減、2050年に80％削減という目標を設定した。その達成のために、最終エネルギー消費量を2020年で15％削減（2010年比）、2050年で40％削減（同比）、再エネ導入量を2020年で1.7万TJ（2010年最終エネ消費量に占める割合9.3％）、2050年で3.8万TJ（同20.7％）という目標を掲げている。この計画では、家庭省エネ、事業活動省エネ、建築物省エネ、自然エネルギーの各政策パッケージと電力需要抑制対策が盛り込まれている。これらの政策は気候変動対策を目的としているが、地域経済効果の創出や住環境の改善など暮らしやすさをも目指しており、今後の成果が注目される。

青森県は、「青森県エネルギー産業振興戦略」（2016年3月）において、2030年度の県内のエネルギー供給の割合を「原子力＋再エネ」と化石燃料をそれぞれ50％とする目標を提示した。再エネ普及の経済効果として、事業費を約8000億円、雇用を約1万人創出すると推計されている。青森県の県内総生産は4.4兆円（2013年度）、県人口135万人（2015年末）であることから、この経済効果は大きいといえる。これからの自治体のエネルギー計画は、地域経済効果を盛り込んだ経済政策としても位置づけていく必要がある。また、原発立地自治体のエネルギー計画は地域色を弱めてきたが、青森県の計画はエネルギー自立への選択肢を増やす試みと評価できる。

3.3　エネルギー自立地域づくりの先進例

固定価格買取制度が開始されて以降、多くの自治体は再エネ開発に取り組んでいるが、域外資本の誘致に腐心する自治体が少なくない。中国地方や九州では大型のバイオマス発電が次々と設置されているが、設備容量は、地域内の木質バイオマス資源量でまかなえる量を超過している。不足分は、材木用のＣ材を燃料に転用したり、安価な海外材やヤシ殻を輸入するケースもあり、安くて儲かれば良いというやり方では再エネ普及の目的が見失われている。それを制御すべき役割を担う自治体が逆に旗振り役となっているケースが多い。

再エネ事業の地域主導のポイントは、①国の制度（再エネ固定価格買取制度）、②地域の設置、③地域の担い手、④地域の合意、⑤地域の資金とされる

第13章　地域分散型エネルギーシステムがもたらす新しい社会

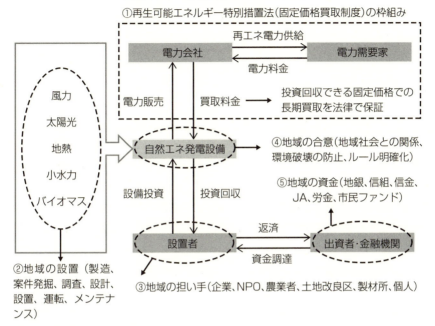

図表13-9　地域主導の5つのポイント

出所：長野県環境部温暖化対策課（2014）、10頁。

（図表13-9）。担い手や出資者・金融機関などの実施主体が地域に根ざしていなければ、地域の利益を最大化させる事業をつくりあげることは難しい。

　そうしたなか、注目しうるのが市民・地域共同発電所によるエネルギー自立地域づくりである。市民・地域共同発電所は、欧州では広くみられる事業形態であり、日本でも全国に458発電所、設備容量5.2万kWが設置され、今も拡大している（気候ネットワーク、2013）。市民・地域共同発電所では、建物・住宅の屋根や休耕地などに太陽光パネルを設置し、その初期費用は主に地域住民・事業者による共同出資や寄付でまかなっているケースが多い。売電で得られる収益は、出資者に直接還元したり、地域社会のための事業の運営資金に使うこともある（和田ほか、2014）。資金管理を信用金庫や地銀などの地域金融が担うことで、地域内で資金を循環させ、経済効果を幾重にも波及させることができる。市民、NPO、自治体、地域企業、各種協同組合などの地域主体が設置・運用に関わることで、利害対立が回避され再エネの普及が進んでいる。こうしたノウハウや経

第4部　新しい社会をつくる～持続可能な地域づくりとエネルギーシステム

験を共有するために、市民・地域共同発電所全国フォーラム（2002年）や全国ご当地エネルギー協会（2013年）などの全国ネットワークが形成されている。

　地域づくりのモデルとしては、長野県飯田市のおひさま進歩エネルギー株式会社と徳島県の社団法人徳島地域エネルギーが注目しうる取り組みを行っている。以下に見ていこう。

(1)おひさま進歩エネルギー株式会社

　おひさま進歩エネルギーは、2004年に市民ファンド方式で太陽光発電の設置を始めて、法人・市民向けをあわせて307カ所、設備容量計3660kW（2015年2月現在）を設置してきた。おひさまファンドは、地域住民や企業から出資を募って建設資金を集め、地域の保育園や公民館などの屋根で太陽光発電を稼働させ、売電収益を出資者へ還元するという地域密着型の事業スタイルをとっている。今では、創エネルギー（再エネ供給）は太陽光発電の他に、間伐材を利用した木質ボイラー、太陽熱温水や木質ストーブなどの再エネ熱供給も行い、創エネ診断と呼ばれる豊富な実績をいかした設置支援サービスにも取り組んでいる。また、省エネ診断などの省エネルギー事業も手がけている。

　同社は、CO_2排出量を2050年までに1990年比で70％削減する社会を目指すという経営目的で全国的に知られている。経営目的を実現するために、創エネルギーや省エネルギー事業を展開し、グリーン電力証書などのカーボンオフセット事業を行っている。また、「おひさま０円システム」は、数百万円の高額な太陽光発電の初期費用をおひさま進歩エネルギーが負担することで、設置者は自宅屋根に初期費用０円で太陽光パネルを設置できる事業である。設置者は、売電収入に相当する金額を９年間おひさま進歩エネルギー社に支払い終えると、太陽光発電設備が譲渡されてその後の売電利益を個人収入にできる。つまり、おひさま進歩エネルギーは再エネ普及とCO_2排出削減という経営目的を実現でき、設置者は中長期の経済利益を獲得できて持続可能な地域づくりにも貢献でき、誰もが得をする事業モデルとして大いに注目された。

　その後、「おひさま０円システム」は官民協働などの様々な形態が行われている。長野県の「おひさまBUN・BUNメガソーラープロジェクト」（県有施設等の屋根借りによる官民協働の分散型メガソーラー事業）は2012年に約1000kWの太陽光発電を設置した。この事業費用は、建設費3.75億円、維持管理費3.12億円、

第13章　地域分散型エネルギーシステムがもたらす新しい社会

図表13-10　地域主導型と外部主導型の違い

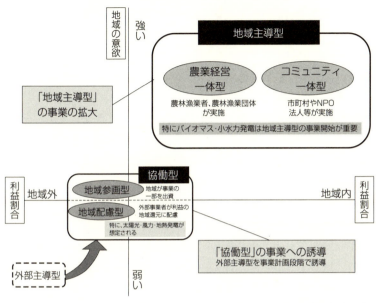

出所：今後の農山漁村における再生可能エネルギー導入のあり方に関する検討会（2015）、9頁。

計6.87億円であるが、設置工事やメンテナンスなどの事業によって直接効果7.11億円、波及効果3.7億円、計10.81億円の経済効果（20年間）が見込まれるという（長野県、2014）。単純に見積もっても、1.6倍の投資効果が生まれることになる。

(2)一般社団法人徳島地域エネルギー

徳島地域エネルギーは、再生可能エネルギーを地域社会に普及させることを目的とし、県内の産官学民で構成する「徳島再生可能エネルギー協議会」の主要メンバーにより、2012年に設立された一般社団法人である。また、持続可能な地域づくりを目的としており、「地域のもつエネルギーを地域で開発し、利用し、地域の人々が利益を享受できるようにコーディネート」している。（図表13-10）。

徳島地域エネルギーは多種類のエネルギー種を扱っており、太陽光発電では自社も含め地域資本による発電所約15MW、コミュニティ・ハッピーソーラー1.5MWをコーディネートした。コミュニティ・ハッピーソーラーは事業費の一

第4部　新しい社会をつくる～持続可能な地域づくりとエネルギーシステム

部を寄付金で賄い、寄付者にお礼として地域で購入した農産物や水産物を寄付金相当額まで送る新しい仕組みである。これは地域の一次産業を支援することで地域経済の発展につながり、売電の利益も寄付者や地域に還元し、CO_2排出を削減するため、一石三鳥以上の効果をもたらしている。小水力発電では佐那河内村営新府能発電所（45kW）を復活させ、風力発電では佐那河内村大川原の村風車（2000kW）を計画している。2012年に高性能木質チップボイラーの導入を主導し、2016年にチップボイラーなどを設置した「木質バイオマスラボ」を佐那河内村に開設した。ラボは研修を通じて木質バイオマス熱利用の全国的な普及に貢献するとともに、竹などの未利用資源の開発検討を地域の農業団体と行っている。

地域との連携は、鳴門市における再生可能エネルギーのゾーニング・マッチングをWWFジャパン、鳴門市等と共同で行っている。また、木質バイオマス熱利用の普及には広く全国の団体や事業者と共に活動している。

徳島地域エネルギーは、地元企業や農林漁業者、自治体関係者、地域住民と連携しながら、地域主導型の再エネ事業拡大の調整・助言役を担っている。設立からわずかな期間で多くの活動実績を生み出したが、今後、エネルギーの専門コンサルタントとしての活躍も注目される。

4　地域分散型エネルギーシステムへの転換に向けた課題と展望

私たちは、地域分散型エネルギーシステムへの移行を初めから不可能と決めつけていないだろうか。政府や経団連は、「原発は必要悪」や「再エネは高い」といって原発・化石燃料依存の道しか選択肢がないかのような情報を流し続けているが、本書が明らかにしたように、脱原発・脱化石燃料社会は技術的に可能であり、しかも国や自治体が適切に制度設計を行えば、経済利益が十分得られるのである。

むろん、今すぐに全てのエネルギー・電力を再エネで賄うことができないし、当面は少なくとも化石燃料は使わざるをえない。しかし、遠くない将来に、様々なリスクを回避するために再エネ100％のエネルギーシステムへの移行にめどをつけることが求められるであろうし、そのための準備を急がなければならない。また、大都市や工業地帯へのエネルギー供給の確保や経済性などの観点から、全ての再エネ事業から大手事業者を排除することはできないだろう。要するに、こ

第13章　地域分散型エネルギーシステムがもたらす新しい社会

れからのエネルギーシステムは、大規模集中型とのバランスをはかりながら、環境保全や地域社会の利益を最優先する地域分散型へ極力移行していくことが求められる。

　地域分散型エネルギーシステム社会への移行を進めていくためには、事業主体や関係者が社会問題の解決や地域発展を目的とした理念や倫理規範をもっていることが不可欠である。岡山県西粟倉村は、2013年に内閣府の「環境モデル都市」事業に選定され、「百年の森林づくり」によるバイオマスエネルギーや小水力発電、NPOおかやまエネルギーの未来を考える会と協働で市民共同発電所（太陽光）の設置などに取り組んでいる。その目的は、樹齢百年の美しい森林に囲まれた「上質な田舎」という住みやすい街をつくることである。このような夢がなければ、地域分散型エネルギーシステムという途方もなく資金と時間と労力を必要とする事業を完遂させることはできない。

　地域分散型エネルギーシステムは、資本の論理でやみくもに省エネや再エネ事業に取り組めばよいのではなく、コミュニティーパワーの原則を重視して地域社会に利益を還元していく仕組みである。エネルギー自立地域づくりは、地域住民・事業者が主体となって省エネと再エネを選択し、その経済的利益と担い手（投資家・経営者・技術者・雇用）を地域に還元する取り組みである。このような取り組みは住民主導や自治体主導などの違いがあるが、住民参加と地域の合意が保証されなければならない。そして、自治体や住民、地元事業者に意欲の高いキーパーソンが不可欠であり、先進例の自治体担当者は5年以上同じ部署や職務を継続しているケースが多い。

　日本でエネルギー自立地域づくりを進めていくためには、市民・地域共同発電所のようなエネルギーの住民所有を拡大していく必要がある。そうした事業を支えていくためには、専門コンサルタントと地域金融の役割が大きい。エネルギー事業は工学や経営、金融などの高度な専門性が必要であるが、地方の小規模事業者では高度専門職の人材を雇うことが困難である。ドイツのソーラー・コンプレックスやユーヴィ、日本のおひさま進歩エネルギーや徳島地域エネルギーのようなエネルギー企業が必要となる。

　省エネや再エネ事業は初期費用として数千万円から数十億円規模の事業資金を必要とする。そこで、再エネ事業へ貸し付ける地域金融は円滑に事業を進めるためにも欠かせない存在である。城南信用金庫の吉原毅理事長（当時）は、福島第

一原発事故の後に脱原発宣言を発表し、「私たち信用金庫には、中小企業や個人客を大切にし、地元の発展に貢献する使命があります。……（中略）……金もうけのために存在するのではないという自負がある。……（中略）……産業革命で貧富の格差が広がり、お金に振り回されて倫理や道徳が失われる恐れが出てきた。それを是正し、みんなが幸せに暮らせる社会をつくろうという理想を掲げたのです」（『朝日新聞』2011年6月29日）とその理由を語っている。

　大規模集中型のエネルギーシステムは、高度経済成長期を経て莫大な投資でつくりあげられた。しかし今や、福島第一原発事故や気候変動問題などの甚大なリスクに直面し、日本の社会は「地方消滅」で破綻して機能不全に陥っている。分散型エネルギーシステムは、こうした諸問題を解決できる唯一の方法であり、全ての自治体が理想を掲げた地域づくりを地域戦略として創意工夫で進めていくことが求められている。

付記

　本稿は、上園昌武（2016）「ドイツにおけるエネルギー自立地域づくりの実態と諸効果」『経済科学論集』第42号、71-90頁をもとに加筆修正している。

参考文献

安全なエネルギー供給に関する倫理委員会（2013）『ドイツ脱原発倫理委員会報告―社会共同によるエネルギーシフトの道すじ』大月書店（吉田文和・ミランダ・シュラーズ訳）

飯田哲也・環境エネルギー政策研究所（2014）『コミュニティーパワー―エネルギーで地域を豊かにする』学芸出版社。

上園昌武（2013）「エネルギー自立と内発的発展」『環境と公害』第43巻第1号、26-31頁。

植田和弘（2014）『緑のエネルギー原論』岩波書店。

環境省（2011）『平成22年度再生可能エネルギー導入ポテンシャル調査報告書』

気候ネットワーク（2013）「市民共同発電所全国調査報告書2013」

倉阪秀史（2014）「再生可能エネルギーの導入による 地域経済効果について」（2014年6月12日）、http://jimin.ncss.nifty.com/pdf/news/policy/pdf195_3.pdf

今後の農山漁村における再生可能エネルギー導入のあり方に関する検討会（2015）「今後の農山漁村における再生可能エネルギー導入のあり方に関する検討会報告書～求め

られる地域の主体的な取組~」
長野県環境部温暖化対策課（2014）「長野県環境エネルギー戦略」自由民主党資源・エネルギー戦略調査会（2014年5月22日）
滝川薫編著（2012）『欧州におけるエネルギー自立地域』学芸出版社。
寺西俊一・石田信隆・山下英俊編著（2013）『ドイツに学ぶ地域からのエネルギー転換──再生可能エネルギーと地域の自立』家の光協会。
マティアス・ヴィレンバッハー（2014）『メルケル首相への手紙──ドイツのエネルギー大転換を成功させよ！』（滝川薫・村上敦訳）いしずえ。
ヴッパータール気候・環境・エネルギー研究所（2015）『都市エネルギー公社の新設と再公有化──自治体の責任によるエネルギー供給』（滝川薫・池田憲昭・村上敦・西村健祐翻訳）
村上敦・池田憲昭・滝川薫（2014）『ドイツの市民エネルギー企業』学芸出版社。
安田陽（2014a）「風力発電は一にも二にもメンテナンスが大事」『環境ビジネスオンライン』2014年4月7日号。
安田陽（2014b）「なぜ欧州では市民風車が成功したのか？（上）（下）」『環境ビジネスオンライン』2014年4月21日号・2014年4月28日号。
吉田文和（2015）『脱原発と再生可能エネルギー──同時代への発言』北海道大学出版会。
ラウパッハ・スミヤ・ヨーク・中山琢夫・諸富徹（2015）「再生可能エネルギーが日本の地域にもたらす経済効果」諸富徹編著『再生可能エネルギーと地域再生』日本評論社、125-146頁。
和田武・豊田陽介・田浦健朗・伊東真吾編著（2014）『市民・地域共同発電所のつくり方』

Katharina Heinbach, et al. (2014), Renewable energies and their impact on local value added and employment, *Energy, Sustainability and Society*, 2014, 4: 1
Andreas Prahl (2014), Renewable energies' impact on value added and employment in Germany -Model results for 2012, Community Power Conference February 2014, Fukushima
Jay Rutovitz & Alison Atherton (2009), Energy Sector Jobs to 2030 : A Global Analysis -Final report, Institute for Sustainable Futures
Marlene O'Sullivan, et al. (2014), Bruttobeschäftigung durch erneuerbare Energien in Deutschland im Jahr 2013-eine erste Abschätzung-
UNEP & Bloomberg New Energy Finance (2015), Global Trends in Renewable Energy Investment 2015

索　引

欧　字

CfD　→　差額決済契約
CHP　→　コージェネレーション
DR（Demand Response）
　→　デマンド・レスポンス
EDC（Economic Dispatch Control）
　→　経済負荷配分制御
EEG　→　再生可能エネルギー法
ESCO　192
EU 電力指令　149
EWEA　→　欧州風力エネルギー協会
FIP（Feed-in Premium）
　→　フィードインプレミアム
FIT（Feed-in Tariff）
　→　固定価格買取制
GWEC（Global Wind Energy Council）
　→　世界風力エネルギー会議
IEA（International Energy Agency）
　→　国際エネルギー機関
IPCC（Intergovernmental Panel on Climate Change）
　→　気候変動に関する政府間パネル
IRENA（International Renewable Energy Agency）
　→　国際再生可能エネルギー機関
ISO（Independent System Operator）
　→　独立系統運用機関
OECD　47
RO（Renewable Obligation）　49
RPS（Renewable Portfolio Standard）　8, 49, 70
TGC（Tradable Green Certificate）
　→　取引可能な再生可能エネルギー証書
TSO（Transmission System Operator）
　→　系統運用者

あ　行

アグリゲーター　192, 223
域内電力市場の共通ルールに関する指令（IEM 指令）　49
一般電気事業者　9, 157
一般負担　163
N-1基準　128
エネルギー
　──安全保障　7
　──基本計画　3, 8
　──原単位　175
　──事業法　157
　──自立地域づくり　285
　──転換（Energiewende）　24
欧州委員会　52
欧州風力エネルギー協会　52, 116
温室効果ガス　41, 259
　──排出量算定・報告・公表制度　266

か　行

下位電圧系統　159
回避可能費用　78
回避措置　161, 164
褐炭　149
稼働率（利用可能率）　45
ガバナフリー制御　121
過負荷　155, 157
基幹系統　163

気候変動に関する政府間パネル　1,260
気候変動枠組条約　7
　　――第21回締約国会議　1,15
規制料金　239
規模の経済性　18,216
逆潮流（reverse power flow）　149,150
給電発電所変更（redispatch）　158
供給支障事故　126
京都議定書　7,264
クォータ制　49
グリーン・エコノミー　281
グリーン成長　30
グリッド・パリティ　101
経営効率化　246
計画潮流　165
経済負荷配分制御　121
系統運用　218
　　――者　116,155
系統接続　218
系統連系　147
減電　195
原発依存度　240
コージェネレーション（コジェネ）
　19,56,124,205,223
国際エネルギー機関　52
国際再生可能エネルギー機関　53
コスト等検証委員会　242
固定価格買取制　49,67,132
コミュニティ・パワー　15,284
コンパクトシティ　207

さ　行

再生可能エネルギー
　　――義務　49
　　――指令　12
　　――制御センター（CECRE：Centro de Control de Régimen Especia）　135
　　――法　61,142,154,155

再生可能資源からのエネルギーの利用の促進に関する指令（2001/77/EC）（「RES指令」）　49
差額決済契約　11,252
サステイナブルシティ　207
残余負荷　228
事故時運転継続（FRT：Fault Ride-through）機能　129
資産除去債務　251
自然独占　18
指定電気事業者　164
市民・地域共同発電所　301
市民共同節電所　204
市民ファンド　302
柔軟性　115
周波数制御　121
出力抑制　137,155,158
出力予測　136
上位電圧系統　149,156
省エネ診断　209
省エネリフォーム　198
情報提供　193
上流送電　154,160
垂直負荷　148,150
ストランデッド・コスト　251
スポット市場　26,217
スマートグリッド　20,222,252
スマートコミュニティ　222
スマートメーター　23,219
世界風力エネルギー会議　53
接続可能量　140,164
接続義務　155
設備利用率　230
ゼロエネルギー　195
先着優先　164,165
総括原価主義　216
双方向潮流　153,165
　　――対応　166
ソーラーエネルギー村　293

索　引

た　行

炭素税　192
断熱化　195
断熱基準　191
地域間連系線　150, 154, 165
地域付加価値　289
地政学的リスク　42
長期固定電源　164, 165
デマンド・レスポンス（DR：Demand Response）　22, 33, 124, 188, 217
電圧上昇　160
電気事業者による新エネルギー等の利用に関する特別措置法　8
電気事業法　240
電源線　160, 161
　──費用　161
電力・ガス取引監視等委員会　13
電力広域的運営推進機関　12, 164, 165
電力システムに関する改革方針　10
電力取引等監視委員会　12
等価需要　115
東京電力に関する経営・財務調査委員会　9
同時同量の原則　223
特定規模電気事業者　10
独立系統運用機関　116
独立発電事業者　10
トップランナー制度　269
取引可能な再生可能エネルギー証書　49

な　行

入札制　70
ネガワット　23

は　行

ハードコール石炭　149, 152
バイオエネルギー村　293
バイオガス　56
排出原単位　274
排出量取引制度　190, 192, 268
配電用変電所　159
パッシブハウス　197
発送電一貫　218
　──体制　18
発送電分離　25, 166, 217
パリ協定　1, 15
範囲の経済性　18, 219
バンク逆潮流　160, 165
フィードインプレミアム（FIP：Feed-in Premium）　55
賦課金　78, 79
負荷周波数制御（LFC：Load Frequency Control）　121
平準化発電単価　93
変動性再エネ（VRE：Variable Renewable Energy）　47, 102, 115
法定独占　18, 216
補償金費用　155

ま　行

マイクログリッド　34
メリットオーダー　228
　──効果　109
モーダルシフト　206

や　行

優先給電　154, 156, 158, 218
揚水発電　164
容量市場　26

余剰電力　149
予備力　115, 158

ら 行

リアルタイム市場　26, 217

ループ潮流　139
連系可能量　164

執筆者一覧 （執筆順）

大島堅一（おおしま・けんいち）立命館大学 国際関係学部国際関係学科教授
　編者・序章・第1章執筆
高橋　洋（たかはし・ひろし）都留文科大学 文学部社会学科教授
　編者・第2章・第10章執筆
安田　陽（やすだ・よう）京都大学大学院 経済学研究科再生可能エネルギー経済学講座特任教授。エネルギー戦略研究所（株）研究部部長
　第3章・第6章執筆
木村啓二（きむら・けいじ）公益財団法人自然エネルギー財団 上級研究員
　第4章・第5章執筆
竹濱朝美（たけはま・あさみ）立命館大学 産業社会学部教授
　第7章執筆
歌川　学（うたがわ・まなぶ）国立研究開発法人産業技術総合研究所 安全科学研究部門主任研究員
　第8章執筆
上園昌武（うえぞの・まさたけ）島根大学 法文学部法経学科教授
　第9章・第13章執筆
金森絵里（かなもり・えり）立命館大学 経営学部経営学科教授
　第11章執筆
山岸尚之（やまぎし・なおゆき）公益財団法人世界自然保護基金ジャパン（WWFジャパン）気候変動エネルギーグループ長
　第12章執筆

● 監修者紹介

植田和弘（うえた・かずひろ） 1952年生まれ。1975年京都大学工学部卒業。1983年大阪大学大学院工学研究科博士課程修了。1981年京都大学経済研究所助手、1984年京都大学経済学部助教授、1994年同教授。現在、京都大学大学院経済学研究科および同地球環境学堂教授。工学博士、経済学博士。専攻は環境経済学、財政学。主な著作に、『緑のエネルギー原論』（岩波書店、2013年）、『国民のためのエネルギー原論』（共編著、日本経済新聞出版社、2011年）、『環境経済学』（岩波書店、1996年）、『環境ガバナンス論』（共著、京都大学学術出版会、2007年）など。

● 編著者紹介

大島堅一（おおしま・けんいち） 1967年生まれ。1992年一橋大学社会学部卒業。1997年一橋大学大学院経済学研究科博士課程単位取得退学。高崎経済大学専任講師を経て、2001年立命館大学国際関係学部助教授、2008年より立命館大学国際関係学部教授。経済学博士。専攻は環境経済学。主な著作に、『原発のコスト』（岩波新書、2011年、第12回大佛次郎論壇賞受賞）、『原発はやっぱり割に合わない』（東洋経済新報社、2012年）、『再生可能エネルギーの政治経済学』（東洋経済新報社、2010年、環境経済・政策学会奨励賞受賞）など。

高橋　洋（たかはし・ひろし） 1969年生まれ。1993年東京大学法学部卒業、同年ソニー入社。内閣官房IT担当室主幹を経て、2007年東京大学大学院工学系研究科博士課程修了、同年東京大学先端科学技術研究センター特任助教。2009年富士通総研経済研究所主任研究員、2015年より都留文科大学社会学科教授。学術博士。専攻は公共政策論、エネルギー政策。主な著作に、『イノベーションと政治学』（勁草書房、2009年）、『電力自由化』（日本経済新聞出版社、2011年）など。

地域分散型エネルギーシステム（ちいきぶんさんがた）

2016年9月20日　第1版第1刷発行

監修者──植田和弘
編著者──大島堅一・高橋　洋
発行者──串崎　浩
発行所──株式会社日本評論社
　　　　〒170-8474　東京都豊島区南大塚3-12-4　電話 03-3987-8621（販売）、8595（編集）
　　　　振替　00100-3-16
印　刷──精文堂印刷株式会社
製　本──株式会社難波製本
装　幀──銀山宏子
検印省略 Ⓒ K.Ohshima, H. Takahashi, 2016
Printed in Japan
ISBN978-4-535-55811-3

[JCOPY]〈(社)出版者著作権管理機構 委託出版物〉
本書の無断複写は著作権法上での例外を除き禁じられています。複写される場合は、そのつど事前に、(社)出版者著作権管理機構（電話03-3513-6969、FAX03-3513-6979、e-mail:info@jcopy.or.jp）の許諾を得てください。また、本書を代行業者等の第三者に依頼してスキャニング等の行為によりデジタル化することは、個人の家庭内の利用であっても、一切認められておりません。

経済学の学習に最適な充実のラインナップ

入門｜経済学 [第4版]
伊藤元重／著　　　　　　　　　(3色刷) 3000円

例題で学ぶ 初歩からの経済学
白砂堤津耶・森脇祥太／著　　　　　　 2800円

マクロ経済学 [第2版]
伊藤元重／著　　　　　　　　　(3色刷) 2800円

マクロ経済学パーフェクトマスター [第2版]
伊藤元重・下井直毅／著　　　　(2色刷) 1900円

入門｜マクロ経済学 [第5版]
中谷 巌／著　　　　　　　　　(4色刷) 2800円

スタディガイド 入門マクロ経済学
大竹文雄／著 [第5版]　　　　　(2色刷) 1900円

明快マクロ経済学
荏開津典生／著　　　　　　　　(2色刷) 2000円

マクロ経済学入門 [第2版] (2色刷)
二神孝一／著 [新エコノミクス・シリーズ]　2200円

ミクロ経済学 [第2版]
伊藤元重／著　　　　　　　　　(4色刷) 3000円

ミクロ経済学の力
神取道宏／著　　　　　　　　　(2色刷) 3200円

ミクロ経済学パーフェクトマスター
伊藤元重・下井直毅／著　　　　(2色刷) 1900円

明快ミクロ経済学
荏開津典生／著　　　　　　　　(2色刷) 2000円

ミクロ経済学入門 (2色刷)
清野一治／著 [新エコノミクス・シリーズ]　2200円

ミクロ経済学 戦略的アプローチ
梶井厚志・松井彰彦／著　　　　　　　 2300円

入門｜価格理論 [第2版]
倉澤資成／著　　　　　　　　　(2色刷) 3000円

入門｜ゲーム理論
佐々木宏夫／著　　　　　　　　　　　 2800円

入門｜ゲーム理論と情報の経済学
神戸伸輔／著　　　　　　　　　　　　 2500円

はじめよう経済学のための情報処理 [第4版]
山下隆之・石橋太郎・伊東暁人 ほか／著 2300円

例題で学ぶ 初歩からの計量経済学 [第2版]
白砂堤津耶／著　　　　　　　　　　　 2800円

[改訂版] 経済学で出る数学
尾山大輔・安田洋祐／編著　　　　　　 2100円

経済学で出る数学 ワークブックでじっくり攻める
白石俊輔／著 尾山大輔・安田洋祐／監修 1500円

例題で学ぶ 初歩からの統計学 [第2版]
白砂堤津耶／著　　　　　　　　　　　 2500円

入門｜経済のための統計学 [第3版]
加納 悟・浅子和美・竹内明香／著　　　 3400円

入門 公共経済学
土居丈朗／著　　　　　　　　　　　　 2800円

実証分析入門
森田 果／著　　　　　　　　　　　　 3000円

最新 日本経済入門 [第5版]
小峰隆夫・村田啓子／著　　　　　　　 2500円

経済論文の作法 [第3版]
小浜裕久・木村福成／著　　　　　　　 1800円

総力ガイド! これからの経済学
経済セミナー編集部／編 [経済セミナー増刊] 1600円

日本評論社　https://www.nippyo.co.jp/

表示価格は本体価格です。
別途消費税がかかります。